东北财经大学经济哲学文库

德国历史学派经济思想研究

Studies on Economic Thought of German Historical School

刘帅帅 朱成全 著

东北财经大学出版社
Dongbei University of Finance & Economics Press
大连

图书在版编目（CIP）数据

德国历史学派经济思想研究 / 刘帅帅，朱成全著. —大连：东北财经大学出版社，2019.10
（东北财经大学经济哲学文库）
ISBN 978-7-5654-3505-8

Ⅰ．德…　Ⅱ．① 刘… ② 朱…　Ⅲ．历史学派 – 研究 – 德国
Ⅳ．F091.342

中国版本图书馆 CIP 数据核字（2019）第 067350 号

东北财经大学出版社出版
（大连市黑石礁尖山街217号　邮政编码　116025）
网　址：http://www.dufep.cn
读者信箱：dufep@dufe.edu.cn
大连永盛印业有限公司印刷　　东北财经大学出版社发行
幅面尺寸：170mm×240mm　字数：216千字　印张：15　插页：1
2019年10月第1版　　　　　　　2019年10月第1次印刷
责任编辑：李　彬　王　斌　　　　责任校对：贺　欣
封面设计：张智波　　　　　　　　版式设计：钟福建

定价：45.00元

教学支持　售后服务　联系电话：（0411）84710309
版权所有　侵权必究　举报电话：（0411）84710523
如有印装质量问题，请联系营销部：（0411）84710711

前　言

德国历史学派是经济学德国传统的正统继承者。与盎格鲁-撒克逊传统相比，德国传统的经济思想对理论一般性的追求力度明显较弱，理论建构的历史维度被充分重视。目前，德国历史学派在主流经济思想史叙事体系中地位很低，现已少有人关注。这种遗忘是经济学的重大遗憾。

一般来说，德国历史学派可分为三个阶段：旧历史学派、新历史学派和新新历史学派。在"先驱者"弗里德里希·李斯特之后，威廉·罗雪尔在19世纪40年代真正开创了德国历史学派，他也是旧历史学派最高成就的代表。新历史学派的领袖是古斯塔夫·冯·施穆勒，由旧转新发生于19世纪70年代。20世纪初，以马克斯·韦伯和维尔纳·桑巴特为代表的新新历史学派进一步扬弃了前辈的经济思想。不幸的是，20世纪三四十年代，法西斯纳粹和随之而来的第二次世界大战彻底摧毁了德国历史学派。

研究德国历史学派有重要的理论意义和现实意义。首先，揭示德国历史学派的历史真相有助于重建更合理的经济思想史体系。经济学发展存在两条代表不同研究传统的思想脉络：盎格鲁-撒克逊传统和德国传统。而第二次世界大战后建立的经济思想史体系只是盎格鲁-撒克逊传统的家谱。其次，研究德国历史学派有助于深入理解经济理论的历史维度问题。经济学具有科学和人文的双重属性。历史维度，即历史、价值取向等因素，不能被摒弃于经济理论之外。以科学为名忽视人文属性是目前经济学领域问题频出的根源。最后，了解德国历史学派有助于中国特色社会主义政治经济学的构建。德国历史学派和马克思的经济研究有着共同的传统基础，存在广泛的对话可能；中国传统哲学系统、有机、动态的世界观又与德国历史学派的研究传统有着惊人的相似性。因此，以德国历史学派助力中国特色社会主义政治经济学，既有必要性，又有可行性。

本书共分为8章。

第1章，导论。提出问题并进行文献综述，包括相关经典原著和国内外重要研究。简述研究内容和方法。

第2章，历史主义。介绍德国历史学派的思想基础，即产生于德国，并在德国得到最彻底贯彻的历史主义思潮。分析历史主义对德国历史学派的影响。

第3章，理论脉络。德国历史学派各阶段代表人物最具代表性的理论：李斯特的生产力理论、经济发展阶段论，罗雪尔的经济发展阶段论、经济发展评价标准，施穆勒的经济发展阶段论、社会改良策论，韦伯的社会经济学理论和桑巴特的资本主义理论。

第4章，理论逻辑。早期历史学派未自觉意识到自身的理论逻辑。李斯特的基本逻辑是：用"国家主义"反"世界主义"；双重标准的国家本位主义；不同的经济活动创造财富的能力也不同。罗雪尔则把国民经济与生物相类比，其中的发展机制成了"上帝的安排"。新历史学派意识到并明确表达了自身的理论逻辑，成就最高的施穆勒提出了人类经济社会发展的三大机制：团体利己主义；决策机构（制度）的发展演替；对更道德的人文环境的趋近。新新历史学派的理论逻辑更加明确。韦伯提出"理性化"逻辑，包括文化和社会两方面。桑巴特则更强调"经济精神"的内在驱动。

第5章，方法论。坚持经济理论的历史维度是德国历史学派的方法论主题。早期的李斯特和旧历史学派都强烈反对以亚当·斯密、大卫·李嘉图等为代表的英国政治经济学，反对方法论个人主义和以演绎为主的方法，主张经济学不是"世界主义"的，而是具体的、历史的。旧历史学派方法论有一个重大缺陷：天真经验主义。新历史学派克服了天真经验主义，认为归纳和演绎密不可分，在与奥地利学派展开的方法论大论战中捍卫了经济理论历史维度的必要性，提出了系统的"历史-伦理方法"。新新历史学派比新历史学派更进一步，理论与历史融合得更为融洽。韦伯在与施穆勒争论价值判断问题时提出的"理念型"无疑是一个有重大突破意义的尝试，使经济学迈出了走向桑巴特所总结的"理解经济学"的关键一步。

第6章，大师评价。马克思、马歇尔、凡勃伦和熊彼特都曾对德国历史学派做出过很有研究价值的评价。马克思强烈批判了李斯特无视阶级属性并美化资产阶级的"国家"经济学，不过后来在《资本论》最后一章的一个脚注里，马克思又对李斯特表示了部分赞同。马克思轻蔑地批判了罗雪尔，矛头指向其天真经验主义和无视阶级利益差别的庸俗教授面孔。马歇尔并不是德国历史学派的敌对者，从他的《经济学原理》以及其他一些文章中可以很容易分辨他对历史学派的实际态度：以支持为主。凡勃伦指出，天真经验主义和黑格尔思想背景限制了以罗雪尔为代表的旧历史学派取得理论进步，他赞扬以施穆勒为代表的新历史学派有"进化"的理论特征。熊彼特把韦伯等重要历史学派学者划出了经济学家的行列，但他从整体上肯定了自施穆勒以后的德国历史学派取得的成就。四位经济学大师的评价可以勾勒出一个更真实、与主流印象完全不同的德国历史学派。

第7章，深远影响。从理论传承的角度来看，现代意义的演化经济学、发展经济学和计量经济学都受到了德国历史学派的深刻影响。从某种意义上，可以把德国历史学派经济学看作最初的演化经济学、最初的发展经济学。计量经济学不是直接的继承者，但在经济学中广泛深入使用统计方法的传统是由德国历史学派开创的。从实践影响来看，德国历史学派经济思想堪称落后国家赶超先进国家的"思想闪电"。在它以及与它相近的美国学派的影响下，美国、德国、日本先后崛起。

第8章，结论。德国历史学派在经济思想史中应占有重要地位；经济理论的构建不能无视历史维度；德国历史学派对构建中国特色社会主义政治经济学有借鉴价值。

作　者
2019年5月

目　录

$$[\ 1 \ ]$$

导　论

1.1　被经济学遗忘的德国历史学派

德国历史学派[①]存在于 19 世纪 40 年代到 20 世纪上半叶，它在主流经济思想史叙事体系中的地位非常低，甚至很多主流教科书都未曾提及。虽然施穆勒被帕累托言语戏耍的故事如今广为流传[②]，但施穆勒的经济思想早已无人问津。施穆勒这个名字只是一个标签——反对在经济领域提炼出理论的傻瓜。作为"反理论"的代表，德国历史学派成了经济学乐章中无足轻重的一段噪声，现已少有人关注经济思想史中这处被遗忘的阴暗角落了。即使是经济学专业人士，也很少有人知道德国历史学派。然而，必须指出，对德国历史学派的忽视和遗忘是经济学的重大遗憾。

经济学的研究领域中一直存在着或明或暗的"德国传统"。经济学"德国传统"兴起于 17 世纪的"三十年战争"后，是德意志民族在与先进邻国相比

---

① 　本书的"德国历史学派"指的是经济学领域的德国历史学派，不涉及法学、历史学等领域。
② 　在瑞士伯尔尼的一次会议上，施穆勒反对帕累托，认为不存在"自然的经济规律"。帕累托假装囊中羞涩，询问施穆勒：在伯尔尼有不必为吃饭付钱的地方吗？施穆勒回答：没有，有便宜的。帕累托哈哈一笑：这不就是经济学自然规律吗？这个被津津乐道的小故事其实有点莫名其妙。在当时当地找不到免费午餐，怎么成"自然的经济规律"了呢？

的落后中奋力求索赶超之道的产物，带有鲜明的民族和国家本位主义意识。与英法的"盎格鲁－撒克逊传统"相比，德国传统的经济思想对理论一般性的追求力度要弱得多，对经济现象的抽象层次明显更低，理论建构的历史维度被充分重视。

18世纪末19世纪初拿破仑横扫欧洲，法国人强大的压迫感极大加速了德国从18世纪80年代开始的教育改革进程。1809年，时任普鲁士教育部长的洪堡受到费希特重组大学计划的启发，对教育系统——尤其是高校教育进行了一系列改革。洪堡改革的目的是打破基于巴黎综合理工学院模式的教育专业化，弱化大学课程的职业训练倾向，倡导提供结合哲学的一般性科学教育，把哲学而非宗教放在知识体系的最高层级，要求大学生理解真理和认识之类的哲学问题。洪堡于1810年建立柏林大学，同时给予普鲁士各大学一定程度上独立于政府和教会的自治权，制定了新式的教师培训及合格标准。这次改革掀起了德国教育界兴利除弊的风潮，促进了各个学科的发展。此后的半个多世纪，德国的大学教育体系成为世界各国教育改革的样板。教育改革同样极大地促进了德意志经济学的发展。

德意志的大学中经济学专职教授席位的设立比英法等国早得多，最早在1727年的哈雷大学就已出现。到19世纪初，全德意志的大学已有约20个讲授经济学知识的专职教授席位（Streissler，1990）。相比之下，英国的经济学传统在其国内似乎很非主流，经济学作为独立学科出现并设立专职教授席位时已经是19世纪末。亚当·斯密在1776年就发表了《国富论》，但他终生也没获得政治经济学教授的头衔（他一直是道德哲学教授），而此时德国的大学已经出现经济学教授大约五十年了。

德国的经济学历史学派无疑是经济学"德国传统"最正统的继承者，可以说，德国历史学派是在一个非常坚实的经济学学术传统上诞生的。在德国历史学派存续的时段，德国在政治、经济、社会以及文化领域都实现了非常快速的发展，在1871年结束分裂、重新统一并在19世纪末迅速跃升为欧洲乃至世界数一数二的强大国家，第一次世界大战被打入谷底后又在短时间内再度崛起。

这些辉煌的"履历"让我们不得不正视德国历史学派。

一般来说，经济学德国历史学派可分为三个阶段：旧历史学派、新历史学派和新新历史学派。比较重要的德国历史学派学者包括布鲁诺·希尔德布兰德（Bruno Hildebrand，1812—1878）、威廉·罗雪尔（Wilhelm Roscher，1817—1894）、卡尔·克尼斯（Karl Knies，1821—1898）、阿尔伯特·谢夫莱（Albert Schaffle，1831—1903）、阿道夫·瓦格纳（Adolf Wagner，1835—1917）、古斯塔夫·冯·施穆勒（Gustavvon Schmoller，1838—1917）、乔治·克纳普（Georg Knapp，1842—1926）、卢奇·布伦塔诺（Lujo Brentano，1844—1931）、卡尔·毕歇尔（Karl Bücher，1847—1930）、维尔纳·桑巴特（Werner Sombart，1863—1941）、马克斯·韦伯（Max Weber，1864—1920）等。

实事求是地说，德国历史学派自始至终都没有建立起一个统一明确的方法论纲领，能够自成一派主要是由于在三个方面达成的共识：首先，重视经济学研究的历史维度，努力使经济学理论对不同的历史时期和社会文化敏感；其次，坚持把研究的出发点定位在国家或民族群体的层面，反对英法政治经济学传统的个人主义假设；最后，主张保护主义的国家经济政策，保护国内民族产业的发展壮大。

德国历史学派的出现通常以威廉·罗雪尔1843年发表著作《历史方法的国民经济学讲义大纲》为标志。这本书涉及很多经济学方法论问题，但篇幅不大，罗雪尔把各个主题都用较简练的语言概括出来，就如书名所说只是个授课提纲，但很发人深思。在书中，罗雪尔首次把以萨维尼（Friedrich Carl von Savigny，1779—1861）为代表的法学研究中的历史主义方法应用到政治经济学中来，把政治经济学称为"国民经济的解剖学和生理学"，明确宣称要使用"历史的方法"进行经济研究，所以该书被看作德国历史学派诞生的宣言书。

罗雪尔于1843年开创德国历史学派是公认的看法，但同时期德国另一位经济思想巨匠的成就也无论如何不应被忽视，他就是乔治·弗里德里希·李斯特（Georg Friedrich List，1789—1846）。李斯特于1841年发表了影响深远的经典著作《政治经济学的国民体系》，比罗雪尔的宣言书还早两年。李斯特观察经济生活的角度和历史学派的学者是大致相同的。他关注不同类型、不同阶段国民经济的差别，以历史的视角寻找国民经济的发展特征，极力反对古典政治经济学宣扬的普世论和自由主义经济政策。然而，他并不被同时代的德国"教授"们认可。所以，虽然他充满历史主义经济思想的著作早于罗雪尔发表，并且在世界范围内产生了巨大影响，但与整个德国经济学界没有学术联系的事实使他难以承担历史学派创始人的名头，"德国历史学派先驱者"是对他更加贴切的称谓。

与罗雪尔同旧历史学派紧密联系相同，古斯塔夫·冯·施穆勒被看作新历史学派的领袖。由旧转新的时间界线比较模糊，一般认为这个转变发生于19世纪70年代。这段时间，德国实现重新统一，资本主义经济飞速发展，劳资矛盾逐渐尖锐。而且，《资本论》（第一卷）的出版使马克思主义思想对包括经济学在内的德国社会科学之影响与日俱增。在这个过程中，"讲坛社会主义"渐渐盛行于德国，讲坛上的教授大都是新历史学派的代表人物。1872年"社会政策协会"在德国成立可权且被视为新历史学派上台的标志。新历史学派对旧历史学派的经济学方法论观点进行了一些调整，宣扬的经济社会政策带有鲜明的改良主义特征。对于施穆勒和新历史学派的学术贡献，今人存在很多非议，比如很多学者认为施穆勒否定抽象的经济学理论。其实这些非议大部分是不公正的，主要源于施穆勒与卡尔·门格尔（Karl Menger，1840—1921），包括之后德国历史学派与奥地利学派间的论战引起的误会，以及再之后施穆勒与马克斯·韦伯"价值判断之争"的影响。

20世纪初，历史学派经济思想在德国发展到顶峰。以马克斯·韦伯和维尔纳·桑巴特为代表的新一辈德国经济学者进一步扬弃了历史学派的经济思想，在方法论和理论构建上都取得了长足的进步。他们是新新历史学派。韦伯在一定程度上调和了个人主义与国家主义、演绎与归纳、理性与历史，创建并完善了历史主义的经济学方法论（同样适用于社会学），大名鼎鼎的《新教伦理与资本主义精神》就是这套方法具体应用结出的硕果。桑巴特生前享有比韦伯更高的名望。他强调不同经济制度的历史特性，把"感性""精神"看成社会经济体系的核心，在其著作《现代资本主义》中，努力使历史和理论相互协调。但是，必须指出，桑巴特晚年的政治立场曾倒向纳粹，带领历史学派走向了末路。

从20世纪20年代开始，法西斯主义逐渐控制了德国的主流意识形态，这预示着德国的民族主义开始走上歧路。法西斯纳粹和随之而来的第二次世界大战几乎彻底摧毁了德国历史学派的学术传统，而此时正是历史学派努力解决其理论内在问题的关键时期。这堪称经济思想史上的一个大悲剧。纳粹和战争使大量历史学派的学术遗产被破坏，对经济理论历史维度的关注在第二次世界大战后转向次要，德国的经济学主流被弗莱堡学派袭取，将新古典经济学放在了核心地位。我们可以把1941年桑巴特去世看作德国历史学派作古的标志性事件。从此，继承英法传统的理论彻底统治了经济学。可以说，第二次世界大战之后，德国历史学派的经济思想在德国乃至世界上的影响都由明转暗，经济理论构建的历史维度被忽视，这种忽视有时甚至可能来自某些潜意识的刻意。然而，"历史"没有，也不可能完全淡出经济学的视野，发展经济学、演化经济学、计量经济学等的蓬勃发展表明，德国历史学派经济思想的余烬仍在默默影响着世界。

必须承认，德国历史学派有其自身的局限性，但无论如何，把它定位成反理论的噪声是一种误导。这些德国人对一般性经济理论的局限的探究，以及对伦理与经济的密切关联，对历史维度的极度重视，可被视为大部分现代非主流经济学的思想源头。20世纪初，新历史学派和新新历史学派的部分杰出代表已经着手开创容纳历史视角的元理论框架，并取得了一定成绩，但这些努力最终悲剧性地被法西斯纳粹和第二次世界大战毁于一旦。我们不应该否定他们取得的理论思想成就，而事实上，他们的成就现如今被严重遗忘了。与其他经济学流派相比，研究德国历史学派的英文和中文文献可以说少得可怜，近十年，甚至连提及德国历史学派的文献都极少出现。

1.2 文献综述

1.2.1 相关的经典原著

德国历史学派经济学产生和发展的思想背景是脱胎于启蒙运动并作为启蒙思想变种之一的历史主义思潮。梅尼克的《历史主义的兴起》①和伊格尔斯的《德国的历史观》②为理解"历史主义"的来龙去脉及其在德国生发的始末提供了权威的参考。

经济学意义上的德国历史学派一般被认为包含两个或三个阶段。两阶段的划分是指以罗雪尔为代表的旧历史学派和以施穆勒为代表的新历史学派,三阶段划分则是再加上以韦伯和桑巴特为代表的新新历史学派。因为德国历史学派的基础就在于对经济理论历史维度的坚持,而韦伯等也确实没有离开这个原则,所以三阶段论是更恰当的描述方式。

这个学派的先驱者——李斯特在其《政治经济学的国民体系》③中有力地揭露了英法古典政治经济学的伪普适性,提出了包括"生产力"概念在内的很多富有理论张力的经济观点,为落后国追赶先进国的具体经济政策提出了切实可行的建议。

紧接着,罗雪尔用《历史方法的国民经济学讲义大纲》④宣告了德国历史学派正式诞生,他在其中提出把萨维尼的法学研究方法运用到政治经济学中来,为德国历史学派奠定了基础。罗雪尔在《历史方法的国民经济学讲义大纲》中承诺要用"历史方法"写一部系统的经济学教科书,后来陆续发表的《国民经济学体系》(英文版改称《政治经济学原理》)即为还愿之作。这部曾在德语地区影响力巨大的教科书为英国古典政治经济学做了翔实的历

---

① 梅尼克. 历史主义的兴起 [M]. 陆月宏,译. 南京:译林出版社,2010.
② 伊格尔斯. 德国的历史观 [M]. 彭刚,顾杭,译. 南京:译林出版社,2006.
③ 李斯特. 政治经济学的国民体系 [M]. 陈万煦,译. 北京:商务印书馆,1983.
④ 罗雪尔. 历史方法的国民经济学讲义大纲 [M]. 朱绍文,译. 北京:商务印书馆,1981.

史注释。

新历史学派的领袖是施穆勒。他在《重商制度及其历史意义》①中提出了明确的社会经济系统发展机制理论，并依此把社会经济划分为六个制度特征明确的阶段，为大部分重商主义政策的历史合理性给出了有力论证。为回应门格尔等对德国历史学派的攻击，他在《国民经济、国民经济学及其方法》②中系统展现了新历史学派的"历史－伦理方法"。20世纪初，他的《一般国民经济学大纲》③全面总结了德国历史学派当时的理论成就。

20世纪初，施穆勒去世前后，新历史学派才彻底被新新历史学派取代。韦伯从20世纪初开始就对以施穆勒为首的新历史学派发起了冲击。通过《社会科学与社会政策中的"客观性"》和《在社会学和经济学中"伦理中立"的含义》两篇文章，韦伯在与施穆勒的"价值判断之争"中占了些上风，对经济理论中伦理中立必要性的捍卫和对施穆勒没尽力保持经济学客观性的指责都引起了很大反响。韦伯意外早逝后，其遗作《经济与社会》为他赢得了社会学奠基人之一的殊荣。书中广泛引用世界范围内的历史资料，把不同时代、文明和社会中的政治、经济、法律和宗教形式纳入独创的概念体系，突出以理性化为导向的现代西方文明的本质特征，全面展示了一种"社会经济学"。

桑巴特早年因革命倾向而在事业发展上不得志，在还未同马克思主义彻底决裂前写出了他最具代表性的《现代资本主义》④。在书中他通过资本主义这个主题展现出紧密结合历史的经济理论，充分体现出历史学派重视历史维度的理论旨趣。晚年已经成为德国学术权威的桑巴特用《三种经济学》⑤在形式上终结了德国经济学界已经持续26年的价值判断之争，通过把经济学具体分成三个种类：评判经济学、规则经济学和理解经济学，取得了方法论上的最大共识。

① 斯莫拉（施穆勒）. 重商制度及其历史意义 [M]. 郑学稼，译. 北京：商务印书馆，1936.
② 施穆勒. 国民经济、国民经济学及其方法（日文）[M]. 户田武雄，译. 东京：有斐阁，1938.
③ SCHMOLLER. Grundriβ Der Allgemeinen Volkswirtschaftslehre（Erster, Größerer Teil）[M]. Leipzig: Duncker und Humblot, 1901.
④ SOMBART.Der moderne Kapitalismus [M]. München und Leipzig: Duncker und Humblot, 1922.
⑤ 桑巴特. 经济学解 [M]. 王毓瑚，译. 北京：商务印书馆，1937.

门格尔是与德国历史学派展开方法论大论战的对手。他用《社会科学方法论特别是经济学的方法论研究》①和《德国国民经济学中历史主义的错误》②向当时以施穆勒为首的德国历史学派发起了猛烈攻击。在论战中，门格尔试图建立三个主要论点：以天真经验主义为基础的归纳法不可能构建理论；假定已知目的和偏好的个人比群体或国家更适合作为经济分析的基本出发点；经济学理论构建不需要在追求"一般性"的同时包含历史维度。

因为时代较早，马克思对德国历史学派的评价主要集中于李斯特和罗雪尔。在马克思思想发展中有重要地位的《评弗里德里希·李斯特的著作〈政治经济学的国民体系〉》③，强烈批判了李斯特无视阶级属性并美化资产阶级的"国家"经济学；不过后来在《资本论》④最后一章的一个脚注里，马克思又对李斯特表示了部分赞同。在一封信和《资本论》第一章一个脚注中，马克思轻蔑地批判了罗雪尔，矛头指向其天真经验主义和无视阶级利益差别的庸俗教授面孔。

马歇尔并不是德国历史学派的敌对者，从他的《经济学原理》⑤以及其他一些文章中可以很容易分辨他对历史学派的实际态度：以支持为主。

凡勃伦在《古斯塔夫·施穆勒的经济学》以及《为什么经济学还不是一门进化科学》两篇文章⑥中对德国历史学派进行了认真的评论。他毫不留情地批评了以罗雪尔为代表的旧历史学派，准确指出，天真经验主义和黑格尔思想背景限制了其取得理论进步的可能。他赞扬以施穆勒为代表的新历史学派有"进化"的理论特征。

熊彼特是一位具有德语教育背景的经济学家，德国历史学派在他的学术生

①　MENGER.Problems of Economics and Sociology［M］.（"Investigations into the Method of the Social Sciences with Special Reference to Economics"）.translated from the German edn（1883）by F.J.Nock. Urbana：University of Illinois Press，1963.
②　MENGER.Die Irrtümer des Historismus in der deutschen Nationalökonomie［M］. Vienna：Hölder，1884.
③　马克思，恩格斯.马克思恩格斯全集（第42卷）［C］.北京：人民出版社，1979.
④　马克思.资本论.北京：人民出版社，2004.
⑤　MARSHALL.The Principles of Economics［M］. London：Macmillan，1949.（中译本：马歇尔.经济学原理［M］.陈良璧，译.北京：商务印书馆，1983.）
⑥　凡勃伦.科学在现代文明中的地位［M］.张林，等，译.北京：商务印书馆，2012.

涯中留下了深刻的烙印。他本人几乎亲历了德国历史学派的所有重要阶段。在未竟遗作《经济分析史》[①]中，他对德国历史学派的理论、政策、各阶段代表人物，以及大论战和价值判断之争都进行了详细认真的述评。熊彼特的述评对研究德国历史学派经济思想有重大意义。

1.2.2　国外研究

虽然德国历史学派在国外不算是经济思想史研究的一个热门，但因为研究积累的时间比较长，所以文献相对丰富。从德国历史学派整体到各种专题，都有较深入的研究。

（1）整体评价

Priddat（1995）[②]大致描述了德国历史学派的全貌，他把其形成学派的依据归结为两方面：一是与英法研究传统的对抗；二是尽量让理论对历史和现实敏感。不过他认为能够统一的只是一些原则，而非明确的方法论体系。Hodgson（2001）[③]也整体评述了德国历史学派的经济思想，并明确指出德国历史学派的主题在于对历史特性问题的坚持。Pearson（1999）[④]边简要介绍德国历史学派边质疑是否真出现过作为学派的德国经济思想。不过，如果采用他的严格标准，那么在历史长河中恐怕找不到任何学派。

（2）起源

Tribe（1988）[⑤]认为，历史学派是德国历史主义、浪漫主义和所谓的"官房"学派杂糅而成的产物。Pribram（1983）[⑥]旁征博引地强调，在德国历史学派经济学生成阶段，既广泛吸收了以萨维尼为代表的德国法学派和以兰克为代表的德国历史学派的方法论思想，又受到德国唯心主义哲学（黑格

① 熊彼特. 经济分析史（第三卷）[M]. 朱泱，等，译. 北京：商务印书馆，1995.
② PRIDDAT，BIRGER.Intention and Failure of W.Roscher's Historical Method of National Economics[A]. The Theory of Ethical Economy in the Historical School：Wilhelm Roscher，Lorenz von Stein，Gustav Schmoller，Wilhelm Dilthey and Contemporary Theory[C]. Berlin：Springer，1995:15-34.
③ HODGSON.How Economics Forgot History:The Problem of Historical Specificity in Social Science[M]. London：Routledge，2001.
④ HEATH.Was There Really a German Historical School of Economics?[J]. History of Political Economy，1999 Summer，31（2）:547-562.
⑤ KEITH.Governing the Economy：The Reformation of German Economic Discourse，1750-1840[M]. Cambridge：Cambridge University Press，1988.
⑥ PRIBRAM.A History of Economic Reasoning[M]. Bamtimore MD：Johns Hopkins University Press，1983.

尔、费希特、谢林）的深刻影响。而 Krabbe（1996），Reinert 和 Daastøl
（1997）则提出德国历史学派有更广泛的思想准备，不局限于德国，法国等
其他国家的一些启蒙思想家（如赫尔德等）也客观上助推了德国历史学派的
产生和发展。

德国的经济学研究有着坚实的学术传统，Streissler（1990）以及 Kadish
和 Tribe（1993）[①]都以翔实的历史资料证明，德国经济学传统比英国更早形
成了系统和规模。Tribe（1988）[②]还提出，德国历史学派创始人罗雪尔的一
些重要研究并不是他本人的原创，而是 19 世纪 30 年代的一些德国学者工作
的延续。

（3）理论内容

德国历史学派最具代表性的具体经济理论是各种各样的经济发展阶段论。
把社会经济系统发展按一定标准分成不同的阶段，是德国历史学派经济理论的
一大特点。与此相关的是对社会有机体观念的推崇，这在很长一段时间内都是
大部分德国历史学派学者的基本信条。

Ely（1903）[③]，Kalveram（1933）[④]，Priddat（1995）[⑤] 和 Reinert
（2000）[⑥]对各时期德国历史学派中出现的重要经济发展阶段论进行了认真深入
的介绍和评论。Commons（1934）[⑦]，Merchant（1983）[⑧]，Khalil 和 Boulding
（1996）[⑨]则对社会有机体观念的来龙去脉做出了详细说明。

---

① KADISH，ALON and TRIBE.The Market for Political Economy：The Advent of Economics in British University Culture，1850-1905［M］. London：Routledge，1993.

② TRIBE.Governing the Economy：The Reformation of German Economic Discourse，1750-1840[M]. Cambridge：Cambridge University Press，1988.

③ ELY.Studies in the Evolution of Industrial Society［M］. NY：Macmillan，1903.（Emery，Fred E.（ed）.Systems Thinking，2 vols.Harmondsworth：Penguin，1981.）

④ KALVERAM.Die Theorien von den Wirtschaftsstuffen［M］. Leipzig：Hans Buske，1933.

⑤ PRIDDAT.Intention and Failure of W.Roscher's Historical Method of National Economics ［A］. KOSLOWSKI.The Theory of Ethical Economy in the Historical School：Wilhelm Roscher，Lorenz von Stein，Gustav Schmoller，Wilhelm Dilthey and Contemporary Theory［C］. Berlin：Springer，1995:15-34.

⑥ REINERT.Karl Bücher and the Geographical Dimensions of Techno-Economic Change：Production-Based Economic Theory and the Stages of Economic Development［A］. BACKHAUS,JÜRGEN G.(ED.).Karl Bücher：Theory-History-Non Market Economics［C］. Marburg：Metropolis-Verlag，2000.

⑦ COMMONS.Institutional Economics-Its Place in Political Economy［M］. NY：Macmillan，1934.

⑧ MERCHANT.The Death of Nature：Women，Ecology，and the Scientific Revolution［M］. San Francisco：Harper and Row，1983.

⑨ KHALIL，Boulding，Kenneth E.（eds）.Evolution，Order and Complexity.London：Routledge，1996.

（4）论战及方法论

旧历史学派的理论建树成就有限，根源在于其使用的方法论有失偏颇。Åkermen（1932）[1]犀利地揭穿了在旧历史学派中流行的天真经验主义。在他之前，马克思、马歇尔、门格尔、凡勃伦等人都对此进行过深刻批判。

以施穆勒为代表的新历史学派修正了旧的方法论信条。Harris（1942）[2]，Dopfer（1988,1993）[3]，Koslowski（1995）[4]对施穆勒及新历史学派的"历史－伦理"方法进行了介绍和探讨，针对"施穆勒拒绝一般理论"这个流行偏见做出了令人信服的辩护。Meyer（1988）[5]，Schneider(1993)[6]，Ebner（2000）[7]有理有据地指出，施穆勒在大论战期间成功捍卫了经济理论对历史维度的关注，成功打击了门格尔提倡的源自盎格鲁－撒克逊传统的方法论个人主义。Sened（1997）[8]提出的关于国家对维护财产制度的必要性的例证，有力重申了施穆勒对门格尔的方法论个人主义的批判。

门格尔是方法论大论战中德国历史学派的对手，但在实际的经济学研究中，他并不是一个彻底的德国传统反叛者。Priddat（1998）[9]，Gloria-Palermo（1999）[10]指出，作为一个有德语母语教育背景的经济学者，门格尔在很多方面都深受德国经济学传统的影响。如其基于人类主观感受的价值理论思想，在很

① ÅKERMEN.Economic Progress and Economic Crises ［M］. trans.by Elizabeth Sprigge and Claude Napier from the Swedish edn（1931）.London：Macmillan,1932.
② HARRIS.Sombart and German（National）Socialism ［J］. Journal of Political Economy，1942 December，50（6）：805-835.
③ DOPFER.How Historical is Schmoller's Economic Theory? ［J］. Journal of Institutional and Theoretical Economics，1988，144（3）：552-569.
DOPFER.On the Significance of Gustav Schmoller's Contribution to Modern Economics ［J］. History of Economic Ideas，1993，1（3）：143-178.
④ KOSLOWSKI.The Theory of Ethical Economy in the Historical School：Wilhelm Roscher，Lorenz von Stein，Gustav Schmoller，Wilhelm Dilthey and Contemporary Theory ［C］. Berlin：Springer，1995.
⑤ MEYER.Schmoller's Research Programme，His Psychology，and the Autonomy of the Social Sciences ［J］. Journal of Institutional and Theoretical Economics，1988，144：570-580.
⑥ SCHNEIDER.Schmoller and the Theory of the Corporation and of Corporate Control ［J］. History of Economic Ideas，1993，1（3）：357-377.
⑦ EBNER.Schumpeter and the "Schmollerprogramm"：Integrating Theory and History in the Analysis ［J］. Journal of Evolutionary Economics，2000，10（3）：355-372.
⑧ SENED.The Political Institution of Private Property ［M］. Cambridge：Cambridge University Press，1997.
⑨ PRIDDAT.Theory of Subjective Value in German National Economics ［J］. International Journal of Social Economics，1998，25（9）：1509-1519.
⑩ GLORIA-PALERMO.The Evolution of Austrian Economics：From Menger to Lachmann ［M］. London：Routledge，1999.

大程度上来源于早期德国经济学者的洞见，与德国经济学传统一脉相承。此外，Hutchison（1973）①，Dopfer（1988）②，Lawson（1996）③对门格尔主张"把本质和偶然性分离"的隔离方法进行了深入介绍和分析，认为隔离方法并不完全等同于方法论个人主义，并对后来韦伯的"理念型"产生了启发性影响。

新历史学派的桑巴特和韦伯代表了德国历史学派达到的理论高峰。Appel（1992）④，Chaloupek（1995）⑤，Backhaus（1996）⑥，Mote（1997）⑦讨论评价了桑巴特的大量学术贡献，如最早把尼采哲学引入经济学，最早提出"创造性毁灭"等。韦伯的"理念型"显然是解决经济学历史维度问题的一次意义非凡的尝试。让人不安的是，主流学者都倾向于把韦伯"摘出"经济学家的行列，以此来绕开经济学的历史维度问题。Parsons（1936,1937）⑧首开漠视韦伯思想中历史关注的先河；Schutz（1967）⑨尝试用奥地利学派推崇的现象学思想补充韦伯的方法论。Lachmann（1971）⑩，Machlup（1978）⑪，Holton 和Turner（1989）⑫，Swedberg(1998)⑬都继续追随这种分析思路。

（5）与经济学大师的关联

① HUTCHISON. Some Themes from Investigations into Method ［A］. Carl Menger and the Austrian School of Economics ［C］. Oxford: Clarendon Press,1973: 15–37.

② DOPFER.How Historical is Schmoller's Economic Theory? ［J］. Journal of Institutional and Theoretical Economics，1988，144（3）：552–569.

③ LAWSON.Realism，Theory，and Individualism in the Work of Carl Menger ［J］. Review of Social Economy，1996 Winter，54（4）：445–464.

④ APPEL.Werner Sombart:Historiker und Theoretiker des modernen Kapitalismus ［M］. Marburg: Metropolis，1992.

⑤ CHALOUPEK.Long–Term Economic Perspectives Compared：Joseph Schumpeter and Werner Sombart ［J］. European Journal of the History of Economic Thought，1995，2（1）：127–149.

⑥ BACKHAUS.Werner Sombart（1863–1941）–Social Scientist（3 Vols）［C］. Marburg: Metropolis–Verlag，1996.

⑦ MOTE，Werner Sombart and the Narrative of Economics ［A］. The State of the History of Economics: Proceedings on the History of Economic Thought ［C］. London: Routledge，1997.

⑧ PARSONS.Review of Max Webers Wissenschaftslehre by Alexander von Schelting ［J］. American Sociological Review，1936，（1）：675–681.
Parsons，Talcott.The Structure of Social Action（2 vols）［M］. NY: McGraw–hill，1937.

⑨ SCHUTZ.The Phenomenology of the Social World.trans.from German edn（1932）Evanston: Northwestern University Press，1967.

⑩ LACHMANN.The Legacy of Max Weber ［M］. Berkeley: Glendessary Press，1971.

⑪ MACHLUP.Methodology of Economics and Other Social Sciences ［M］. London: Academic Press，1978.

⑫ HOLTON.Turner.Max Weber on Economy and Society ［M］. London: Routledge，1989.

⑬ SWEDBERG.Max Weber and the Idea of Economic Sociology ［M］. NJ: Princeton University Press，1998.

国外对与德国历史学派相关联的经济学大师的第三方研究主要集中于主流经济学大师——马歇尔，以及亲近主流的经济学大师——熊彼特。

由于受到莱昂内尔·罗宾斯晚年一系列关于剑桥经济学史的演讲[①]的误导，很多主流学者把马歇尔看作德国历史学派的一个主要敌人，但是 Seager（1893）[②]，Shove（1942）[③]，Hutchison（1988）[④]公正地描述了历史上真实的马歇尔：对历史学派支持多于反对。

对于熊彼特与德国历史学派的关系，Machlup（1951）[⑤]，Swedberg（1989）[⑥]，Shionoya（1990,1991,1995,1997）[⑦]进行了非常有价值的历史考证。熊彼特对德国历史学派的态度经历了一个"反对—支持—反对—支持"的剧烈变化过程。其中，第二次反对（比第一次激烈得多）似乎在很大程度上出于学术之外的目的：快速融入哈佛大学并获得终身教职。Appel（1992）[⑧]，Streissler（1994）[⑨]，Chaloupek（1995）[⑩]，Ebner（2000）[⑪]深入研究了熊彼特的经济思想，指出熊彼特深受德国历史学派的影响，其部分理论甚至直接来自德国

① ROBBINS. A History of Economic Thought: The LSE Lectures ［M］. NJ: Princeton University Press，1998.

② SEAGER.Economics at Berlin and Vienna ［J］. Journal of Politicl Economy, 1893, 1 (2): 236-262.

③ SHOVE.The Place of Marshall's Principles in the Development of Economic Theory ［J］. Economic Journal, 1942 December, 52 (4): 294-329.

④ HUTCHISON.Gustav Schmoller and the Problems of Today ［J］. Journal of Institutional and Theoretical Economics, 1988, 144 (3): 527-531.

⑤ MACHLUP.Schumpeter's Economic Methodology ［J］. Review of Economics and Statistics, 1951 May, 33 (2): 145-151.

⑥ SWEDBERG.Joseph A.Schumpeter and the Tradition of Economic Sociology ［J］. Journal of Institutional and Theoretical Economics, 1989, 145: 508-524.

⑦ SHIONOYA.Instrumentalism in Schumpeter's Economic Methodology ［J］. History of Political Economy, 1990 Summer, 22 (2): 187-222.

SHIONOYA.Schumpeter on Schmoller and Weber: A Methodology of Economic Sociology ［J］. History of Political Economy, 1991 Summer, 23 (2): 193-219.

SHIONOYA. A Methodological Appraisal of Schmoller's Research Program ［A］.The Theory of Ethical Economy in the Historical School: Wilhelm Roscher, Lorenz von Stein, Gustav Schmoller, Wilhelm Dilthey and Contemporary Theory ［C］. Berlin: Springer, 1995: 57-78.

SHIONOYA.Schumpeter and the Idea of Social Science: A Metatheoretical Study ［M］. Cambridge and New York: Cambridge University Press, 1997.

⑧ APPEL.Werner Sombart: Historiker und Theoretiker des modernen Kapitalismus ［M］. Marburg: Metropolis, 1992.

⑨ STREISSLER.The Influence of German and Austrian Economics on Joseph A. Schumpeter ［A］. Schumpeter in the History of Ideas ［C］. Ann Arbor MI: University of Michigan Press, 1994.

⑩ CHALOUPEK.Long-Term Economic Perspectives Compared: Joseph Schumpeter and Werner Sombart[J].European Journal of the History of Economic Thought, 1995, 2 (1): 127-149.

⑪ EBNER.Schumpeter and the "Schmollerprogramm": Integrating Theory and History in the Analysis [J].Journal of Evolutionary Economics, 2000, 10 (3): 355-372.

历史学派的学术遗产，尤其是有关创新发展的部分。

（6）对美国经济学的影响

美国经济学有很深的德国渊源，德国历史学派曾对美国经济学的发展产生过巨大影响。Diehl（1978）[①]，Balabkins（1988）[②]，Schneider（1993）[③]从整体上详细描述了美国经济学界与德国经济学界曾有过的紧密联系。Pribram（1983）[④]，Coats（1993）[⑤]更进一步给出了翔实的史料考据。Schneider（1995）[⑥]，Biddle、Samuels 和 Warren（1997）[⑦]论证了美国老制度学派代表人物——康芒斯的很多经济思想都与德国历史学派一脉相承，指出其很多研究是一些德国历史学派学者工作的延续。

Rutherford（1999,2000）[⑧]强调了两次世界大战期间老制度学派在美国经济学界的权威性，并论述了之后其内部分歧和外部威胁是如何发展且逐步蚕食其主流地位的。Yonay（1998）[⑨]和 Hodgson（1999）[⑩]也提供了老制度学派在美国走向衰落过程的可靠描述和深刻分析。

总的来说，国外对德国历史学派的研究范围比较全面，各方面均有突出成果。20世纪八九十年代，西方曾经掀起一阵研究德国历史学派的热潮，集中

---

① DIEHL.Americans and German Scholarship 1770-1870 [M]. New Haven CT: Yale University Press, 1978.
② BALABKINS.Not by Theory Alone…The Economics of Gustav von Schmoller and its Legacy to America [M]. Berlin: Duncker and Humblot, 1988.
③ SCHNEIDER.Schmoller and the Theory of the Corporation and of Corporate Control [J]. History of Economic Ideas, 1993, 1 (3): 357-377.
④ PRIBRAM.A History of Economic Reasoning [M]. Bamtimore MD: Johns Hopkins University Press, 1983.
⑤ COATS.The Sociology and Professionalization of Economics: British and American Economic Essays (Volume II) [M]. London: Routledge, 1993.
⑥ SCHNEIDER.Historicism and Business Ethics [A]. The Theory of Ethical Economy in the Historical School: Wilhelm Roscher, Lorenz von Stein,Gustav Schmoller,Wilhelm Dilthey and Contemporary Theory [C]. Berlin: Springer, 1995: 173-202.
⑦ BIDDLE, SAMUELS, WARREN J.The Historicism of John R.Commons's Legal Foundations of Capitalism [A]. Methodology of the Social Sciences, Ethic, and Economics in the Newer Historical School: From Max Weber and Rickert to Sombart and Rothacker [C]. Berlin: Springer, 1997.
⑧ RUTHERFORD.Institutionalism as "Scientific Economics" [A]. From Classical Economics to the Theory of the Firm: Essays in Honour of D.p.O'Brien [C]. Cheltenham: Edward Elgar, 1999.
RUTHERFORD.Institutionalism Between the Wars [J]. Journal of Economic Issues, 2000 June, 34 (2): 291-303.
⑨ YONAY.The Struggle Over the Soul of Economics: Institutionalist and Neoclassical Economists in America Between the Wars [M]. Princeton NJ: Princeton University Press, 1998.
⑩ HODGSON.Evolution and Institutions: On Evolutionary Economics and the Evolution of Economics [M]. Cheltenham: Edward Elgar, 1999.

涌现出一批高水平的文献。但必须指出：第一，国外对德国历史学派的研究主要都是针对某观点或某人物，系统性的整体研究比较欠缺，德国历史学派的历史原貌仍不够清晰；第二，国外缺乏经济理论历史维度问题的深入研究，相对而言，Hodgson（2001）①关注到了这个重要问题，而且展开了一些有价值的探讨。

1.2.3　国内研究

民国时期，德国历史学派曾受到中国经济学者一定程度的关注。然而，这种关注早已淡化。目前，关于德国历史学派的研究在国内非常冷门。绝大部分中文经济思想史教科书都循着西方主流的逻辑，轻视德国历史学派。

（1）民国时期的研究

民国时期的经济学者比较重视德国历史学派，除翻译一些重要原著外还贡献了不少原创文献。然而民国时期的相关国内文献主要是介绍性的述评，研究深度有限，尤其缺乏方法论层面的深入研究。

李斯特是民国经济学研究的一个热点，他被当作"国家主义派"，代表旧历史学派之前的历史学派。刘秉麟的《李士特经济学说与传记》②（此处李士特即李斯特）流传甚广，几度再版。马寅初写了一些宣传李斯特理论特点和政策主张的文章，后收入《马寅初全集》③。金天锡在其《经济思想发展史》④中把李斯特经济思想总结为两个基本点：国家观念和生产力论。

整体性研究在民国时期比较多，但都属于比较浅显的介绍性文献。安绍芸在其《经济学说史纲要》⑤中用完整的一章详细评介德国历史学派。朱伯康的《经济学纲要》⑥、漆树棻的《经济侵略下之中国》⑦等都高度认可德国历史学派对落后国经济发展的重要意义。朱谦之在其《历史学派经济学》⑧中深入分

---

① HODGSON.How Economics Forgot History：The Problem of Historical Specificity in Social Science［M］. London：Routledge，2001.
② 刘秉麟. 李士特经济学说与传记［M］. 上海：商务印书馆，1925.
③ 马寅初. 马寅初全集［C］. 杭州：浙江人民出版社，1999.
④ 金天锡. 经济思想发展史［M］. 上海：正中书局，1947.
⑤ 安绍芸. 经济学说史纲要［M］. 上海：世界书局，1929.
⑥ 朱伯康. 经济学纲要［M］. 上海：中国文化服务社，1946.
⑦ 漆树棻. 经济侵略下之中国［M］. 上海：光华书局，1931.
⑧ 朱谦之. 历史学派经济学［M］. 北京：商务印书馆，1933.（他错把马克思也列入德国历史学派）

析了德国历史学派主要学者提出的各种社会经济发展阶段论。周宪文在其《比较经济学总论》①中把历史学派比喻为由资本主义正统学派发展到社会主义学派的桥梁。唐庆增的《西洋五大经济学家》②认为德国历史学派足以与马克思主义经济学、古典学派、奥地利学派和数量学派平起平坐，大加称赞施穆勒的理论和实践贡献。沈志远的《近代经济学说史纲》③详细介绍了德国历史学派的发展脉络，但他认为其很多著述充其量是大的历史资料集而已。黄曦峰的《经济学史大纲》④和刘及辰的《近代资本主义经济思潮批判》⑤对德国历史学派表示出"非理论性"的质疑，不过，黄曦峰对历史资料之于经济理论作用的评价不失中肯。1948年，在新古典经济学已确立西方正统地位的前提下，赵迺抟的《欧美经济学史》⑥仍对德国历史学派进行了大篇幅的评述。

（2）当代学者的研究

相比于民国时期，当代国内学者对德国历史学派的研究兴趣要小得多。虽然在深度上超过民国时期，但不及国外的相关研究，仍然缺乏有深度、系统性的整体研究，比较有价值的是涉及某人物或某方面问题的一些专题性论著。

在德国历史学派原著翻译工作方面做出重大贡献的朱绍文，在《经典经济学与现代经济学》⑦中对韦伯与桑巴特的方法论，以及价值判断之争作了深入分析。陶永谊的《旷日持久的论战》⑧详细评介了德国历史学派经历的两次大论战，是研究德国历史学派很有价值的中文文献。何蓉的《经济学与社会学——马克斯·韦伯与社会科学基本问题》⑨有别于其他大量基于现代社会学的研究。她立足于韦伯本意，以经济学视角解析韦伯的理论世界。从效用到企业

① 周宪文.比较经济学总论［M］.上海：中华书局，1948.
② 唐庆增.西洋五大经济学家［M］.上海：黎明书局，1930.
③ 沈志远.近代经济学说史纲［M］.上海：生活书店，1947.
④ 黄曦峰.经济学史大纲［M］.上海：开明书店，1933.
⑤ 刘及辰.近代资本主义经济思潮批判［M］.上海：生活书店，1939.
⑥ 赵迺抟.欧美经济学史［M］.上海：东方出版社，2007.（1948版修订）
⑦ 朱绍文.经典经济学与现代经济学［M］.北京：北京大学出版社，1999.
⑧ 陶永谊.旷日持久的论战［M］.西安：陕西人民教育出版社，1992.
⑨ 何蓉.经济学与社会学——马克斯·韦伯与社会科学基本问题［M］.上海：格致出版社，2009.

家精神，从宗教伦理到经济社会，系统全面又观点独到，很好地展现了韦伯的"社会经济学"。苏国勋的《理性化及其限制》[①]虽然是一部社会学专著，但对快速深入理解韦伯的"理性化"逻辑有很大帮助。

有两位当代国内学者对德国历史学派研究做出了较突出贡献。

其中一位是马颖[②]。他曾先后对李斯特、施穆勒、罗雪尔和桑巴特的经济思想和理论内容进行深入细致的研究梳理（马颖，1993,1994,1995,1998），而这些论文是研究德国历史学派迄今为止仅有的基础性中文原创文献。马颖还提供了关于德国历史学派对现代发展经济学影响的唯一中文综述（马颖，2009），以及德国历史学派如何具体促成德国崛起的较深入的历史分析（马颖，2007）。

另一位是贾根良[③]。他不仅领衔翻译了大量相关外文文献，而且原创论文成果也较多。贾根良论证了施穆勒纲领对现代演化经济学的深远影响，号召对德国历史学派以及方法论之争进行"再认识"，以之为鉴自主创新中国本土经济学（贾根良，2006,2007,2013）；他对与德国历史学派相近的美国学派做了扎实的研究（贾根良，2008,2010,2011）；他大力宣传李斯特经济思想的重大理论和实践意义，意图开创一个以李斯特思想为基础的新学派，用一定程度的经济民族主义对抗新自由主义全球化（贾根良，2012,2013,2015）；他主张把经济学研究传统归纳为两大分支，更重视系统、有机、动态的研究传统，要求重新编纂经济思想史教科书，改变目前经济思想史成为西方主流经济学"家谱"的现状（贾根良，2006,2008,2010）。

总的来说，目前中国学界对德国历史学派的态度深受西方主流的影响，而且轻视和偏见程度还犹有过之。第一，国内的德国历史学派研究在数量、深度和广度上都比国外要逊色[④]，既无完备体系，也少有优秀成果；第二，国内缺

---

① 苏国勋. 理性化及其限制 [M]. 上海：上海人民出版社，1988.
② 见参考文献 [62] ~ [67].
③ 见参考文献 [68] ~ [79].
④ 整体上看，国内关于大论战、李斯特、韦伯的专题研究相对多一些，但几乎都把德国历史学派作为陪衬装饰。对李斯特的研究多是从"生产力"切入得出其与马克思主义理论的联系；对韦伯的研究几乎都是从现代社会学视角出发做出的。大量的马克思主义研究文献和社会学研究文献未被纳入本综述。

乏有深度、有价值的德国历史学派整体性研究；第三，国内在经济学方法论领域缺乏关于经济理论历史维度问题的研究，相对而言，贾根良是研究领域最靠近历史维度问题的国内学者。

[2]

德国历史学派生发的基础——历史主义

纵观经济思想史，活跃于19世纪中后期的历史学派可谓独树一帜。严格来说，经济学历史学派应该至少包括两个分支：德国历史学派和不列颠历史学派，但现在人们谈到经济学历史学派时想到的一般只是德国历史学派。这种情况不仅出现在今天，在一百多年前就已非常明显。老凯恩斯在《政治经济学的范围与方法》中就直接把注重历史的、归纳的、伦理的经济学派统称为德国学派。[①]这是因为：历史学派经济学的实质是历史主义方法在经济学研究中的具体运用，而历史主义正是在德国才得到了最彻底的贯彻。德国历史学派经济思想的生发与历史主义在德国社会科学领域的逐渐强势是紧密关联的。

2.1　历史主义的含义及其由来

2.1.1　历史主义的含义

历史主义是强调从历史出发评析事物，反对自然主义和实证主义的一种哲学信念。对"历史主义"进行准确界定有一定难度，这个词所代表的含义至少有五种：第一，做出根植于历史的评析的方法；第二，从现实出发审视历史的

---

① 凯恩斯. 政治经济学的范围与方法 [M]. 党国英，刘惠，译. 华夏出版社，2001：9.

方式；第三，泛指一种强调历史的观念；第四，历史相对主义及相关主义；第五，历史决定论。①造成"历史主义"内涵驳杂的原因有两个：首先，无论是其自身的来龙去脉，还是其与其他学科的关系都很复杂，涉及的领域、人物、思想成果非常繁多。其次，概念界定是用精确、普遍的语言概括事物，而历史主义本身就在一定程度上反对这种方式。

　　然而，历史主义的核心内涵是稳定的。德国历史主义大师梅尼克曾指出："个体性和个体发展结合在一起，乃是使历史研究具有特色的两种基本观念，它们在最好的意义上就被称为历史主义。"②由此可以为历史主义给出一个比较精确的定义：所有具有相对意义和价值的个体也都同时具有绝对意义和价值，个体的内在逻辑和外在设定促使其独立地不断发展，这个发展过程就是历史，对历史的普遍化肯定就是历史主义。

　　历史主义的生发，是对西方哲学占主导地位的自然法传统进行反思的结果。"自文艺复兴时代以来，西方人的政治思想中始终贯穿一条深刻的冲突的红线，亦即一方面是关于一个普遍支配全部思想的自然法体系的基本观念，另一方面是历史和政治生活的不可规避的事实，两者彼此碰撞。"③自然法观念和杂乱现实在很多情况下是对立的，对自然法的质疑和反驳铺就了历史发展的轨道。从辩证法的角度来说，矛盾特殊性和矛盾普遍性的对立统一赋予了历史主义登上历史舞台的可能性。这种可能性表现为作为世界观的历史主义和作为方法论的历史主义两方面。因此，从本质上来说，历史主义从最初就兼有世界观和方法论的双重角色。

　　卡尔·曼海姆说："历史主义已经发展为一种非凡的理智力量，它是我们的世界观的表征。历史主义原则不仅用一只无形的手组织着科学文化，而且已经侵入到我们的日常思考之中。"④这是对19世纪德国历史主义所取得辉煌成

① 焦佩锋."历史主义"的五种含义及其评价 ［A］. 当代国外马克思主义评论（第7辑）［C］. 北京：人民出版社，2009：308-320.
② 转引自：何兆武. 历史理论与史学理论 ［C］. 北京：商务印书馆，1999：436.
③ 梅尼克. 马基雅维利主义 ［M］. 北京：商务印书馆，2008：483.
④ 转引自：LOADER.German Historiscism and lts Crisis ［J］. The journal of morden history，Sep 1976，Vol48，NO.3，On Demand Supplement：85-119.

就的准确描述。在立足历史勾画现实的同时，历史主义者们不仅为德国发展为一个新兴大国提供了极大推动力，而且也对欧洲启蒙运动表现出的过度理性主义做出了积极意义上的回调。因此，梅尼克把历史主义看作自宗教改革以来德国对西方思想的最大贡献。

德国历史主义者的工作绝不仅是简单地从历史中寻章摘句来对个体进行说明，他们认为所有的个体都是具有神性的。这种神性并不是指某种神秘的能力，而是强调个体的精神自足。就如兰克所说："个体，每个都与其他相似，但本质上独立于其他……人类思想的原创物——甚至也许可以说是上帝思想的原创物。"①也就是说，"个体"这个概念在他们的头脑中不是各种乱七八糟史料的综合，而是一个精神实体，负载着完满自足神性的精神实体，而且这种神性又在每个个体实实在在的发展演变过程中体现出来。个体和整体之间在内在层面上是一致的。

历史主义主要针对的是人类社会——与自然世界相对的人化世界，以对人类社会的个体理解为目的。这与启蒙运动以来理性主义占绝对上风的自然科学研究截然不同。启蒙时期的自然科学的最高目标是探求绝对、普遍的规律；而对历史主义者来说，个体才是努力探究的对象，为了丰富个体，细节备受关注。启蒙时期自然科学研究在方法论层面强调主客二分。在这个大前提下，科学"……最终站立在坚实的基础上，自然科学的任何未来的革命，都绝不可能再次动摇这个基础。自然和人类知识之间的联系已被一劳永逸地确立下来，从此再不可能被割断了"②。"联系"是指理智和知识成正比例变动，这种自然科学研究的实质是机械论的。历史主义与之相反，从考察时间意义上人的连续活动入手，在这个过程中，主客二分无法被严格遵守，更多要靠研究者自身的直觉和理解来实现。这种方法论层面的差别就是历史主义反启蒙的主要表现形式。

历史主义对于当时的德国具有重大的理论和现实意义。这种世界观一旦同

---

① 转引自：梅尼克. 马基雅维利主义 [M]. 北京：商务印书馆，2008：527.
② 卡西尔. 启蒙哲学 [M]. 济南：山东人民出版社，1988：42.

国家观念相结合，马上就会闪耀出夺目的政治光芒，而事实也正如此。历史主义者们认为，国家作为一种典型个体类型也同样具有神性，它"不是有关国家契约理论所创造出来的转瞬即逝的集合，就像云彩的形成一样，而是精神性的实体，是人类心灵的原创性的创造……那就是上帝的思想"[①]。也就是说，国家、政治、道德是内在统一的，都是一体的某一面。国家作为个体是个完满自足的精神统一体，作为整体它会使这种精神性质渗入所有它包含的个体之中，那些被包含的个体将因为这种精神性质而产生安全感和归属感。因此，国家权力的行使不会产生个体威胁，只会让个体各司其位、各尽所职，国家就是实现"必然"与"自由"统一的载体。这种世界观在19世纪的德国被极度推崇，甚至被视为得到真理的唯一途径。后来德国学者把这种世界观推向了极致，历史被彻底工具化，成为对社会现实批判的避风港，也成为了实现个体自由和价值的手段。西贝尔说过："就像一个真正的历史学家不可能在没有道德信念的情况下变得成熟一样，没有一个真正的信念可能会与宗教、政治和民族这样的使世界运转的重大问题没有一定关系。试图保持一种优雅中立的历史学家不可避免地成为没有灵魂的或是做作的。"[②]就这样，学术思想和政治立场密切交融，二者的界限越来越模糊。

2.1.2　历史主义的思想背景——启蒙运动

　　源于英格兰，盛行于欧洲，于18世纪的法国盛极一时的启蒙运动塑造了现代文明的主流意识形态和社会形态。历史主义兴起之所以可能，也是启蒙运动自身的发展逻辑使然。因此，要搞清历史主义的由来，就必须充分认清启蒙运动，理解它如何悄悄为19世纪的德国埋下了历史主义的伏笔。

　　"启蒙"来自英语"Enlighten"的翻译，意为"启发""照亮"。而"启蒙运动"这个称谓最初源自法国，英文"Enlighten"是由法语"Lumière"翻译而来的，单数形式下意为"光明""杰出人物"，复数形式"Lumières"还表示"知识""智慧""光明战胜黑暗"。德语中"启蒙"的对应词是"Aufklärung"，

---

① 转引自：伊格尔斯. 德国的历史观 [M]. 南京：译林出版社，2006：102.
② 转引自：伊格尔斯. 德国的历史观 [M]. 南京：译林出版社，2006：146.

意为"说明""启示""使人清楚明白",显然德国人的表达少了浪漫主义色彩,多了一些操作感。总之,"启蒙"就是"启发蒙昧的思想"。启蒙运动就是人重视自身理性并把理性使用在与人相关的所有领域的现实过程。

（1）启蒙运动的主要表现

在启蒙之前的中世纪,欧洲被神学主宰。天国与尘世是善恶的两极,一端是光明乐土,另一端是苦难深渊,人必须听从神的告诫才能自我拯救。于是,宗教机构和神职人员不容置疑地掌控着一切世俗的最终解释和价值判断。随着经济社会的不断进步,人类思想必然要冲破以神谕和天启来构建的秩序牢笼,启蒙运动就是这种反叛的现实表现。

首先,肯定人的理性。

对人类理性能力的肯定是启蒙运动出现的根源。在中世纪,理性只配充当——而且确实事实上充当了神学的婢女。直到笛卡尔出现,人们被重重困锁的理性才开始得到解放。到启蒙运动的时代,大众已经普遍愿意相信人的理性能够独立地认识世界,人类自身智慧的光芒足以照亮黑暗的未知,权威的束缚、神秘的幻想都可以通过理性的力量予以打破、消解,让人自觉生活于一个自我确定的世界当中。

理性在启蒙运动中居于基础地位。第一,理性赋予人核心意义。文艺复兴肯定了人是社会事务的真正主体,人的理性使人成为主宰自身的主人。在这个过程中,理性的地位不断上升、强化,人相对于神的独立地位也随之日益被肯定和强调。第二,理性是人的天赋能力。理性不是天然的知识,而是与生俱来的一种能力,它能在人后天不断地运用中得到完善,是一种能引领人们走向真理,把未知变成已知,把自然世界改造成人化世界,体现人的本质特征的力量。第三,运用理性是人的天赋权利。思想的自由不取决于神或者任何权威的授权,而是人神圣的自然权利。理性探讨是走向真理的途径,这一权利必须牢牢抓在人自己手中。

其次,崇尚科学。

科学和理性广泛且深度结合是启蒙运动的一大特点。在启蒙运动之前,哲学的核心命题是世界的本原，即本体论。启蒙时期，培根等学者试图为人类如何通过理性认知世界构建一套系统理论，即认识论。这个时期是哲学从本体论转向认识论的开端。在这个转向过程中，由理性主义统摄的经验主义方法论逐渐渗透到科学发展的各个方面。科学家们强调人的感性认识对于完整认识活动的基础性意义，在方法上重视归纳总结，重视观察和试验。推崇经验主义的科学家与理性主义思想家一道，对宗教教条发起了猛烈批判，倡导用理性和经验结合的方法来认识世界。

崇尚科学是启蒙运动的主要表现。其主要观点是：第一，认识的基础是人的感觉。认识不是凭空想象出来的纯粹意识，它源于人的感官对外在世界的感应。就如培根所言："一切比较真实的对于自然的解释，乃是由适当的例证和实验得到的，感觉所决定的只接触到实验，而实验所决定的则接触到自然和事物本身。"[①]第二，科学的方法必然是经验结合理性的。培根对此有一段经典论述："历来处理科学的人，不是实验家，就是教条者。实验家像蚂蚁，只会采集和使用；推论家像蜘蛛，只凭自己的材料来织成丝网。而蜜蜂却是采取中道的，它在庭院里和田野里从花朵中采集材料，而用自己的能力加以变化和消化。哲学的真正任务正是这样，它既非完全或主要依靠心的能力，也非只把从自然历史和机械实验搜集来的材料原封不动、囫囵吞枣地累置于记忆当中，而是把它们变化过和消化过放置在理解力当中。这样看来，要把这两种机能，即实验的和理性的这两种机能，更紧密地和更精纯地结合起来，我们就可以有很多的希望。"[②]

最后，遵循理性史观。

启蒙史学家都是理性史观的代表人物，也是18世纪的新兴资产阶级代言人，当时他们用理性作为批判历史的工具，为新兴资产阶级的存在合法性正名。考察他们的史学成就可以发现，他们都相信历史就是走向美好未来的时间旅程，用理性原则编辑历史事实。

---

① 转引自：北京大学哲学系外国哲学史教研室. 十六——十八世纪西欧各国哲学［C］. 北京：商务印书馆，1975：17—18.
② 培根. 新工具［M］. 许宝骙，译. 北京：商务印书馆，1986：75.

践行理性史观最具代表性的人物非伏尔泰莫属。单就历史学科而论，号称"启蒙运动总管家"的伏尔泰的最大贡献是恢复和发展了已被边缘化的、由希罗多德建立的博通主义史学传统，改变了欧洲历史学界从修昔底德开始一味打造政治历史的日益狭窄的道路，整理出了人的理性在时代变迁中走向完善的发展历程。伏尔泰理性史观的主旨可以被概括为：判断一个时代伟大与否实取决于当时人类理性发展的成熟程度，非常完善的理性会造就最好的时代。

（2）启蒙运动的内在矛盾

启蒙运动并不是一个有时间、场所、范围等明确历史性界定的事件，欧洲大地风起云涌的启蒙运动不是步调一致的"齐步走"。混乱的发展走向一定程度上表现出了其内在矛盾。

首先，理性主义走向绝对化。启蒙运动既在"存在"层面取得巨大成就，又在"价值"层面树立起崭新标准。如康德所言："启蒙运动除了自由以外不需要任何别的东西，而且还确乎是一切可以称之为自由的东西之中最无害的东西，那就是在一切事情上都有公开运用自己理性的自由。"①理性的巨大助力使人进入了过去属于神的领域，大大提高了人类个体的价值和独立性，认知、判断上的依赖行为在价值上转向负面。人越来越自信，乐观地认为可以用理性找出一切奥秘的准确答案。于是，理性可以自由地出入所有人类范畴，包括理性本身。就像马克思所说的，"他们不承认任何外界的权威，不管这种权威是什么样的。宗教、自然观、社会、国家制度，一切都受到了无情的批判，一切都必须在理性的法庭面前为自己的存在作辩护或者放弃存在的权利"②。

其次，科学走向机械主义。科学的蓬勃发展，归根结底是因为人们笃信理性可以和世界的自然秩序确实对应。至高无上的理性能力能够彻底解决科学未知，其背后的世界观基础就是机械决定论。整个物质意义上的世界就是一台极其庞大的机器，人体也一样，生理活动的根本原理同样是机械的。秉承这种观念最具代表性的科学家是牛顿。牛顿的成就极其辉煌，其影响力不只局限在纯

① 康德. 历史理性批判文集 [M]. 何兆武，译. 北京：商务印书馆，1990：25.
② 马克思，恩格斯. 马克思恩格斯选集（第3卷）[C]. 北京：人民出版社，1995：719.

粹的物理学领域，牛顿范式已经成为一种机械主义的思想范式。现代人日常思想方式的大部分都是牛顿范式的应用。

最后，历史丧失了个体意义。就如古奇所言，"当时更为流行的社会契约论和自然法则理论都给历史研究带来了消极的影响"①。启蒙史学家在很大程度上掩盖了历史中的个体意义。18世纪的史学知名学者，往往对很久以前的古希腊、古罗马时代尽情歌颂，但对刚刚经历的中世纪口诛笔伐。伏尔泰把研究中世纪时代比喻成研究熊和狼的活动；休谟宣称盎格鲁-撒克逊历史可以被概括为鹰和乌鸦的时代；吉本甚至认定宗教信仰的历史研究没有意义。以他们为代表的启蒙史学家都在一定程度上否认历史连续性，用理性筛选历史。

总之，启蒙运动出现问题的根源在于"理性"与"经验"的矛盾。理性主义和经验主义之间蕴藏着潜在的冲突。虽然启蒙运动以理性认知世界为己任，但认知过程不可避免地充满了怀疑精神与武断态度的矛盾调和物。极端强调理性必然导致漠视权威、传统，甚至漠视历史的一种理性自大思潮，科学试验和历史考察仅扮演了验证理性的角色。在理性被理性审视的过程中，一个尴尬的问题出现了：启蒙运动无法明确界定自身。理性与经验之间的矛盾是启蒙运动自身无法克服的内在矛盾。因此，运动启蒙内部的反启蒙因素从最初就已萌芽，之后兴起的英国保守主义、法国传统主义、德国浪漫主义和历史主义，都可说是矛盾发展的产物。

2.1.3 历史主义：启蒙运动的德国特色

（1）德国的历史与时代背景

历史主义在德国的充分发展与德国社会的特殊性是密不可分的。促使启蒙运动在德国走向历史主义的一个基础条件是德国历史和现实之间的巨大反差。

德意志曾有辉煌的历史。公元5世纪，克洛维率部族南征北战，建立了庞大的法兰克王国，被东罗马帝国皇帝授予"荣誉执政官"头衔。从此，法兰克开始逐渐取代意大利作为欧洲的政治中心。公元8世纪中后期，查理曼使法兰

---

① 古奇. 19世纪历史学与历史学家（上）[M]. 耿淡如，译. 北京：商务印书馆，1989：86.

克王国的势力达到鼎盛，占领了西欧大陆的绝大部分。查理曼数次应罗马教皇之请出兵平乱，维护欧洲秩序。公元774年，查理曼在罗马受封为罗马勋爵，成为教皇的庇护者，实质上的罗马权威继承人。公元800年圣诞节，教皇利奥三世在罗马圣彼得大教堂举行涂圣油仪式为查理曼加冕。从此，查理曼成为史上著名的查理大帝，从一名日耳曼蛮族国王变成皇帝。公元843年，查理大帝的三个孙子——洛泰尔一世、查理和路易签订了《凡尔登合约》，正式三分法兰克王国为东、西、中三部分，东法兰克王国即德意志，西法兰克王国即法兰西、中法兰克王国即意大利。

公元919年，东法兰克王国更名为"德意志王国"，此可谓德国历史的正式开端。德意志的开创者王朝——于公元919年至1024年存续的萨克森王朝——重现了查理的辉煌。公元962年，奥托一世在罗马加冕称帝，开启了长达845的"德意志神圣罗马帝国"时代（公元962—1806年）。萨克森王朝解体后，王权散落在德意志的大小诸侯手中，教皇渐渐成为实际的最高统治者，德意志仍是政令中心。尽管其间曾出现短暂的使德意志皇权再度君临的斯陶芬王朝，但之后教皇又进一步控制了宗教和世俗生活，直至公元14世纪初。在德意志人心目中，这段时期的德意志还算是统一的，因为无论是教皇还是国王，毕竟存在一个有权威的中央，而且这个统一的德意志主宰了中世纪的欧洲。

从公元8—9世纪的查理曼时期开始，在欧洲中西部逐渐形成了作为语言和文化统一体的德意志民族。繁荣灿烂的罗马文明代表了中世纪前西方文明的巅峰，法兰克人及自认为正统法兰克后裔的德意志人把自己视为罗马文明的法定传承者，所以在他们内心深处保持着一种继承罗马文明的荣耀和自豪。辉煌的查理大帝时代使德意志人完全有理由相信祖先曾代表着"世界精神"。这份民族自豪使德意志人一直保持强大的民族认同感和向心力。而这种"向往过去"的典型化即是德国历史主义的萌芽状态。

造成德意志人心理落差的是德国在欧洲近代化进程中的日益落后。召开于公元1356年的选侯会议以法律形式制定了著名的"黄金诏书"。此举的恶劣影响流毒深远。在政治上，原本就已很松散的德国被事实上分裂；在经济上，各领地间的壁垒也开始不断扩大。公元1517年，路德发起宗教改革运动，在此过程中，天主教逐渐分裂为两派并互相敌对。两派的斗争逐渐演变成各路人马的分组对抗，最终爆发了宗教战争，即1618—1648年的"三十年战争"。这场旷日持久的争斗在很大程度上延缓了德意志的近代化进程。

同过往的荣光相比，现实是尴尬的。恩格斯曾准确描述过这种现实："这是一堆正在腐朽和解体的讨厌的东西。国内的手工业、商业、工业和农业极端凋敝。农民、手工业者和企业主遭受着双重的苦难——政治的搜刮，商业的不景气。贵族和王公都感到，尽管他们榨尽了臣民的膏血，他们的收入还是弥补不了日益庞大的支出。一切都很糟糕，不满情绪笼罩了全国。没有教育，没有影响群众意识的工具，没有出版自由，没有社会舆论，甚至连比较大宗的对外贸易也没有，除了卑鄙和自私就什么也没有；一个奴颜婢膝的、可怜的商人习气渗透了全体人民。一切都烂透了，动摇了，眼看就要坍塌了，简直没有一线好转的希望，因为这个民族连清除已经死亡了的制度的腐烂尸骸的力量都没有。"[①]

历史和现实的巨大反差决定了启蒙运动在德意志的独特款式。德意志人没有机械的信仰启蒙理性，因为理性无法照亮德意志民族眼前的黑暗。当现实的道路遍布荆棘时，历史的荣光自然成为人们重要的精神支柱，因为只有从历史出发才能使德国人不会迷失自我。

（2）启蒙精神与民族主义的结合

启蒙运动最初在很大程度上鼓动起了德国的"理性"追寻，但一盘散沙的德国没有统一的政治中心来通过政治、经济改革践行启蒙思想，所以，对德意志人来说，启蒙的追求只是一种虚幻的愿景。同时期的法国既有统一的权力中心，又有强大的社会革命力量；而反观德国，不仅没有现实条件，而且还遭受到法国的侵害。于是，德国社会中"抵制拿破仑"的呼声高涨，反对启蒙理性主义的浪漫主义思想迅速蔓延。基于民族意识，德国的知识分子愈发注重在自

---

① 马克思，恩格斯. 马克思恩格斯全集（第2卷）[C]. 北京：人民出版社，1972：633-634.

己的传统、传说、习俗中探究并总结德意志的民族精神。比如格林的语言学考察、雅恩的民间风俗考察、萨维尼的习惯法考察、兰克和尼布尔等人的历史考察等，都是为提炼德意志民族精神，增强民族认同感而进行的研究，而非机械地套用启蒙理性去梳理现实。德国的学者致力于把启蒙带来的理性之光统摄于德意志民族性之中，为德国的统一和民族凝聚提供思想理论基础，这是启蒙运动的德国特色。

路德规范德语使德国人有了清晰统一的文化基础，浪漫主义唤醒了德国人的民族意识，而1806年的耶拿-奥厄斯泰特战役则成为德意志民族主义被召唤到现实的催化剂。1806年10月，拿破仑领导的法军发起了针对普鲁士的耶拿-奥厄斯泰特战役，仅19天就大获全胜，签订了著名的《提尔西特和约》。《提尔西特和约》的实质是拿破仑从其个人和法国的利益出发划定其统治的行政版图，对控制区内的社会、法律、经济结构等进行重塑，包括普及法语、推行《拿破仑法典》、征兵服役、控制军事要地等举措，灭亡了当时以奥地利的弗兰茨二世为皇帝、已经名存实亡的"德意志神圣罗马帝国"。通过耶拿战役，拿破仑掌握了绝大部分以德语为母语的地域的实际统治权。

拿破仑的胜利以及施行的战胜国统治彻底激活了德国人的民族意识，全民族的危亡意识迅速上升为民族主义思潮。德意志民族本就是个善于反思的民族，从来不乏思想家。当时的德国社会各界，尤其是知识分子阶层开始认真反思前些年那些曾让他们无限向往的、贯穿着强烈启蒙精神的法国风尚。这种反思使统一德意志的渴望与日俱增。拿破仑的统治已然证明依靠外力实现德国统一和人民自由是镜花水月，所以必须坚定地自力更生来促统一、求富强，而摆在眼前的是破碎的山河、落后的经济、利己当头的各邦诸侯，梦想不可能马上照进现实。因此，对当时的德国人来说，要摆脱现实困境，首要的就是恢复民族自信心，自我持存。历史，尤其是有着辉煌过去的民族的历史，对于族群来说是最根本、最确定的民族魂之源泉。于是，德国人选择依托历史来走出凝聚德意志民族的第一步，依靠历史来认清现实，依靠传统来坚定信念。

2.2　历史主义对德国历史学派的影响

德国的经济学是在历史与现实的反差和赶超先进邻国的希冀中一路走来的。马克思曾准确概括出启蒙时代德国的处境："在法国和英国行将完结的事物，在德国现在才刚刚开始。这些国家在理论上反叛的，而且也只是当作锁链来忍受的陈旧腐朽制度，在德国却被当作美好未来的初升朝霞而受到欢迎……那里，正涉及解决问题；这里，才涉及冲突。这个例子充分说明了德国式的现代问题，说明我们的历史就像一个不谙操练的新兵一样，到现在为止还认为自己的任务只是补习操练陈旧的历史。"①

面对这种处境，英法等先进国家的历史经验和思想成就对德国来说借鉴意义极其有限。1871年德国才实现统一，此前德国学者的重要目的是保持民族向心力和进取心，所以在寻求超越现实的过程中还必须要在很大程度上维护现实。因此，历史主义兴起是由德国有识之士为支撑四分五裂的民族肌体而建立"国家的""历史的"文化知识体系的合力带来的。而之后在历史主义推动下统一并崛起的德国，又出于路径依赖赋予了历史主义思想强大的历史惯性。德国历史学派便是这种思潮扎根在经济学领域结出的硕果。

2.2.1　秉持历史主义世界观

德国历史学派全面接受了历史主义的世界观。历史主义世界观崇尚个体，这种个体不是原子式个人，而是精神自足的完备个体，即个体是负载着完满自足的、与整体的神性一致的精神实体，而且这种神性在各个个体实在的发展过程中，也就是"历史"中体现出来。个体和整体之间在内在层面上是统一的。德国历史学派把这种精致的历史世界观同"国家"观念紧密结合，衍生出一系列历史主义的经济论断。他们认可的世界观是这样的：国家出自上帝的意志，

---

①　马克思，恩格斯. 马克思恩格斯全集（第3卷）[C]. 北京：人民出版社，1995：201.

作为一种典型的个体类型具有完整的神性，换句话说，国家、政治、道德、经济是内在统一的，都是一体的某一面。作为个体的国家是表现出完满自足神性的精神统一体，而作为整体，国家的这种精神性质也能够体现在那些被它包含的个体之中，所有被包含的个体将因为这种一致的精神性质而产生归属感。因此，集中行使国家权力不会威胁到个人的自由，国家的组织只会促使每个个人在最合适的位置上实现最大的价值，国家的最伟大意义就在于实现"必然"与"自由"的统一。个人应该且必须无条件服从国家和民族的整体利益。

德国历史学派，尤其是其早期的成员，完全沉浸在德国历史主义的思想传统中，将国家、民族"当作一个具有形而上学地位的真实的、统一的整体……它被视为一个民族所有个别文化表现的真正基础，是这些文化得以流溢出来的源泉"①。大部分德国历史学派经济学家都认为国家、民族这样的群体概念具有很大程度观念论的性质。这种认知不意味着把国家看成一种形而上学，而是把它看成可以感性认识以及理性把握的一个涵盖总体意义的本质的文明载体，国家或民族蕴含了总体的各部分之间的具体联系，而且这种蕴含是历史性的，所以历史考察是最接近本质的研究路径。

"国民经济学"是早期德国历史学派批判英国古典政治经济学的过程中产生的概念。这个概念蕴含着两个层面的思想。第一，在理论分析出发点上摒弃纯粹个人主义，主张以国家为建构理论的基础。历史学派强调个人是国家中的个人，国家是处于个人和人类之间的中介体，而不像斯密那样把人类社会一下子抽象成个人的集合。历史学派把国家发展摆在更高的地位，认为只有与国家发展相一致的个人自由才有实际可能。第二，抨击空洞的"世界主义"，重视理论的相对意义和适用范围。"世界主义"是用来形容古典政治经济学普遍理性主义的一个词。历史学派认为："世界主义"理论无视时空要素，自视为四海皆准、万世不移的真理；而人类有群体之分，有不同的以地理、民风等为基础发展的历史，只有从国家出发才能在理论中保留历史和精神因素。

---

① 韦伯. 罗雪尔与克尼斯——历史经济学的逻辑问题 [M]. 李荣山，译. 上海：上海人民出版社，2009：43.

从中可以看出，历史学派倡导的"国民经济学"在价值取向上隐含着国家干预主义和民族主义。德国历史学派经济学家从事研究的现实目的就是通过不断扩张德国的经济势力以崛起于世界民族之林。李斯特曾经说过："这个地球上占统治地位的民族，近来已经开始越来越按它们的来源互相淘汰……日耳曼种族由于天命所赐予它的本性和特点，注定要完成这个伟大的历史使命：领导世界事务，开化野蛮国家，向海外大规模殖民，并在那里建立起完全意义上的国家公社，防止野蛮和半野蛮原始居民的影响。"①

德国历史学派奉行的这种结合着强烈民族主义的历史主义世界观天然蕴含着一个危险的倾向——学术思想和政治立场的界限非常模糊。国家主义的极端带来了可怕的历史灾难。这种在19世纪德国被视为通向真理唯一途径的世界观被德国历史学派极度推崇，甚至于20世纪前期的很多德国历史学派学者把这种世界观推向极致，使历史被彻底工具化，成为历史学派与纳粹同流合污的温床。

2.2.2　应用历史主义方法

德国历史学派从事"国民经济学"研究的根本方法是历史主义方法。历史主义方法的主要适用领域是人类社会，是与自然世界相对的人化世界。这同启蒙运动过程中理性主义逐渐占据绝对上风的自然科学研究有很大不同。这种方法上的差别也是历史主义反启蒙的主要表现。

对使用历史主义的研究者来说，个体才是努力探究的对象，为了丰富个体，细节和历史的备受关注是必然结果。而启蒙时代欧洲各国的学者大部分不同程度地接受理性主义，以探求更绝对、更普遍的规律为根本目的。德国历史学派普遍认同国民经济的形成和发展是一个历史的有机过程。这个过程与国民生活总过程或总体的历史是一致的，所以观察历史能够总结出经济理论，而且这种历史的观察应该是多方面的。就如自诩为"经济学领域的修昔底德"的罗雪尔所说："国民经济同国家、法律、语言等一样，是国民发展的一个本质方

---

① 转引自李工真. 德意志"历史学派"传统与纳粹主义 [J]. 世界历史，2002，(4)：8.

面。因此，国民性、文化阶段等等体现于国民经济之中，国民和国民经济同时成立、成长、繁荣，而再衰落。"①

启蒙性质的科学研究在方法论层面强调主客二分，人是拥有理性的主体，自然是用理性研究的客体对象，在这个大前提下启蒙者笃定科学已经站在了坚实的基础上，从此"脚踏实地"的科学研究就是理智和知识成正比例变动的过程。这种思想的实质是机械论。历史主义方法则从考察时间意义上人的连续活动入手，在这个过程中时常无法严格遵守主客二分。因此，历史主义只能强调历史理性，没有类似于自然科学研究中的实验器材一样的助力工具，主要靠研究者自身的理解或"抽象力"来实现。

德国历史学派最经常使用的具体考察研究的方法是历史类比。"对过去各文化阶段的研究，完全具有同观察现代经济关系一样的重要性。"②所以，当已经成为过去时的经济运行过程在历史研究中，以"完结的形式"出现在研究者眼前时，把这些历史进行类比就是非常必要而且重要的，有时甚至是唯一的研究方式。很多德国历史学派学者对历史主义方法充满自信，他们相信，包括经济在内的人类社会领域的所有规律（只要存在规律）都可以通过全面准确地追溯历史而得到明确认知。所以，他们认为，从线性的历史中可以得到对历史事件的原因的说明或启示。"凡能正确认识像实物地租、封建徭役、行会特权、贸易公司的垄断等在何时、如何以及为何必须废除的人，也就是充分认识到这些制度为什么必然要在各个时代发生的人。"③

历史主义方法使德国历史学派的经济学研究取得了巨大成就，使理论构建的历史维度问题在约一百年时间里始终保持在经济学的核心视野中。然而，使用同一种方法的人总是只有少数成为成功的典范，就像如今很多号称研究经济的学者实际上只是蹩脚的数学应用者一样，更多的德国学人成为挂经济学者之名的历史学者。这些自封的经济学者留下了大量包罗万象的经济史资料，其中一部分作者可被称为经济史学家，但更多的人只是做了搜集员的工作。德国各

① 罗雪尔. 历史方法的国民经济学讲义大纲［M］. 朱绍文，译. 北京：商务印书馆，1981：14.
② 罗雪尔. 历史方法的国民经济学讲义大纲［M］. 朱绍文，译. 北京：商务印书馆，1981：8.
③ 罗雪尔. 历史方法的国民经济学讲义大纲［M］. 朱绍文，译. 北京：商务印书馆，1981：8-9.

大学经济系的图书馆出现了大量难以走进理论视野的历史资料文献。这种情况也是第二次世界大战后德国历史学派被经济学遗忘的原因之一。

　　总之，德国历史主义的兴起既是对启蒙精神的批判性发扬——把纯粹理性转换为历史理性，又是18—19世纪德意志民族主义高涨的历史结果。历史主义强调历史是个体形成自身价值的方式和表现，历史过程本身就具有意义。德国的经济学不可避免地被历史主义所浸透，表现出明显的历史主义特征，而且其自身也成为德国历史主义发展的部分内容和强大助力。

[3]

德国历史学派经济理论的主要发展脉络

由官房学演变而来的德国经济学有自身的传统。不同于英法的盎格鲁-撒克逊传统，德国经济研究对理论一般性的追求相对较弱，对经济现象的抽象层次相对较低，更重视理论的实践应用。德国历史学派经济学者前赴后继，为经济学领域做出了一系列杰出的理论贡献。

3.1 "先驱者"李斯特的理论

李斯特全名乔治·弗里德里希·李斯特（Georg Friedrich List），1789 年出生在德意志罗伊特林根（位于现德国巴登符腾堡州），28 岁时曾在蒂宾根大学兼任教授，但不久就因发表倡导国家统一、废除邦间关税等言论而被迫辞去教职。1825 年，李斯特移居美国，在美期间出版了《美国政治经济学大纲》。1832 年，李斯特回到德意志，不顾当局的监视和威胁毅然致力于推动对内统一、对外建立关税保护的事业。1841 年，李斯特的《政治经济学的国民体系》出版发行。同年，李斯特还得到任《莱茵报》主编的机会，但由于健康原因失之交臂。①1846年11月30日，李斯特在库夫施泰因（位于奥地利）自杀。②

3.1.1　生产力论

（1）"精神"是生产力的重要成分

李斯特的"生产力"概念是针对英国古典政治经济学的"财富""价值"提出的，但他没有给出严谨定义。在李斯特笔下，生产力是指创造出财富的能力。

李斯特的生产力理论是在批判斯密价值理论的过程中建立起来的。在他看来，斯密关于劳动创造财富的看法流于表面。虽然斯密也提到了生产力，但"未能深入讨论'生产力'的思想内容"，而其劳动价值论正是"奠定了这一学派的种种错误和矛盾的基础"③。李斯特认为劳动只是表面现象，还要挖掘深层次原因。"不禁要问一下，劳动的起因是什么……我们说财富起因是劳动，说得与事实更近一些，也就是起因于人的头脑和四肢；于是接着就发生这样一个问题，促使头脑和手足从事生产、从事于这类活动的是什么？我们说，这是对个人有鼓励、激发作用的那种精神力量，是使个人在这方面的努力可以获得成果的社会状况，是个人在努力中能够利用的天然资源。"④可见，李斯特把财富最终归因于生产力的形成，即促使并支配人们进行脑力和体力劳动的潜在力量，包括三个基本因素：能激发、鼓励劳动的精神力量，能使人获得成果的社会状况，可资利用的天然资源。对这三个形成生产力的因素，李斯特又进一步概括为"物质资本"和"精神资本"。

在李斯特眼中，"精神资本"也是构成生产力的重要因素，甚至比"物质资本"更重要，所以他极力反对重视体力劳动而轻视脑力劳动的价值论。"精神资本"包括艺术、宗教、报纸、邮政、货币、计量、历法，以及促进人与人平等的公共制度、自由保有不动产的法律原则等五花八门的文明产物，所有这

---

①　1842年卡尔·马克思成为《莱茵报》主编。

②　1846年，李斯特赴英国宣传贸易保护未果，不久因病回到德国。随后他提出建立英德联盟，未被理睬。一直想要具体参与德国关税同盟的工作，也无望实现。此时的他贫病交加、生活潦倒。长期被排挤出德国政治和学术生活的抑郁又使他身心俱疲。

③　李斯特. 政治经济学的国民体系 [M]. 陈万煦，译. 北京：商务印书馆，1983：122.

④　李斯特. 政治经济学的国民体系 [M]. 陈万煦，译. 北京：商务印书馆，1983：124.

些都是生产力的源泉。"……一千多年以来科学与艺术、国家与社会制度、智力培养、生产效能这些方面的进步。各国现在的状况是我们以前许多世代一切发明、发现、改进和努力等等累积的结果。这些就是现代人的精神资本。对于前人的这些成就怎样加以运用，怎样用自己的心得加以发扬光大；无论哪一个国家生产力的进退，就决定于这方面的深切程度。"①李斯特讽刺斯密："难道牛顿、瓦特他们的生产性还不及一头拖重的牛吗？""那些养猪的和制药丸的当然属于生产者，但是青少年和成年的教师、作曲家、音乐家、医师、法官和行政官也是生产者，他们的生产性比前一类要高得多。"②

（2）生产力比财富重要

李斯特把生产力视为财富的基础，把财富看作生产力的结果，所以，他认为生产力比财富更重要。他认为："财富产生的原因与财富本身完全不同。一个人可以据有财富，那就是交换价值；但是他如果没有那份生产力，可以产生大于他所消费的价值，他将越过越穷。一个人也许很穷，但是他如果据有那份生产力，可以产生大于他所消费的有价值产品，他就会富裕起来。"③因此，李斯特强调，对生产力的关注必须超过交换价值，否则将消极影响国家经济发展。

李斯特举了两个例子。第一个是经济史实例。西班牙尽管在世界范围内掠夺了大量财富，但还是因丧失生产力逐渐从一个富强国家转趋穷困；而美国虽在独立战争期间损失大量财富，但因独立后生产力提高，短时间内就实现了财富的剧增，国家日益富强。"由此可见，财富的生产力比之财富本身，不晓得要重要多少；它不但可以使已有的和已经增加的财富得到保障，而且可以使已经消失的财富获得补偿。"④第二个例子是假想的两个家庭生活状况对比。假设有两个家庭，各有一个家长和五个儿子，有同样的钱财积蓄，但两个家长对积蓄的使用方式不同。其中一个家长决定把大部分钱财存到银行吃利息，另一个

---

① 李斯特. 政治经济学的国民体系 [M]. 陈万煦，译. 北京：商务印书馆，1983：126.
② 李斯特. 政治经济学的国民体系 [M]. 陈万煦，译. 北京：商务印书馆，1983：127.
③ 李斯特. 政治经济学的国民体系 [M]. 陈万煦，译. 北京：商务印书馆，1983：118.
④ 李斯特. 政治经济学的国民体系 [M]. 陈万煦，译. 北京：商务印书馆，1983：118.

家长则将很大一部分投入到对五个儿子的培养教育上，促使他们各自掌握一定的技术和知识。前者做法的理论依据是交换价值理论，把交换价值作为首要追求目的，后者做法的理论依据是生产力理论，把生产力作为首要追求目标。也许，当两个家长都还在世时，前者积累的财富会比后者多，但前者的五个儿子没学到安身立命的本领，其家庭财富增长很可能跟不上人口增加的速度，结果只能慢慢坐吃山空，一代一代生活越过越贫困。相反，后者家里的儿子们则掌握了提高生产力的能力，一代一代这样发展下去，其家庭财富会不断增加，且增长速度越来越快，家族将越来越富裕。李斯特从这个虚拟的例子引申出一个重要观点："一个国家最大部分的消耗，是应该用于后一代的教育，应该用于国家未来生产力的促进和培养的。"①这个观点非常发人深省，从中已可隐约感觉到现代人力资本理论的雏形。

（3）工业是国民经济的核心产业

李斯特认为，工业是国内外商业、海运以及良好农耕的基础。一个国家绝不能没有工业，因为工业是国家富强的根本保证，搞好工业能促进农业、商业、海运以及整个国家社会政治的发展，能切实发展生产力。国家"工业力"发展的程度决定着整个国家的国民生产力发展程度，决定着一个国家总体经济的兴衰。

李斯特形象地指出："一个国家没有工业只经营农业就等于一个人在物质生产中少了一只膀子。"②一国只生产农产品，然后用富余的农产品同外国交换工业产品的做法就相当于生活中要不断借助别人的一只手臂，可能也能有效应用，但总不如两只手臂都在自己头脑控制下稳妥。国家有独立健全的工业体系，食品、原材料等物资就可以自主按照工业上的需求来生产，如果国家依赖国外提供工业品，那国民经济必然会受到一定程度的牵制。

李斯特还非常细致深入地分析了农、工、商三大产业的关系。他认为，农业和工业是一个国家经济生产的两大基础产业，但农业大繁荣也要以工业的兴

---

① 李斯特. 政治经济学的国民体系 [M]. 陈万煦，译. 北京：商务印书馆，1983：123.
② 李斯特. 政治经济学的国民体系 [M]. 陈万煦，译. 北京：商务印书馆，1983：141.

旺为基础。商业在很大程度上是农业与工业间的流通中介，而商业的发展也离不开工业的强盛，工业是大规模国内和国外贸易的基础。李斯特还进一步指出，国家整体科技的进步、国民素质能力的提高归根结底也要以工业的繁荣发展为基础。工业是科学与技术发展的成果，也是科学与技术的支持者和保护者。在工业发达的前提下，国民的智慧、体魄、能力才有可能得到充分全面的提高。所以说，发展工业是促使国家富强的核心动力。

3.1.2 李斯特的经济发展阶段论

（1）产业结构发展五阶段论

李斯特从生产力理论出发提出了产业结构发展五阶段论：原始未开化时期、畜牧时期、农业时期、农工业时期和农工商业时期。

第一阶段是原始未开化时期，也可称为渔猎阶段。在这个时期，人对自然资源的利用效率很低，一切产品几乎都来自自然力量，能够称为资本的资源几乎没有。

渔猎时期之后是第二阶段——畜牧时期。畜牧时期的人由简单的游猎形态发展为畜牧形态，资本以牲畜数量增加的形式有了一定增长。人仍然居无定所，利用自然资源的效率仍很低。

第三阶段是农业时期。随着人口增加，牧场不断被分割，主要产业必然逐渐从畜牧业转为农业。农业阶段有五个特征：第一，依赖自然力量，利用自然资源效率虽有提高，但仍较低；第二，小农经济自给自足，分工程度低，人们生产与消费方式单一；第三，以体力劳动为主，科技水平仍很低；第四，人们居有定所，但不集中，社会层面的人际物质交换和精神交流程度很低；第五，资本有所增长，主要表现为耕地和农产品剩余。

第四阶段是农工业时期。农业时期发展到一定程度，一般会出现耕地增长不及人口增长速度的情况，产生"农业的残缺状态"，这时就需要发展工业来弥补残缺。这一时期有三个明显不同于前三阶段的特征：第一，工业和交通运输业得到很大进步，各种资源都得到较充分的开发利用，农业剩余劳动力被工业吸收，各种形式的资本大规模增长；第二，科技迅猛发展，成为推进经济的巨大动力；第三，文化、道德、政治等社会文明全面进步。

最高阶段是农工商业时期。商业会随着工业发展、科技进步以及人口增长日益繁荣，进而广泛深入地影响整个社会。处在复杂商业竞争中的人们在智力水平、进取精神、社交能力、政治制度、自由意识、文化艺术等各个方面都会得以极大发展。

（2）国际经贸关系三阶段论

不仅限于一般发展趋势，李斯特还总结了生产力的国别发展趋势。发达国家的经济水平、人口智力发展到一定高度，它们"被不可抗拒的势力所推动，不得不把它们的生产力扩大或转移到文化比较落后的国家"①。因此，凡是先天禀赋不差的国家为最终顺利进入农工商业阶段，都必须考虑国际因素的影响，按照自身发展程度来调整本国的对外经贸体制。基于这种认识，李斯特在考察欧美十个典型国家发展史后，以其生产力理论及产业结构发展阶段论为基础提出了国际经贸关系发展三阶段论。

第一阶段实行全面自由贸易，目的是让本国尽快摆脱未开化状态，在农业上取得快速发展。前工业国同较自己更为先进的国家进行大规模自由贸易，可以用国内农产品交换到发达国家和地区的优质工业产品和贵金属，有助于提高本国生产力。

第二阶段要实行分部门的关税保护政策，目的是保护和扶持本国尚处于幼稚阶段的工业，使其尽快成长。此时的国内工业与发达国家比肯定有各种不足，不保护的话只会被竞争者消灭。而经过一段时间的保护，国内工业才有可能成长为独当一面的成熟工业，国内工业品才可能在与发达国家产品竞争时不被轻易淘汰。实行保护政策不意味着一刀切，不同部门或不同产品要对应不同程度的保护。李斯特针对当时的经济现实提出了一些相对具体的政策建议。首先，对关系到国计民生、技术和资本比较密集的支柱产业要加以最大限度的保护；其次，对于一些国内不掌握的专门技术和复杂机器原则上应当免税或征收

---

① 李斯特. 政治经济学的国民体系 [M]. 陈万煦，译. 北京：商务印书馆，1983：105.

很低的关税；再次，对那些非大规模机器工业的产品应进行较低程度的保护；最后，对产品为昂贵奢侈品的工业只需进行最低程度的保护。

第三阶段，取消保护政策，实行自由国际贸易。当生产力达到农工商业阶段以后，就要逐渐恢复自由贸易，使本国生产者在广泛激烈的竞争中不断进步、优胜劣汰。

由此可见，李斯特的贸易保护主张不是绝对的。"只有以促进和保护国内工业力量为目的时，才有理由采取保护措施。"[1]他指出："要达到保护目的，对某一些工业品可以实行禁止输入，或规定的税率事实上等于全部或至少部分地禁止输入，或税率较前者略低，从而对输入产生限制作用。所有这些保护方式，没有一个是绝对有利或绝对有害的，究竟采取哪一个方式最为恰当，要看国家特有环境和它的工业情况来决定。"[2]也就是根据本国经济发展阶段和具体情况来决定保护与否，保护什么，以及保护程度。

李斯特随后总结了他身处的时代。在欧美国家中，西班牙、葡萄牙和那不勒斯王国还处在第一阶段，德国、美国和法国处在第二阶段，即需要保护贸易的阶段，其中法国即将升级，所有国家中真正进入第三阶段的只有英国。

李斯特的发展阶段论是在经济理论构建过程中重视历史维度的典型，他据此提出贸易保护主张，强烈反对英国古典政治经济学的国际分工论和自由贸易主张。李斯特根据英国经济史指出，早期的英国也实行贸易保护，英国工业正是如此壮大起来的，然而，发达后的英国却让别国都不要进行贸易保护。李斯特用了一个形象的比喻，"一个人，当他攀登上高峰以后，就会把他逐步攀高时所使用的那个梯子一脚踢开，免得别人跟上来。亚当·斯密的世界主义学说的秘密就在这里"[3]。

---

① 李斯特. 政治经济学的国民体系 [M]. 陈万煦，译. 北京：商务印书馆，1983：261.
② 李斯特. 政治经济学的国民体系 [M]. 陈万煦，译. 北京：商务印书馆，1983：261.
③ 李斯特. 政治经济学的国民体系 [M]. 陈万煦，译. 北京：商务印书馆，1983：307.

3.2 旧历史学派领袖罗雪尔的理论

罗雪尔全名威廉·乔治·弗里德里希·罗雪尔（Wilhelm Georg Friedrich Roscher），1817年出生于德国汉诺威，1840年开始在大学任教，1843年出版的《历史方法的国民经济学讲义大纲》被视为历史学派诞生的宣言书。罗雪尔被认为是德国历史学派的创始人、旧历史学派中理论成就最高的代表。罗雪尔是一名纯粹的学院派学者，一生在大学里授业解惑。他著述颇丰，内容涉猎广泛，包括历史学、政治学、政治经济学、经济思想史、经济史等。1894年，罗雪尔在莱比锡去世。

3.2.1 罗雪尔的经济发展阶段论

（1）生物类比的发展阶段论

罗雪尔把国民经济与生物进行类比，划分出四个发展阶段：幼年、青年、成年和老年期。其中，成年期是国民经济的成熟期，"可以认为是最完善的形态；较早的形态不成熟，较晚的则又属于衰落的年代"[①]。所以，罗雪尔主张任一国家的首要任务就是尽力"促进国家最富足和最多样化发展的时期提早到来"[②]。

基于生物类比的发展阶段论，罗雪尔提出：国民经济不可能永远向上生长，国家不可能永远繁荣。他从内因和外因两方面来论证国民经济最终会走向衰落。

从外因来看，一国在工业上的优势地位会逐渐转移至别国。首先，工业发达的国家财富越来越多，货币量随之不断增长，工资和国内生活必需品价格也会越来越高。这就导致本国在与物价更低国家的竞争中处于劣势，最终结果就

---

① ROSCHER. Principles of Political Economy（1）[M]. Nen York：trans. by John J. Lalor.Henry Holt & Company Inc., 1878：115.
② ROSCHER. Principles of Political Economy（1）[M]. Nen York：trans. by John J. Lalor.Henry Holt & Company Inc., 1878：115.

是工业向低物价国转移。其次，工业发达国需要持续应对来自两类国家的竞争：一类是后进国家，它们也致力于发展民族工商业，进而打破原有的国际经济格局；另一类是其他发达国家，它们也极力保障自身利益和争夺世界利益，相互竞争甚至会引发战争。

从内因来看，发达工业国的进一步发展必将面对国内政治、伦理道德及国民性等各种阻碍，如一些既得利益阶层必然会极力反对或推迟因进一步发展需要而发起的改革。改革被拖延后，现实生活又会消磨国民的进取心，大多会最终使国家失去改革的动机和动力。

从内外因综合来看，任一国的国民经济发展都将走过从生到衰的四个阶段，衰落之后，也许新的轮回又会开始。

罗雪尔进一步对衰落的内因进行了基于心理和伦理的解释。他认为，一般来说，大部分国民只求安逸生活而少有长远眼界，在繁荣阶段人口和资本都趋于过剩，国民道德和崇高理想的生存土壤就更少。历史上大部分已消亡的国家都不是因为被消灭，而是因为丧失推动进步的国民性。国家灭亡意味着国家政权的消失，其国民即使可以继续生存，也"仅仅是作为某个别国的构成部分而存在"[①]。因此，罗雪尔非常强调国民素质。他明确指出，国民素质更高的国家会推迟衰落。"一国国民构成愈是以技能较高的人居多，衰落就愈是不会急促地到来"，新的发明和创造，"只会来自那些在智力上没有出现衰退的国家"[②]。

在划分经济阶段的基础上，罗雪尔对贸易理论做了深入的学理性分析。他的论述不回避自由贸易的优点，但重点在于贸易保护的重要意义。

罗雪尔首先在李嘉图比较成本论的基础上阐述了保护政策的三种可能弊端。第一，如果国内产品与国外相比同样物美价廉，那么就完全没必要实行保护政策。第二，对原料出口提高税负以及降低使用这些原料的成品的价格等措

---

① ROSCHER. Principles of Political Economy（1）[M]. New York：trans. by John J. Lalor.Henry Holt & Company Inc.，1878：383.
② ROSCHER. Principles of Political Economy（1）[M]. New York：trans. by John J. Lalor.Henry Holt & Company Inc.，1878：384.

施，长期来看不会给国内的厂商增加收益，只不过是造成资源和利润的部门间流动，并不直接促进生产力的提高。第三，从效率来说，出口退税和出口补贴都不是好办法，退税没什么实际效果，补贴实际上是把纳税的一部分转给了工业中的某个特殊阶层。

尽管列出了弊端，但罗雪尔仍强调贸易保护的重要性，尤其是对后进国家的重要意义：第一，保护是为培养国内生产力，为了未来能发挥出更大的自身生产力，只能放弃一些交换价值。第二，保护可以促进国内经济发展的地域平衡。第三，保护可以对国民的教育产生促进作用。这里的"教育"有两层含义：一是指技术和管理上的提高；二是指国民素质的全面提高。

（2）结合历史视角的生产要素阶段论

罗雪尔像萨伊一样，也强调生产三要素，即土地（外部自然力）、劳动和资本，对这些生产要素的消耗构成生产成本。在此基础上，罗雪尔看重科技的经济作用。他认为，降低生产成本主要靠社会科技水平的进步，国民财富与生产成本负相关，与科技进步正相关。

罗雪尔把外部自然力分为三种形态。最初是：第一，动物自然力，如野兽和家畜的生殖力；第二，化学自然力，如土壤的肥力；第三，机械自然力，如水力和风力。后来他把"动物自然力"修改成"有机自然力"，并认可把一部分有机自然力归入化学自然力，另一部分归入机械自然力。而且，他认为，随着科技进步和经济发展，机械和化学自然力的区别会渐趋模糊。在自然资源与国家发达程度的关系上，罗雪尔认为，国家的自然资源禀赋"不管是极端过剩或是极端贫乏，都会妨碍文化的发展（例如热带地区、两极地区）"[①]，但国家发展并不完全由地理决定，"一国国民的文明程度越高，该国国民对该国自然条件的依赖就越少"[②]。

罗雪尔把劳动分为三类：科学技术劳动、物质生产劳动和服务性劳动。他

① 罗雪尔. 历史方法的国民经济学讲义大纲［M］. 朱绍文，译. 北京：商务印书馆，1981：17-18.
② ROSCHER. Principles of Political Economy（1）［M］. New York：Henry Holt & Company Inc.，1878：137.

自认为发展了斯密对劳动"生产性"和"非生产性"的分类理论。首先，国民经济是一个整体，个人是为整个国民经济在使用生产要素。其次，私人经济中的"生产性"标准同国民经济、世界经济显著不同。再次，生产性的部门间须保持一定比例。最后，哪个产业的劳动有"生产性"与经济发展程度有关。

罗雪尔把资本定义为"为了扩大生产目的而储备的所有产品"①，可分为生产资本和使用资本。而且，大部分使用资本可以转化成生产资本。必须肯定的是，罗雪尔还提出了"无形资本"，包括国民劳动能力、机敏和灵巧、强大的自信心，以及厂商的好信誉和国家。他说："国家本身就是每一个民族的最重要的无形资本，因为它对经济生产来说，显然是不可失缺的，或至少是间接地起作用的。"②而信心、能力等方面的"无形资本"显然已经很接近现代人力资本概念中的含义。罗雪尔认为："一国人民的智力是他们最重要的素质。"③不同国家的自然禀赋、道德水准和受教育程度不同造成了各国劳动力素质上的差别。任一国家都应该把实行"对任何人都开放的"技术教育摆在制度建设的重要地位。在解释资本形成时，罗雪尔也提出了独到的见解，他没有把资本仅归因于储蓄，而是认为还可间接归因于文明的发展。"文明进步本身可以增加现存资本的价值"；"由储蓄所引起的资本增长不久就会遇到局限，除非这种局限被文明的进步所突破"④。

罗雪尔创造性地把土地（外部自然力）、劳动、资本三要素与国民经济发展的阶段联系起来。最早的阶段，自然力是占绝对优势的要素，森林、草地供应着稀少人口的食物。在第二个阶段，即"近代各国在中世纪后期以来所经过的那个时期"⑤，劳动逐渐成为最重要的要素，劳动使分工协作、市场及行会等形成和发展，带来社会结构的变化。第三个阶段是资本占统治地位的时期，

① ROSCHER. Principles of Political Economy（1）[M]. New York：Henry Holt & Company Inc.，1878：150.
② ROSCHER. Principles of Political Economy（1）[M]. New York：Henry Holt & Company Inc.，1878：154.
③ ROSCHER. Principles of Political Economy（1）[M]. New York：Henry Holt & Company Inc.，1878：99.
④ ROSCHER. Principles of Political Economy（1）[M]. New York：Henry Holt & Company Inc.，1878：162.
⑤ 转引自：季陶达. 资产阶级庸俗政治经济学选辑［C］. 北京：商务印书馆，1963：333.

"在每一件事物上都嗅到资本的味道"①，资本成为压倒一切的力量。"正是这'资本主义'，它第一次给予人们的经济活动独立的存在。"②

3.2.2 经济发展水平的评价标准

罗雪尔认为国民经济学是"论述一个国家经济发展诸规律"③。也就是说，罗雪尔认为国民经济学研究的着眼点在"发展"上。因此，在罗雪尔的理论框架内必然包含对经济发展的评价标准。

罗雪尔关于经济发展评价的理论思想是通过深入分析"财富"概念体现出来的。罗雪尔认为财富不是一个单一的概念，而是由"财"和"富"两个不同概念组成的概念集。他分析道，"所谓财，是指一切可以满足人们欲望的东西"，"经济"就是一个与"财"紧密相连的概念，可被概括为"对财产的维持、增加和利用的持续行为"④。接着，罗雪尔继续分析："所谓富，是指大量财产。"⑤他列举了判断一个国家整体国民财富体量的五个标准，这五个标准涵盖了罗雪尔对经济发展评价的理论思想。

第一，要使国民——包括构成人口绝大多数的相对低收入阶层——在生活中感受到人类应该拥有的生存条件意义上的舒适，首先需要肉类、蛋、奶油、奶酪和茶叶等食品的大量供给，而且在质量上也要保证达到了大多数人所期望的最佳程度。此外，这种舒适生活还应意味着高水平的平均寿命和相对较高的出生率。第二，能够为满足国民比基本生理欲望更高层次的欲望而大量支出，例如教育、科学研究等。第三，国家公共基础设施，尤其是民用设施能够得到很好的完善，包括大规模修建和改造建筑物，铺设道路，修筑灌溉和排水系统，拓宽街道和修建广场等。第四，国家范围内的商业付款额因频繁的市场交易活动而大量增加，这尤其表现在流通中的交易媒介不仅数量极大，而且显示出奢靡阔绰，例如，有大量的金币用于直接支付。第五，

---

① 转引自：季陶达. 资产阶级庸俗政治经济学选辑 [C]. 北京：商务印书馆，1963：333.
② 转引自：季陶达. 资产阶级庸俗政治经济学选辑 [C]. 北京：商务印书馆，1963：333.
③ ROSCHER. Principles of Political Economy (1) [M]. New York：Henry Holt & Company Inc., 1878：87.
④ 罗雪尔. 历史方法的国民经济学讲义大纲 [M]. 朱绍文，译. 北京：商务印书馆，1981：13-14.
⑤ 罗雪尔. 历史方法的国民经济学讲义大纲 [M]. 朱绍文，译. 北京：商务印书馆，1981：13.

频繁地向国外贷款。

罗雪尔的论述并不足够严谨，他也不认为通过这五个标准就可以非常准确地判断一个国家的财富体量，但他坚信应用它们是有一定意义的，可以"得出有关一国资源使用价值的近似概念"①。

罗雪尔与斯密经济研究的着眼点是相同的，都把国民财富增长，即经济发展问题作为理论体系的核心问题。罗雪尔明确为国民经济学划定研究任务："考察各国国民和整个人类的经济发展，发现现有经济文明和目前尚待解决的问题的基础。"②

罗雪尔笔下"发达"的内涵与现代理论几乎一模一样。尤其难能可贵的是，他在考虑衡量不同国家和地区经济发展水平要依据哪些标准时，非常超前地提出，"不仅有必要机械地估量工人数量和资本总量等"，"而且有必要有机地估量其发展的能力"③。虽然他提出的五个标准不可避免地存在局限性，比如"商业支付活动"和"对外贷款"的频繁程度——现在看来太过肤浅，但掩盖不了其中的思想闪光点。这五个标准表明，罗雪尔已经意识到经济发展不仅是一个关乎物质财富规模和增长速度的问题，很大程度上还是一个关于国民生活质量和素质能力的问题。他在第一个标准中提到的食品数量和质量、高水平的平均寿命和较高的出生率，同现代衡量经济发展水平的常见指标如基本必需品消费量、预期寿命、婴儿死亡率等已经非常接近。

3.3　新历史学派领袖施穆勒的理论

施穆勒全名古斯塔夫·冯·施穆勒（Gustav von Schmoller），1838年出生于德国符腾堡海尔布隆市，1864年成为经济学教授。施穆勒的历史地位非常

---

① ROSCHER. Principles of Political Economy（1）[M]. New York：Henry Holt & Company Inc.，1878：73.
② 季德，利斯特. 经济学说史（下）[M]. 徐卓英，等，译. 北京：商务印书馆，1986：468.
③ ROSCHER. Principles of Political Economy（2）[M]. New York：Henry Holt & Company Inc.，1878：454.

重要。[①]他在当时德国社会科学领域是公认的学术权威，代表作有《重商主义及其历史意义》《一般国民经济学大纲》[②]等。施穆勒和当时德国的政府高层交往甚密[③]，对德国的公共政策影响巨大。1872年，他作为主要发起人建立了极具影响力的"社会政策协会"并担任主席。[④]他还编辑出版了一些对德国学界和政界意义重大的刊物，如1878年开始主持《国家科学和社会科学研究丛书》编审工作，1881年创办《德意志帝国立法、行政和国民经济学年鉴》（简称《施穆勒年鉴》）等。1917年，施穆勒在享受了五年退休生活之后去世。

3.3.1 施穆勒的经济发展阶段论

施穆勒把人类社会经济发展进程分为六个阶段：氏族或部落经济、马克或乡村经济、城市经济、地域经济、国民经济和世界经济。施穆勒强调，这本是一个持续的发展过程和连续的历史，把这个连续过程分割为六个阶段只是出于"创造一种完全的人类发展的学说"[⑤]的目的，即只是出于认知上的需要。

氏族或部落时期是经济发展的第一阶段或原始阶段。原始氏族部落主要靠狩猎和游牧两种方式从事生产，经济水平低下。氏族部落是一种基于成员生存需求等共同利益而组成的联盟，这种联盟大多是以血缘关系建立基本的内部互信，部落酋长的领导才能对部落的发展举足轻重，部落成员在语言、信仰、习俗等方面保持着很高程度的共性。

经济发展的第二阶段是马克或乡村经济。它的出现以经济生活的重心随着农业发展从部落联盟转向村落或马克为标志。在马克或乡村经济中，马克

---

① 有人认为德国历史学派的真正形成是在19世纪70年代，不承认施穆勒之前的德国经济学者组成了学派，这种看法不无道理。

② 全书分两册，包括序论和四卷理论。序论阐述经济学性质和定义、心理与道德基础、文献与研究方法等方法论问题。第一卷分析土地、人民和技术；第二卷的主题是国家经济中的社会组织；第三卷对商品流通的社会构成和国民所得的分配进行分析；第四卷分析了国民经济生活的发展。

③ 威廉一世很赏识他，曾亲自参加过他的社会政策讲座。俾斯麦以及多名重要部门的部长都和他很熟悉，在首期《施穆勒年鉴》的开篇致辞中，施穆勒被称为"俾斯麦的挚友"。俾斯麦曾说，要不是工作繁重没有空余时间，他一定要加入施穆勒领导的"社会政策协会"。

④ "社会政策协会"的成立可被视为新历史学派取代旧历史学派成为德国经济学主流的标志。

⑤ 斯莫拉（施穆勒）. 重商制度及其历史意义 [M]. 郑学稼，译. 北京：商务印书馆，1936：2.

社区或村落社区机构发挥着重要的领导作用。在马克或乡村经济阶段，各个社区在结构上形成"一种十分完全之经济的和商业的制度"，并且"与外界罕相往来"[①]。

经济发展的第三阶段是城市经济。因为各个国家逐渐发展强大，乡村经济由于国家集权的加强而逐步解体，所以一种比乡村经济更高级的、依托于城市的社会经济形态——城市经济出现了。施穆勒认为，经济发展和城市的兴衰在漫长的几个世纪里紧密地联系在一起。城市，特别是大城市，在政治和经济上有很大自主性。对城市经济进行调控的机构是市政会议。实施调控政策的目的在于管制城市居民和城市周边农村村民之间的买卖或供求关系。从结果上来看，这种经济形式把城市居民置于相对于外部经济利益体的有利地位。在这一阶段，文明进步和居民利益的实现首要依赖于城市繁荣，市政议会的调控政策得到公认的合理化，公认来自于城市居民的共同利益。共同利益既催生出一套完整的社会经济制度，又为一个利益团体培育出共同的信念和情感依托。

经济发展的第四阶段是地域经济。随着经济水平的提高和经济活动范围的扩大，以及对共同利益自觉认知的增长，单独的城市利益集团逐渐不能满足共荣的需要，范围更大的地域经济成为主导的利益联合。地域经济最初的表现形式是城市联盟，之后表现为逐渐淡化城市的经济界线。联盟中辐射力较强的大城市不断内化周边盟友的区域，逐渐形成区域国家性质的经济联合体。欧洲历史上出现过很多这样的范例，如佛罗伦萨、威尼斯和米兰等。在这个阶段，地域性组织是地域经济联合体的指导和控制机构，对地域经济之外的区域来说，地域经济仍是封闭的。

经济发展的第五阶段是国民经济。在经济发展水平大幅提高的前提下，国民意识日益强烈，而国民意识与渐趋强大的地域政治经济力量互为助力地发展，逐渐夯实各地域结成统一国家的经济和心理基础。重商主义的出现即为顺

---

① 斯莫拉（施穆勒）. 重商制度及其历史意义 [M]. 郑学稼，译. 北京：商务印书馆，1936：6.

应这一历史潮流的产物，重商主义对形成民族国家起到了很强的促进作用。在这一历史进程中，开明君主成为民族国家的领导者和国民经济的控制者。国家中央集权渐渐控制了城市市政议会和地域性组织，城市和地域的经济政策自然逐渐转变为国家的经济政策。

最后的经济发展阶段是世界经济。施穆勒认为，在世界经济阶段，自由的主旨是人类思考经济问题和采取贸易行动的精神追求，世界经济就是"一个具有怀抱世界大同的情感，具有国际交通的大制度与事业，具有人性化的国际法，以及个人主义文献到处散播的时代"[①]。但是，施穆勒笔下的世界经济阶段并不是消除利益冲突的美好天堂。在世界经济阶段，包括城市、地域和国家等形式的一切社会实体或经济利益实体之间的关系仍然存在两重性，存在"由它们相互补充之作用和反作用的关系，与一种依靠的、榨取的，以及为最高主权而斗争的关系"[②]。经济强国，如英、法等国，会在国际关系的一切方面不遗余力地追求确立长期甚至是永久的强势地位，让其他国家不得不依附于它们生存。所以，施穆勒强调："任何半开化的国家或部落……有政治的并吞和经济的榨取之危险。"[③]

3.3.2　社会改良主义策论

与大多数理论家不同，施穆勒并没有满足于依托于历史理性的"纯"理论创建，他的总体研究成就大大跨过了纯理论的界限。就如同既有"理论物理"又有"应用物理"一样，施穆勒及他领导的新历史学派进行了大量对经济问题的专项研究，结合其国民经济和国家理论，提出了很多意义重大的社会经济政策具体建议。这些理论和实践相结合的成果可被称为"策论"。这些"策论"常被冠以"社会改良主义""讲坛社会主义"[④]之名。

施穆勒用历史方法论证了"国民经济"是个历史概念，是人类经济发展的

---

① 斯莫拉（施穆勒）．重商制度及其历史意义［M］．郑学稼，译．北京：商务印书馆，1936：74.
② 斯莫拉（施穆勒）．重商制度及其历史意义［M］．郑学稼，译．北京：商务印书馆，1936：75.
③ 斯莫拉（施穆勒）．重商制度及其历史意义［M］．郑学稼，译．北京：商务印书馆，1936：76.
④ 早在"社会政策协会"成立之前，施穆勒和其他新历史学派成员就在各种公开场合，包括大学讲坛上宣扬他们的社会改良策论，引起了不小反响。有人认为他们的改良主张是冒牌的社会主义，奥品汉在1871年12月17日的《国际报》上讥称他们为"讲坛社会主义"。让人意外的是，施穆勒在"社会政策协会"的成立致词中公开接受了这一称号。

一个阶段。它产生于"较近年代的发展","只不过是近三百年的产物而已"①。他进一步研究总结了产生国民经济的三个发展条件：第一，一定"社会结构"的形成，主要是指法律的和道德的结构。第二，市场经济的发展和高度专业化企业的出现。施穆勒描述的国民经济是"伴随着交换和货币流通的发展"产生的，其时，家庭经济分离出了单纯以贸易和商品生产为目的、地区性的各种企业，而市场交易越来越迫使一切个体经济受其支配并同市场交易形成了依存的关系。第三，出现基于政治统一的强大经济中心，即"国家权力形成了一切权力的中心，组成了巨大的中央经济"②。

新历史学派的大多数学者都强调，国家功能的正确发挥对于国民经济加速发展能够起到巨大的推进作用。施穆勒正是其中的佼佼者。他认为："没有一个坚强组织的国家权力并具备充分的经济功用，没有一个'国家经济'构成其余一切经济的中心，那就很难设想有一个高度发达的国民经济。"③因此，施穆勒等人大力倡导用国家行政权力对国内经济建设进行广泛深入的调控。他们在深入研究各类专项经济问题的基础上提出了大量具体有效的政策建议，如对公路、铁路等公用基础设施事业和森林、矿山、河流等自然资源，以及银行等重要机构进行国有化改革；加强对工厂的生产监督；对私有土地的买卖进行限制；改革国家和地方的财税制度以规范私有经济的健康发展等，而且很多建议附有可操作的细节说明。

施穆勒在对外贸易政策的制定上倾向于对德国国内进行贸易保护。不过他并不把保护作为根本原则，而是把贸易保护制度视为一件国家间博弈的有力工具，如果正确熟练地使用，这一工具就能成为扩展本国经济利益的"国际性武器"。

施穆勒认为，国民经济是基于一定社会结构所塑造的一定经济生活方式形成的，在这种生活方式中精神、心理和道德因素承担着非常重要的凝聚功能。他指出："国民经济是社会生活的一个部分；尽管国民经济是以自然和技术为

---

① 季陶达. 资产阶级庸俗政治经济学选辑 [C]. 北京：商务印书馆，1963：342-343.
② 季陶达. 资产阶级庸俗政治经济学选辑 [C]. 北京：商务印书馆，1963：342.
③ 季陶达. 资产阶级庸俗政治经济学选辑 [C]. 北京：商务印书馆，1963：344.

基础，它是依存于这方面而成长起来的，但是国民经济的根本原则到底是在于赋予经济生活以社会的形态。"[1]当经济"发展到更高更复杂的阶段时，受法律和国家的制约就逐渐大起来了，并且只有同国家和法律的权力相一致时国民经济才具有完全的形式"[2]。心理因素在国民经济的生发过程中扮演着重要的角色。"在国家里边也好，在国民经济里边也好，总之是存在着一个不受外在组织支配的心理力量的统一物"[3]，"这些属于心理范畴的因素到底是统一的民族精神的一部分"[4]。国民经济从总体来看是两种体系的结合，"一半是各种力量之自然的、技术的体系，另一半是各种力量之精神的、社会的体系"[5]。

施穆勒一生坚守一个信念：趋向于道德完善是由人类本性所根本决定的。所以，他是坚定的社会改良支持者，认为国家必须充当国内各利益阶层的调节者，要从宏观上一定程度调整被市场经济拉大的社会贫富差距。施穆勒认为经济进步同社会制度改革相辅相成。他极力主张建立社会保障体系，推行广泛的社会改良政策。政策目标是促使财富生产和收入分配趋于文明和合理化，使经济发展的进程尽量向合乎道德或公平正义的方向靠拢。施穆勒坚信，社会科学存在的价值和意义就体现在能帮助实现社会政策的目标。以施穆勒为代表的新历史学派倡导的社会改良政策主要包括救济孤寡，建立并完善劳资纠纷仲裁机制，制定规范劳动契约的法规，创造让工人接受更好教育的机会，促进各种相对公平的劳资合作形式等。

3.4 新新历史学派的韦伯和桑巴特的理论

韦伯全名马克西米利安·卡尔·艾米尔·韦伯（Maximilian Karl Emil

---

① 季陶达. 资产阶级庸俗政治经济学选辑 [C]. 北京：商务印书馆，1963：344.
② 季陶达. 资产阶级庸俗政治经济学选辑 [C]. 北京：商务印书馆，1963：345.
③ 季陶达. 资产阶级庸俗政治经济学选辑 [C]. 北京：商务印书馆，1963：345.
④ 季陶达. 资产阶级庸俗政治经济学选辑 [C]. 北京：商务印书馆，1963：343.
⑤ 季陶达. 资产阶级庸俗政治经济学选辑 [C]. 北京：商务印书馆，1963：345.

Weber），简称马克斯·韦伯（Max Weber），1864 年出生于德国图林根州埃尔富特。韦伯最初的研究方向是法学，从 1892 年开始，他在完成社会政策协会委托的研究任务的过程中，学术重心逐渐转向了经济学。1903 年，韦伯与桑巴特一起创办了社会学期刊《社会科学和社会政策文库》，后来他在上面陆续发表了《新教伦理与资本主义精神》。1920 年，韦伯在慕尼黑因肺炎出人意料地逝世。

桑巴特全名维尔纳·桑巴特（Werner Sombart），1863 年出生于德国萨克森安哈特州埃姆斯莱本。桑巴特早年曾自称"坚定的马克思主义者"，后来逐渐与马克思主义决裂。[①]1902 年，他的重要代表作《现代资本主义》[②]问世。1917 年，桑巴特成为柏林大学的经济学教授[③]，此后逐渐成为德国社会科学领域的权威。晚年的桑巴特在政治上有些摇摆不定。[④]1941 年，桑巴特在柏林去世。[⑤]

3.4.1 韦伯的社会经济学理论

按现代学科分类标准来看，韦伯的经济学研究涉及很多学科。各类社会科学的贯通性在韦伯的研究中得到了很好的体现。按照斯维德伯格的说法，韦伯的整个经济学框架包括经济理论、经济史和经济社会学三大部分。斯维德伯格提到的经济学框架显然是指一个比现代主流经济学更加有包容性的学科范畴，其意应该等同于韦伯自己提出的"社会经济学"。韦伯的《社会经济学大纲》发表于1914年，但"社会经济学"概念早在1904年面世的《社会科学与社会政策的"客观性"》中就已开始使用。韦伯对这个概念的解释是：社会经济学

---

① 桑巴特对马克思思想的解读一度受到了恩格斯的称赞，说他是唯一一个理解《资本论》的德国教授，第一次"对于马克思体系的轮廓，作了大体上成功的描述"。20 世纪初，桑巴特发表的关于社会主义的论文和著作的销售量大大超过伯恩斯坦、李卜克内西等著名社会主义者。因为桑巴特对马克思主义的追随，他在相当长一段时间受到德国学术界的排挤，尽管海德堡大学、弗莱堡大学都曾有意请他前往任教，但最终皆因官方的态度未能成行。也许是长期遭到以施穆勒为代表的德国学术权威的压制，桑巴特的立场逐渐动摇，他的激进态度渐渐转向折中，最终走向反面。
② 此时为两卷本，1916 年增订，1927 年增加了第三卷。
③ 这件事可以被视为新新历史学派得到德国主流地位的历史标志。
④ 1934 年《德意志社会主义》的出版标志着他一度倒向了纳粹，他在书里声称资本主义和无产阶级社会主义要被德意志社会主义取代，并为纳粹提出一些纲领性的建议。1938 年，桑巴特又在新作《论人类》中明确表示了反对纳粹的态度，使这本书的出版发行受到了很大的阻力。
⑤ 之后的历史学派经济学者已不成气候，所以桑巴特去世标志着德国历史学派退出了历史的主要舞台。

处理稀缺现象，这些现象是满足精神和物质利益所必需的，而且只有通过计划、斗争和与他人合作才能够提供。社会经济学在韦伯看来是个很宽泛的领域，至少包括对三类现象的研究：经济现象、与经济相关的现象以及受经济制约的非经济现象。①

（1）含有历史视角的效用论和交换论

韦伯赞成以效用为基础的价值论，不过他对效用的理解与当时的英国主流观点不同。他认为人的主观需要是多方面的，会随着社会的演变而发生变化，所以效用论应该能够包含时间变迁的因素。

韦伯把"效用"定义为"被一个或多个按照经济原则行事的行动者当作特定供给对象的某种可在当前或未来使用的特定而且明确的、真实的或想象中的获利机会"②。韦伯眼中的效用不仅是对物品或服务的消费，还意味着现在和将来的效用的比较。能合理分配现在和将来的效用，是理性经济行动不可或缺的标准之一。如韦伯在解释借贷关系的过程中所言，借贷之所以能实现，就在于借方判断当前消费的边际效用高于未来的边际效用预期，而贷方则相反。这种效用评价上的差异在很大程度上是由各方不同的经济状况决定的。

在效用论的基础上，韦伯提出了自己的交换论。他认为，用来交换的不仅是商品和服务，还包括各种潜在的经济利益，所以交换是"一种利益的妥协，以便得到作为互惠补偿的物品或其他利益"，在广泛的意义上是指"每一个正式而自愿的认可，即为了换得作为回报而提供的任何一种效用而提供的现有的、正在继续的或未来的效用"③。

韦伯把交换分为三类：传统的、常规的和理性的交换。从经济利益最大化的角度看，传统的和常规的交换是不"经济"的，如在较原始的社会，大量交换是以互送礼物的形式开展的，讨价还价既不存在，也不被允许。理性的交

---

① 斯维德伯格. 马克斯·韦伯与经济社会学思想 [M]. 何蓉，译. 北京：商务印书馆，2007：259.
② WEBER. Economy and Society [M]. GUENTHER, WITTICH.N.Y.: Bedminster, 1968: 68.
③ WEBER. Economy and Society [M]. GUENTHER, WITTICH.N.Y.: Bedminster, 1968: 73.

换，是指有公开或潜在利益冲突的双方通过讨价还价达成双方都能获利的妥协。不同类型的划分隐含着交换方式随包括伦理价值取向在内的社会条件变化而改变的潜台词。理性交换只能存在于有一定规范的竞争市场，在没有这种条件的情况下，人们会用如互赠礼物之类的传统，以及建立长期固定的关系或制度来规范交换行为。因此，三种交换方式实际上包含了社会结构的历史演进视角，划分出传统社会与现代社会。

在交换方式三分法和传统与现代社会的两分法基础上，韦伯进一步描述了不同社会结构下的存在不同目的的经济行动。他提出了两种基本的经济形态：家计经济和营利经济。家计经济以效用最大化、满足自身需求为目标；营利经济则以交换获利的机会为目的，目标是基于货币收益与成本的利润最大化。在传统社会结构中，这两种基本形态是结合在一起的，例如，西方历史上长期存在的庄园经济；而在现代的结构中，家计经济与营利经济显著分离，从而使经济生活出现明显的劳动分工及职业分化。韦伯明确地指出，家计经济与营利经济的分离"是近世经济制度的特质"①。

（2）结合宗教精神的企业家理论

与门格尔和熊彼特不同，韦伯的企业家理论是通过对宗教的研究构建的。他在《新教伦理与资本主义精神》中揭示了一种具有特殊效用函数的人，他们推崇以劳动而非消费、节约而非奢侈、勤勉而非放纵为价值诉求的生活方式，这些人就是韦伯眼中具有历史意义的企业家群体。

韦伯区分出"家计"和"营利"两种基本经济形态："家计"立足于主观的价值衡量；"营利"则是客观的价格计算。通过"企业家"这个特殊角色，韦伯把二者在经济社会层面统一起来。

一方面，虽然消费者的边际需求决定了收益的可能性，但其需求在很大程度上受生产者的引导。韦伯指出，消费者需求对生产者的影响在资本主义经济现实中是有限的。实际上，消费的内容和数量，即需求在很大程度上是被企业

---

① 韦伯. 社会经济史 [M]. 郑太朴, 译. 台北: 台湾商务印书馆, 1991: 18.

所"唤醒"和"指导"的[①]。因为从对经济资源的实际控制权来看,家计经济比营利经济弱,消费者比组织生产的企业家弱。弱势的消费者也许能自愿联合起来互助,但不会发展出资本会计制度。[②]

另一方面,企业家追求利润的价值取向把价值与价格、消费与生产联结起来。韦伯笔下的企业家是一群从生产经营工作,而不是从消费享受中获得乐趣的人。他们了解顾客需求、组织生产劳动、追求利润;他们精明强干、讲信用、全身心投入工作。对他们来说,经营工作不是生活享受的手段,而是生活本身的目标。企业家的效用函数代表了一种新的经济伦理,一种超越了低级欲望,以信仰和责任为追求的生活方式。企业家的作用主要体现在引导消费需求、组织生产,以及实现最大限度的技术可能。

韦伯还论述了中央计划经济,他认为靠行政命令完美地全面配置资源是不切实际的。在这种"专制式"管理的经济状态中,一切被中央安排好,个人的决策权将会极其有限。这种假想是以个人利益可以简单加总为整体社会利益,个人理性可以简单集合为总体理性为前提的,而实际上,一致的社会整体立场绝不可能消除个人之间的利益差异和冲突。如果放开中央的强制计划,一定会出现基于个人利益的争夺。[③]因此,在现实的市场经济中,企业家这个角色不可或缺。他们是彼此竞争的多个创新主体,是引导消费者个人利益的关键一环。资本主义经济的一个重要特征就是企业家负有使新的市场需求不断涌现的责任。

韦伯的企业家理论不是简单的静态抽象,他还赋予其一个动态的历史演进过程。家计与营利分开使经济生活出现加速的劳动分工趋势,总的来说产生两大类工作:经营工作和听从经营指令的工作。从事这两类工作的人群分别是企业家和劳动工人。企业家相对于劳动工人在社会权力上占有优势,这种优势不仅来自对货币资本的有效垄断,还来自企业家占有的关于市场机会与货币资本

---

① WEBER. Economy and Society [M]. GUENTHER, WITTICH.N.Y.: Bedminster, 1968: 92.
② WEBER. Economy and Society [M]. GUENTHER, WITTICH.N.Y.: Bedminster, 1968: 85.
③ WEBER. Economy and Society [M]. GUENTHER, WITTICH.N.Y.: Bedminster, 1968: 202-203.

的知识。虽然最初劳动工人在生产过程中起主要作用，但随着机械化以及资本核算方式的确立，所有的生产手段都变成了固定或可变的资本，劳动工人逐渐变成了服务于机器的助手，企业家作为联结消费与生产的媒介，具有推动经济发展越来越重要的作用。然而，资本主义经济发展到一定阶段，经济领域将不再以生产为核心，资本市场从幕后转向台前，金融手段成为经济运行的主要操纵工具。这时，企业逐渐变成持股人的联合体，企业家自身也会被剥夺，成了具有正式等级的官员，甚至所有者也会慢慢变成提供信用的银行机构的受托管人。①企业家职能通过股票或商品交易所被分解，管理权变成按部就班的管理执行程序，决策权则被股东们分享。

总之，韦伯的企业家理论关注的核心是在历史背景下的经济活动中的人及人的组织方式。在资本主义阶段，企业家代表着新时代的经济伦理，作为整合各种生产要素的组织者活跃于经济生活中。

3.4.2 桑巴特的资本主义理论

桑巴特的经济理论是在研究"资本主义"这个主题的过程中得以展现的，他紧密结合历史，把欧洲经济发展进程区分为前资本主义和资本主义两个阶段。

前资本主义是指公元8世纪到15世纪这个时段。这个大时段又可分解为自足经济、过渡经济和手工业经济三个时期，与这三个时期相应的经济组织分别为乡村农民经济与领地庄园经济、以职业商人和城市的兴起为主要特征的交换经济、手工业行业。

桑巴特认为，前资本主义阶段的经济精神，除满足需要这一基本追求外，主要由贯穿这一阶段社会经济生活中的两项行为原则体现出来：第一，传统主义原则。该原则促使社会成员的经济行为自发地沿袭从过去传承下来的传统规则。在传统主义的强大影响下，社会成员总是倾向于选择做那些无碍于传统的行为，很容易就服从既有模式或权威的支配。第二，经验主义原则。这个原则

---

① WEBER. Economy and Society [M]. GUENTHER, WITTICH.N.Y.: Bedminster, 1968: 148.

和传统主义原则是密切相关的，两者的意义很相近。社会成员进行行为决策时的着眼点"首先不是前瞻的，不是放在目标上，也不去专门询问是否同目标相符，而是顾后的，放在预先形成的模式、范例和经验上"①。传统主义和经验主义的支配使社会成员缺乏智慧，虽然能整体上激发较强烈的一致情感，但大部分个体无法发展出发达的智力。社会成员既缺乏智慧或思想，又缺乏思想的训练，所以在与经济领域有关的方面，如有效簿记、准确量化以及正确运用符号等意识都不发达，有待完善。

前资本主义之后是资本主义阶段，这一阶段的经济进程又被进一步细分为三个时期，分别为16世纪到18世纪中叶的早期资本主义、1760年至1914年的高度资本主义时期和从第一次世界大战结束开始的晚期资本主义。资本主义经济是发达的市场经济，在这个发达的、以市场经济为组织形式的社会中一般同时并立两个人口集团：一是作为经济主体的生产资料所有者及管理者；二是作为经济客体的无产的纯粹工人。二者相互结合，共同作用于市场经济活动中。从微观视角来看，资本主义时期操作经济的技术分两个层次——理性技术和科学技术，前者指自觉的理性思考，后者指解释自然现象的因果关系。

桑巴特认为资本主义经济组织是以个人自由主义原则为基础建立的，这种基础广泛地反映在法律和道德准则上。然而，尽管以自由主义为标榜，但根据他的观察，资本主义社会中大多数人是受少数人命令和控制的，经济主体的个数远小于体系整体包含的总人数，即资本主义本质上是"贵族化"的。"贵族"们必须掌握高水平的组织能力或技术。在桑巴特眼中，承载着资本主义"经济精神"的"企业家"就是理想化的新"贵族"。虽然桑巴特在讨论"企业"时有些混淆经济主体和法律主体，似乎认为企业有独立的 "生命"，但是他承认，没有企业家的资本主义是不可能的。企业家是探索者、组织者和征服者，不断发展出新生产形式、新组织模式以及新的商业方向。企业家把很多人

---

① SOMBART. Der moderne Kapitalismus [M]. München und Leipzig: Duncker und Humblot, 1922: 37-38.

的力量组织在一起形成能够达到产出可能性极限的合力。总之，桑巴特对资本主义企业家推崇备至，用智慧、精明、机灵等所有他能想到的美好形容词来加以修饰。

然而，在桑巴特的历史视野里，资本主义企业家群体在20世纪初开始发生显著变化。所有权与经营权分离导致越来越多企业由专业人士，如营销专家、绩效专家等来管理，企业家已不是当初那个冲劲十足的冒险家了。晚期资本主义的企业家的主要工作是和各类人士打交道，如只关心产出的技师、只考虑市场的商人，以及通过让人眼花缭乱的信用评估系统为他提供所需资金的金融家，等等。这期间，理性与非理性、冒险精神与谨小慎微之间的冲突使资本主义企业家那弥足珍贵的"经济精神"不断减弱，取而代之的是越发理性的世界观和经济秩序。企业逐渐丧失了资本主义精神，实际上慢慢成为一种如同井然有序运行的公共事业单位的经济组织。企业家逐渐退化成了财富保管员，只要每天在专家交给他的支出单上签字就行了。渐渐地，最初富于弹性、充满活力的资本主义体制消失了，经济波动的周期性不再显著，价格越来越富于刚性。

在资本主义阶段对社会成员的经济行为起主导作用的"经济精神"，除盈利这一基本追求外，主要由自由竞争和理性主义两项原则体现出来。自由竞争是盈利过程中表现出来的竞争原则。一方面，"这类从逻辑上说为盈利所固有的态度，可以被称为不受外在地施加于个人身上的规范约束的盈利自由"①。因为资本主义客观的制度秩序的特征是"自由"，所以"以高度分权为标志"的资本主义制度决定了法律、习俗只能影响个人的大部分边际活动，给个人留下了一个自由发挥的广阔领域。另一方面，"'经济自由'是自然权利准则的一个方面，当它被当作经济秩序的一个要素时，它就表现为通过法律和道德赋予个人以某种正当权利体系的形式；而这类正当权利构成为经济自由主义的本

---

① SOMBART. Capitalism ［A］. Encyclopedia of the Social Sciences （vol.3）［C］. New York：Macmillan，1930：195-208.

质"[1]。理性主义原则是盈利过程的行为指南，是指"从原则上调整所有行为，使之尽可能地与目的相符"[2]。桑巴特认为，虽然资本主义时期的企业家进行经济活动的动机不只有盈利，但在社会大背景下，企业家整体行为动机必然以赚钱为主要目的，于是，就使"经济理性的运行轨迹完全不受所有者或雇员个体性格的支配"[3]。理性主义原则具体可表现为对长期计划的谋划、对精确量化计算和簿记的偏好以及使手段对于目的严格适用。理性主义原则使经济社会加速发展，不仅使社会成员间的经济行为不断理性化，而且还激发了科技的飞速进步，给除经济外的其他资本主义文化领域打上深深的"理性"烙印。然而，虽然桑巴特承认资本主义的"理性"特征，但他并不视资本主义的经济体制为完美的，正相反，他强调资本主义作为整体是非理性的。因为资本主义整体经济过程有赖于很大程度上非合作的个体经济社会成员的自由选择，所以，"几乎是完善的理性与十足的非理性并存"[4]。桑巴特肯定不是经济和谐论的拥趸，他依据历史指出，资本主义的发展进步不可能是绝对的、自然的，它在发展中孕育着内在的破坏性因子，因为"经济代理人的数量和参与经济生活的总人数相比少得多，结果是绝大多数人受少数经济代理人所支配"[5]。

---

① SOMBART. Capitalism [A]. Encyclopedia of the Social Sciences (vol.3) [C]. New York: Macmillan, 1930: 195-208.
② SOMBART. Der moderne Kapitalismus [M]. München und Leipzig: Duncker und Humblot, 1922: 320.
③ SOMBART. Capitalism [A]. Encyclopedia of the Social Sciences (vol.3) [C]. New York: Macmillan, 1930: 195-208.
④ SOMBART. Capitalism [A]. Encyclopedia of the Social Sciences (vol.3) [C]. New York: Macmillan, 1930: 195-208.
⑤ SOMBART. Capitalism [A]. Encyclopedia of the Social Sciences (vol.3) [C]. New York: Macmillan, 1930: 195-208.

[4]

德国历史学派经济理论的逻辑分析

德国历史学派经济学是一种叛逆性思维的产物。[①]德国经济学者怀疑对牛顿物理学的简单模仿是否足以建立真正有意义的经济学。于是，他们傲然站立在历史研究的高度上审视英法经济理论，并指出它的缺陷。

德国历史学派强调经济和政治密不可分。德国历史学派更关注公共秩序，而非英法经济学者喜爱的"神圣"市场规律或定价技术。德国经济学者认为，当时的社会秩序正在经历重大的历史转变，这种转变需要用新的理论思维加以理解。为满足这种需要，他们在理论逻辑中融入历史变迁因素。

4.1 早期历史学派的理论逻辑

4.1.1 李斯特的理论逻辑

"先驱者"李斯特是"把欧洲的经济经验和美国的经济经验，把历史的知识和生活的实际体会以宏伟的气派结合起来的第一个经济学家"[②]。他的出现

---

① 盎格鲁-撒克逊传统的经济理论在19世纪以惊人的速度得到发展，至少在英国是如此，似乎西方世界共有的经济问题在一般性理论的构建过程中都得到了解决。然而，在欧洲大陆，尤其是德国，针对英法经济学的批评和反对声浪一直存在。
② 转引自：季陶达. 资产阶级庸俗政治经济学选辑 [C]. 北京：商务印书馆，1963：363.

是经济思想史上一个重要的转折点，触及了如何正确理解构成经济生活基础的社会和政治组织的问题，有力动摇了无视历史和地域特点的自然主义观点。李斯特没有成为德国历史学派的创始人，学院派教授们的门户之见是重要原因。施穆勒就认为他主要是个"才华出众的鼓动家"，没能把"自己的天才能力与一个学者生活应有的冷静和专心致志于学问的态度相结合"①。另外，更重要的原因是，李斯特没有自觉地把在他著作中体现出的对历史的关注提炼上升为具有指导研究意义的方法论。

然而，实事求是地说，虽然缺乏严谨的学理化表达，但李斯特理论中涌现出的经济思想闪光点要比罗雪尔等旧历史学派的理论更多、更耀眼，其对世界历史进程的影响也更加深远。李斯特的经济学具有三个重要的理论逻辑：

第一，李斯特的经济理论从逻辑基础上与古典政治经济学完全不同，他反对"世界主义"经济学，而主张一种"国家"经济学。李斯特经济理论有很强的现实针对性，目的就在于为后发工业国的崛起提供理论依据。他认为，国家是最重要的经济力量，国家保障了个人经济生活和市场经济关系，各国共同构建了世界经济秩序。具备一定基本条件的国家在一定的历史阶段需要有原则地保护本国的民族工业，通过强大有效的国家干预政策，建立关税壁垒等保护和激励机制，可以把后发国家与先进国家的经济在一定程度上隔离开，阻止先进国家的成熟工业品在自由市场机制的作用下占领后发国家的主要市场，避免后发国家的幼稚民族工业被扼杀在摇篮里。国家干预主要不是为了防止或弥补市场失灵，而是要为后发国家的民族工业在崛起过程中提供必要的发展空间保障。李斯特以生产力论和产业结构发展阶段论为基础提出的贸易三阶段理论集中体现出自己的政策诉求：落后国家要实行自由贸易使自己尽快跳脱出"未开化"状态；当国家有了一定工业基础时就需要进行有原则的贸易保护以促进国内工业的发展；当本国也进入发达的先进国家行列后才可以实行自由贸易。

第二，李斯特经济理论中还有一个明显的逻辑线索是双重标准的国家本位

---

① 转引自：季陶达. 资产阶级庸俗政治经济学选辑［C］. 北京：商务印书馆，1963：363.

主义。所谓双重标准，是指国家在处理对内与对外两方面的经济事务时体现出的经济理念不同。在李斯特眼中，世界市场和国内市场在性质上是不一样的，他说："一国范围以内的贸易自由与国与国之间的贸易自由……这两者的性质与作用都截然不同，犹如天渊之别。"①在国际上，经济策略的主要目标是保护幼稚民族工业，促进建立利于本国的国际经济秩序；在国内，经济政策要促进形成统一、自由的国内市场，建立尽量使社会各阶层利益和谐的经济关系。也就是说，后发国家一是不能在世界市场上把本国完全交给市场机制来摆布，运用国家干预来应对不利于本国的国际经济秩序和关系对其发展崛起有极其重大的意义。二是要在国内市场上促进自由贸易竞争，使市场机制在国内经济中起决定性作用。如果没有国家的强有力干预，纯粹的自由市场机制是不可能胜任这两大重任的。

第三，李斯特经济理论中还隐含了一个发人深省的逻辑线索：各种各样的经济活动在创造社会财富的能力上是不一样的。高效创富的经济活动可以在短时间内富国裕民，使国家从竞争中脱颖而出。到目前为止，世界各国的经济史——要么从正面，要么从反面——都对这个见解的正确性进行了反复的证明。李斯特强调，创造财富的能力，即生产力，比财富本身重要得多。李斯特认为，在当时的欧洲各国，制造业是创造社会财富的主导力量，他还创造性地使用了"制造力"一词来突出制造业的重要性。李斯特是第一个认为制造业与农业或贸易有"根本"区别的经济学家，这一首创性的理论逻辑大大超越了重农学派和亚当·斯密的经济学理论。从历史事实来看，重农学派对农业的过分强调，以及把土地视为国民财富唯一源泉的主张，一定程度上阻碍了法国的现代化进程。亚当·斯密虽对重农学派理论的逻辑主线加以改进，强调劳动在价值和财富创造上的基础地位，但仍在很大程度上"重农"，而且也没认识到不同行业的劳动效果是有区别的。所以，关注在不同时期不同产业中不同的生产力，自然而然成为李斯特经济理论的独到之处。这个逻辑线索使李斯特经济理

---

① 李斯特. 政治经济学的国民体系 [M]. 陈万煦，译. 北京：商务印书馆，1983：18.

论能够为后发国家的经济战略提供指导性意见，而英法的古典政治经济学理论在这方面明显相形见绌。

4.1.2 旧历史学派的理论逻辑

平心而论，旧历史学派从整体来说没有一个明确统一的理论逻辑，无论在理论上，还是在方法论的一些具体问题上，不同学者之间也没有达成高度一致的共识。但是，这些旧历史学派的德国学者无一例外都是站在历史的阵地上对古典政治经济学理论和方法论发起勇猛冲锋的斗士，对经济理论历史维度的关注是他们能够凝聚为一个学术团体的思想基础。

旧历史学派的主要代表对历史主义方法在经济学中的贯彻进行了初步但很重要的系统性探讨，也构建出一些各具特点的经济发展阶段论或专题理论。如希尔德布兰德依循自然经济、货币经济和信用经济的更替顺序概括了国民经济的历史发展进程，并在学说史和某些专门经济领域有很多启发性贡献；克尼斯深入研究了历史方法的基础，促进了很多相关问题的深入研究；等等。

然而，从理论构建的成就来看，地位最高的无疑还是罗雪尔。罗雪尔不仅用《历史方法的国民经济学讲义大纲》为贯彻历史主义的经济学者提供了最初的行动纲领，而且他的经济学理论成就也大大超过了其他同僚，在经济学说史、农业经济等专项领域都取得了很大成就。集罗雪尔经济思想之大成的《国民经济学体系》是19世纪后期到20世纪初在德国流传最广、影响力最大的经济学教科书。旧历史学派经济理论的逻辑可以从罗雪尔的学说中大致体现出来。

第一，运用历史研究的成果为英国古典政治经济学的抽象理论加入历史维度。对罗雪尔的经济理论，主流学界基本持轻蔑的态度。例如，罗雪尔的生产要素理论，乍一看似乎并未跳出英国古典政治经济学（尤其是萨伊学说）的窠臼，所以一些批评者认为，罗雪尔没有自己的理论思想，不过是用历史对古典理论思想做了一些粉饰装潢而已；还有些无法理解结合历史的理论的人指责罗雪尔在企图建立一套经济学自然法则的同时又要自相矛盾地坚持一个全面历史的、有机的经济学视角。总之，大部分主流学者认为罗雪尔没有多少理论创见。这些看法固然有一定道理，但如果从另一个角度来看，罗雪尔其实是在努力把古典理论与历史视角相结合，在历史研究成果和亚当·斯密开创的理论之间架起沟通的桥梁。在为要素的概念或多或少掺入历史维度之后，罗雪尔还把三要素与经济发展阶段结合起来，提出了一个按照起主导经济作用的不同要素来划分时代的阶段论。从中可以看出，他想从经济生活的历史和现实中用比较的方法总结出不能由个人主观愿望轻易左右的各种"准则"，希望用一个历史的、解剖学和生理学的方法来代替过度醉心于演绎逻辑的"自然法"。以罗雪尔为代表的旧历史学派学者的这些努力，现在来看似乎意义不大，尤其是对习惯了追求一般的理论意义的经济学者来说更是如此。但是，站在重视历史的理论家们的角度来看，这是为经济学理论构建加上历史维度的初步尝试，这种尝试的理论成果也许不能算取得了极大成功，但其中蕴含的方法论意义上的突破无论如何不应被忽视。

第二，把社会视为一个有机整体，即把国家和生物组织相类比。社会有机体观念在德国早已有之，这种观念和黑格尔的社会有机论非常契合。当然，关于社会有机体思想渊源的追溯必然要跳出德国的地域范围，《圣经》以及柏拉图和亚里士多德的著作中都有这种类比。德国历史学派中很多著名代表人物都不同程度地接受这种思想，如克尼斯、罗雪尔，以及谢夫莱、利林费尔德、施穆勒等。罗雪尔把国民经济发展看作有机体的发生和发展过程，这种与生物组织相类比形成的经济阶段论给人两方面的印象：其一，他想让我们相信国民经济发展像生物的生老病死一样是一个周而复始的循环。这实际上是一种周期性的假定。其二，罗雪尔在论证一国经济将走向衰落的观点时，经常出现"上帝极巧妙地操纵""神的意志"等语句，这样的论证方式使他的阶段论带上了一丝宿命论的神秘色彩。

社会有机体观念中潜伏着一个危险的思想倾向，即国家或经济整体系统有一个单独的意志，而且这个意志超越作为系统成员的个人的意志。较早的历史学派并非全员无视这个危险苗头，如谢夫莱就曾经提出不同意见。谢夫莱虽然和早期历史学派的其他学者一样，把集体而不是个体看作分析社会经济系统的出发点，但他认为生物类比只是在有限意义上是恰当的，即是不精确的。社会不是，也不可能是完全生物学或生理学意义上的有机体，只不过是在分析时具有象征意义上的一些有机体的性质。[①]

　　总的来说，李斯特和罗雪尔等早期德国历史学派经济学家在理论构建上都尚处于比较幼稚的阶段。罗雪尔等学者的理论表述比李斯特更严谨，在学理上的思考也更深入，提出的往往是更具一般意义的框架；而李斯特的理论有更强的现实针对性和操作性，提出了更多具有潜在理论张力的概念。他们的主要理论逻辑是基本一致的，都是站在历史主义的立场上，针对英国古典政治经济学所体现出的代表启蒙理性的"自然法观念"进行质疑并驳斥。其中一些优秀的学者各自构建了包含历史视野的经济学理论，主要表现为依据各种分段标准的经济发展阶段论，在阶段论中强调国家的主导作用。

　　这些阶段论都存在一个共同的问题：划分阶段的依据在理论意义上都是模糊不清的，即没有明确的发展机制理论。无论是李斯特，还是罗雪尔，对经济发展的阶段划分都是根据简单质朴的历史归纳完成的，都没能在归纳中形成理论意义上的发展机制的阐述。李斯特根本就没意识到这个问题，虽然他提出的"生产力"是个隐含深刻的发展机制思想的、非常有理论张力的平台。大多数旧历史学派经济学家也没想到这些朴素的历史阶段划分还需要什么理性认识。罗雪尔作为其中最杰出的代表意识到了这一点，但他没有深入思考下去，而只是把阐明发展机制的任务推脱给了"上帝"。所以，罗雪尔告诉世人的经济发展机制其实是神秘的"宿命"。

4.2　新历史学派的理论逻辑

　　新历史学派继承了旧历史学派前辈们开创的历史主义经济学研究传统，并

　　① SCHÄFFLE. Physiologie und Psychologie der menschlichen Gesellschaft mit besonderer Rücksicht auf die Volkswirtschaft als sozialen Stoffwechsel［A］. Bau Und Leben Des Socialen Körpers（Volume 4）［C］. Tübingen: Laupp, 1881.

且把这种体现于经济学领域的历史理性向前推进了一大步。很多经济思想史、学说史专著及教科书明确表达了这样的观点：德国新历史学派比旧历史学派更加极端地拒绝一般性经济理论。把这种观点上升为史学主流也许不是恶意而为，但至少是出于误解。①

第一，旧历史学派不拒绝一般性理论。虽然克尼斯、希尔德布兰德等人的主张非常激进，但是代表旧历史学派经济思想主流的是罗雪尔，他即使算不上理论与历史相结合的最佳典范，但也绝没有放弃追求一般性的企图。第二，跟旧历史学派相比，新历史学派恰恰是在结合历史维度的一般性经济理论构建上更胜一筹。

4.2.1 瓦格纳、布伦塔诺、毕歇尔的理论逻辑

（1）瓦格纳的理论逻辑

瓦格纳也许是声望仅次于施穆勒的德国新历史学派学者。瓦格纳是一名优秀的历史主义经济理论家，也是一名公共财政专家。他从当时的政治经济背景出发，在总结谢夫莱等人思想及理论的基础上，逐渐形成了以财政、税收为核心的理论体系。他构建的这一套结合历史性与普遍性的财政理论体系成功地跳出了低层次的财政管理思路，使他成为现代财政学的主要奠基者。

瓦格纳认为，公共财政是一种工具，其被运用的目的是实现或促进社会正义。他令人敬佩地指出，城市土地升值形成的隐性收入应归市民共同享有。瓦格纳把人类社会的经济组织分为三类："个人经济组织""共同经济组织""慈善经济组织"，在此基础上把公共财政定义为"共同经济组织中由权利共同体构成的强制共同经济"。然后再进一步规定出国家的主要职能，即国家的本质是"社会国家"，必须尽力发展文教和增进福利。瓦格纳在政治上偏于保守，虽然他认为社会改革是必要的，但要在维护君主制的前提下开展，这可能与他

---

① 无恶意的误解可能出于两个直观感受，首先是新历史学派提出了大量注重操作性的"策论"；其次是施穆勒发出的不急于求结论并更深入的研究历史的号召。当时肯定有很多德国经济学者全身心投入历史和政策研究而忽视一般理论，但据此说新历史学派极端拒绝一般性理论是不恰当的。对这种看法持有者的合适定位应该是摸象的盲人，他们没"摸"到新历史学派那些优秀代表的成果。当然，也许对某些主流经济学者而言，把历史维度纳入理论视野就意味着拒绝理论一般性，或者干脆就是在拒绝理论。这种情况只能加深证明偏见的顽固。

本人同俾斯麦的密切交往有关。

瓦格纳的财政及税收理论已经成为现代主流经济学理论中很重要的组成部分，但他的理论逻辑还是依循着历史学派的思维路径。瓦格纳的经济理论体现出对法律因素的着重强调，这种法律意识不是基于英国古典经济学家引为共识的那种自然权利观念，而是认为法律所体现的权利观来自历史和社会的塑造。通过展现着历史视角的法律观念，瓦格纳在他的经济理论中把一般性和特殊性较好地结合在了一起。

（2）布伦塔诺的理论逻辑

布伦塔诺是德国新历史学派中自由主义色彩较浓的一位成员。他不认为国家必然高于个人，因为控制国家的人如果没有受到有效的监督很容易走上滥用权力的道路。布伦塔诺反对韦伯从宗教引申出资本主义精神的研究路径，他雄辩地指出，文艺复兴的历史证明了对金钱和权力的追逐无须主要归结为新教教义的指引。布伦塔诺是一位伟大的授课艺术家，他妙趣横生的课堂讲解令无数学生为之倾倒。而且，他还是一名和平活动家，是当时最著名的和平主义者之一，对被剥削压迫的劳动阶层有着深切的同情。通过对英国经济史的考察，布伦塔诺对劳动经济领域做出了很有意义的论述。他认为，即使没有国家的强力管制，工会在维护劳动者权益方面也可以有出色的表现——但适度的国家管制是必要的。

布伦塔诺的理论逻辑主要体现在对"经济单位"的深入探讨。经济单位是经济生活中相对独立的分析单元，内部成员之间靠共同的利益取向和一种兄弟姐妹般的情感联系在一起，不同的经济单位之间出于利益上的冲突表现出一定的竞争，每个经济单位都想尽力扩展自身的利益范围。然而，经济单位并不是一个高度固定的联合体，经常可能发生像人类早期原始家族离散那样的情况，形成新的经济单位格局。当然，布伦塔诺在描述经济单位崩溃可能性的时候强调得也许有些过分。

尽管有较强的自由主义思想，但布伦塔诺毕竟是一位历史学派学者。他虽然在理想上憧憬自由的经济和贸易，但是始终强调需要充分的国家物质和国民智力准备；他从未鼓吹自由放任的经济措施，坚持必须进行适度范围的国家管制。布伦塔诺坚信，经济学是在很大程度上和历史学相通的领域，它不仅仅是一门"科学"，同时也是一门"艺术"。

（3）毕歇尔的理论逻辑

毕歇尔是德国新历史学派中另一位较有成就的代表人物。他的理论构建最初试图以人类学及人种的研究为基础，但不久就回到阶段论的旧路上。也许是受到施穆勒的影响，他依据社会结构和制度的变迁把经济发展分为家庭、市镇、国家三个阶段，当然这比施穆勒的划分要粗略得多。毕歇尔认为，每个阶段的演进都需要很长的历史时期。家庭经济阶段，生产主要为了满足个体需要。在欧洲，这个阶段一直持续到中世纪的初期。市镇经济始于家庭经济后期出现的不断扩大范围的交换，商人阶层从民众中分化出来，这时就形成新的制度结构。再后来，商品生产交换的主要范围渐渐开始越过城市的城墙，开始出现更广泛的市场，于是国家经济时代才应运而来。

毕歇尔的理论逻辑不仅限于对经济力量的探讨，他认为在发展的过程中经济和政治动机是紧密地交织在一起的。城市或国家总是为经济提供一个更广泛、更强有力的政治和制度保障，在一定领土的范围内为新兴经济阶层更有效地保驾护航。在毕歇尔的阶段论中有一个明确的进化暗示：经济发展一定走向更高级的社会存在。

毕歇尔的经济理论相比于施穆勒来说有较强的机械主义色彩，没有呈现出经济社会演进——尤其是资本主义经济发展过程中展现出来的各种影响因素的复杂性和多样性。但他在关于资本和收入的理论论述中还是提出了不少有一定价值的洞见。比如，毕歇尔指出，真正意义上的资本主义只是到了国家经济时代才得以实现，此时才能出现商品在范围极广的人群中流动的情况，资本、利息等在现代为人熟知的经济范畴才真正成为现实。这实质上是从市场结构的视角在进行分析。

4.2.2 施穆勒的理论逻辑

施穆勒的理论研究范围十分广泛，即使用当时宽泛的学科划分标准来看也算得上包罗万象。在理论构建上，施穆勒的态度是典型历史主义的，他坚信经济学理论"不能脱离地点、时间和民族，而其基础应当首要地（尽管不是单纯地）从历史中去探求"①。

《一般国民经济学大纲》是集施穆勒经济思想之大成的一部著作，给后人展示出一位如同百科全书一般的学者的惊人成就。"其在范围上可与马歇尔的《原理》相比较，都是把所有的社会科学的部分组合成有关过去与现在的巨大的镶嵌画或全景画。"②施穆勒在写作这部作品时其实并没有多迫切的创作欲望，因为他觉得当时还没到能提出成熟的一般性历史主义经济理论的时候，可以做出的不过是综合了他及他的同事们已经取得的粗浅成就的一个阶段性成果。在这本框架宏大的书中，施穆勒从对人类交往行为的伦理、心理和法律基础的研究入手，然后追溯了经济学说的发展历程（对斯密和马尔萨斯的论述尤其精彩），接着分析了家庭、社区等的概念以及它们与阶级、财产、各种商业模式等的关系，最后，在完成了大量历史和社会考察后，他论述了价值、贸易、市场、租金、劳动等一般性的经济学理论主题。施穆勒坚信经济学必须而且能够在人类历史经验的沃土之上根深叶茂地生长，并且始终强调要用综合、整体以及普遍联系的手法来研究经济学。

施穆勒从历史和伦理的视角创立了独树一帜的人类社会经济发展机制理论，他为人类经济归纳出三个基本的发展机制，全面展现了能够代表新历史学派成就高点的理论逻辑。

第一，团体利己主义是人类社会经济发展的原动力。在施穆勒笔下，社会目标是性别关系和团体利益诉求的体现，内在地塑造了习俗、道德、宗教以及法律。虽然在我们获得的感性认识中，生产和消费等经济行为的个体单位表现为个人或家庭，但是，真正影响并造就了整个社会经济秩序的主体不是简单加总的个人，而是一个范围更加广阔的社会实体。他说："然我们所见到的，却是经济统一的情感和认识（由其内部或外部看来都是同样的），同时必然地会

---

① 朱绍文. 古典经济学与现代经济学 [M]. 北京：北京大学出版社，1999：107.
② FISCHER, WOLFRAM. SCHMOLLER [A]. International Encyclopedia of Social Sciences [C]. New York: The Macmillan Company and The Free Press, 1968.

创造出一个团体的利己主义。"①不同的时代表现出不同的经济秩序，而不同的经济秩序又决定了每个时代的经济政策，即"每个时代的商业政策则受这个利己主义的激励"②。 施穆勒认为，虽然占有欲是经济发展和制度演化的根本驱动力，但人类社会和"鲁滨孙"经济截然不同，个人利己主义不能成为解释经济运行和发展的出发点。伦理约束对于限制和调节不断驱动人类的占有欲是必需的。如果失去这种约束，社会结构、团体利益就很可能被破坏，甚至崩溃。只有原始的占有欲被伦理约束有效升华之后，才能转化为具有积极作用的节俭和勤勉。他运用"团体利己主义"概念从根本上批判明显是"个人主义自然法学说"的英国古典政治经济学。施穆勒借助历史方法论证：个人利己主义作为人类社会经济发展的原动力，以及"经济生活从来就是一个主要地取决于个人行为的过程"的说法是站不住脚的。以这种非历史的元理论观点为基础的分析人类经济社会的努力，是一个错误的行动方向。

第二，决定经济政策的团体机构的历史演替过程直接反映出历史的进步趋势。"在每个经济发展的情况中，占着领导与支配地位的，是该种族或国家的生活之某一种政治机关。"③在不同的历史发展阶段都出现了这种机构，如氏族部落联合、马克公社或村落社区、城市市政机构、地域性组织、国家以及国家联盟等，这些机构都是推动经济发展的重要角色。于是，施穆勒感觉到"经济生活与社会及政治生活之首要的与支配的机关间的联系"④，这些机构当然"并不是阐释经济演进的唯一因素"，但"它却管理着经济的生活以及政治的生活，决定着它的结构和制度，且宛如供给全部社会经济设施的质量以一个重心"，所以它"表达出最完满的意义，对于已显现于历史中的经济组织之各种格式的形态，它具有一种最深入的力量"。⑤我们能从机构与经济社会遍及各方面的相互联系中推导出"一种继续不断的发展过程"。⑥施穆勒关于"决策机

---

① 斯莫拉（施穆勒）. 重商制度及其历史意义 [M]. 郑学稼，译. 北京：商务印书馆，1936：94.
② 斯莫拉（施穆勒）. 重商制度及其历史意义 [M]. 郑学稼，译. 北京：商务印书馆，1936：94.
③ 斯莫拉（施穆勒）. 重商制度及其历史意义 [M]. 郑学稼，译. 北京：商务印书馆，1936：2.
④ 斯莫拉（施穆勒）. 重商制度及其历史意义 [M]. 郑学稼，译. 北京：商务印书馆，1936：2.
⑤ 斯莫拉（施穆勒）. 重商制度及其历史意义 [M]. 郑学稼，译. 北京：商务印书馆，1936：3.
⑥ 斯莫拉（施穆勒）. 重商制度及其历史意义 [M]. 郑学稼，译. 北京：商务印书馆，1936：3.

构"作为发展机制的理论表述不够严谨，但其中蕴藏着一个很有潜在张力的思想闪光点——"制度"的概念已呼之欲出。

第三，更文明、更合乎道德规范的人文环境是经济社会发展进步的基本方向。人类社会经济进步的表现形式从来不是唯一的。在历史的长河中，有的时候以野蛮的暴力形式来展现和推动经济的发展，有的时候经济发展又表现为和平的经济竞争。但施穆勒认为，总体来看，人类经济的发展进步和人类道德文明的发展进步之间是正相关的，经济发展的过程表现出一种"采取较高级的特性和遗弃它的最粗野的与最暴虐的武器的趋势"[①]。这个趋势背后的逻辑是这样的，经济发展中的利益各方之间互惠合作关联的发展会逐渐扩大范围，分工交换的相互依存关系不断增广和加强。这种发展的潜在力量促使越来越大范围内的人类形成共生共荣的关系，在这个基础上，经济社会就趋向于形成更加文明、更加道德的人文环境，所以人类发展的总体方向应该是朝向更美好的生活和更高的道德水准。这个表现为社会道德化的经济发展趋势可以解释历史进程中城市或区域之间的竞争为什么会随经济的发展而弱化，并且竞争手段越来越文明、有节制，也可以进一步解释为什么在国家这种更大的社会实体出现后，政府要在国家的范围内承担起救助社会弱势成员的责任。基于这种认识，施穆勒认为17—18世纪是现代民族经济大发展的时代，19世纪是世界各国关系开始"人道化"的时代。

总之，相比于旧历史学派，以施穆勒为代表的德国新历史学派的理论逻辑更加成熟。新历史学派的主要代表都在构建理论的过程中自觉地明确提出各自把理论与历史相结合所依循的理论逻辑。在他们的著作中，人类经济社会的发展不再是被神秘的神灵所操纵的宿命，而是多种因素综合作用的历史过程，这个过程虽然还带有一些糅合了黑格尔和机械论色彩的倾向，但已经大大超越了旧历史学派。新历史学派经济学家中理论成就最高的是施穆勒，在他的理论中难能可贵地显示出了经济和社会生活的完整性。施穆勒的经济发展阶段论中体

---

① 斯莫拉（施穆勒）. 重商制度及其历史意义 [M]. 郑学稼，译. 北京：商务印书馆，1936：95.

现出明确的逻辑线索，他本人也充分意识到为经济划分历史阶段的理论需要一个更为基础的发展机制理论的支撑。施穆勒的经济发展机制论可以概括为一条有表有里的逻辑线索，表面上表现出的线索是经济社会的制度变迁，背后隐含的线索暗面是越发文明道德的伦理人文的形成。从施穆勒的理论中可以找到一种向着精神的尽善尽美前进的逻辑。每当施穆勒对他描述的制度给出改良方案时，他总是先描画出自己心中的理想模式应是什么样；每当他说起德国发展的近期或现在，都认为那就是最好的结果。不得不说，这很接近黑格尔主义的庸俗形式。在施穆勒的著作中，几乎对每个问题的论述都与政策建议相关，但是他的立场肯定会让工会很不舒服。因为施穆勒眼中最需要的、最主要的社会力量永远是，而且必须是强有力的君权政府。

4.3　新新历史学派的理论逻辑

在韦伯、桑巴特等人逐渐掌握话语权之后，新新历史学派取代施穆勒领导的新历史学派占据了德国经济学界的主流地位。但韦伯和桑巴特取得的大部分成就被归入社会学，而桑巴特的关于资本主义的理论在经济学界被主流学者长期忽视。大部分人都知道韦伯是奠基现代社会学的三位伟人[①]之一，但不是——至少不主要是经济学家；对桑巴特的印象只是：那个搞"美国例外论"的家伙。[②]

4.3.1　韦伯的理论逻辑

任何人都不会否认，韦伯是一个思想和理论上的"伟人"。他的理论建构比桑巴特更为视野开阔，是一个宏大的未竟思想工程，后人只能从他生前发表的有限的几部作品和死后遗留的未发表手稿中把各种散落的理论思想进行系统

---

① 三位分别是马克思、韦伯和涂尔干（Emile Durkheim，1858—1917）。
② 当然桑巴特本人那摇摆不定的政治立场——尤其是晚年一度倒向纳粹的不光彩记录，使这种忽视显得很容易。

串联。①

韦伯把人类社会从横向上分为三个层次：一是物质生产层面或经济层面；二是政治法律的制度层面；三是精神、宗教文化和意识形态层面。三个层次之间不能绝对地说谁决定谁，各种相互影响的关系都是在相对的条件下互动发生的。特别是对经济发展来说，精神、文化层面的作用主要体现在对一定时代背景下的一定对象的促发，即在特定条件下，精神、文化层面的变化促发了某些制度上的变革，进而影响到经济发展。这种作用方式与马克思描述的上层建筑反作用于经济基础的过程很相似。

韦伯的理论从效用论出发，在比较研究大量历史现实现象的基础上，试图建立人类经济行动的全面的类型，并把这个类型反过来投入人类历史——尤其是西方近代以来的制度变迁史中去把握经济社会的发展过程。这样一来，在其特有的效用论框架下，历史的变迁既是物质与制度层面的发展，更是人类自身发展变化的过程。韦伯认为，现代化的本质是人自身的现代化，包括思想理念、组织形式和社会结构等方面的根本性变革。企业家是这个过程中体现出现代精神或资本主义精神的重要群体，推动了经济社会的前进。

贯穿于韦伯理论思想的一条主线是精神以及制度的"理性化"。"理性化"主题概括了人类文明的历程，其中包含了近代西方的"现代化"过程，即"现代化"是西方"理性化"的重要阶段。韦伯认为，"理性化"有不同的方向，即文明的发展不是只有一条道路，不同的文明各有其内在逻辑，大部分情况下没有高下优劣之分。这就排除了历史学派前辈们理论中表现出的或多或少的宿命论和目的论。

韦伯规定的"理性化"和"理性"概念既有内在贯通，也有区别。理性概念是对资本主义社会的基本特征进行的静态描述，而理性化概念是一个历史的

① 遗憾的是天不假年，如果韦伯没有意外早逝而自己完成这个工作的话（从遗稿上可以看出他刚有意开始这项大工程），也许其理论体系的深度和广度足以与马克思相媲美。马克思在生前基本完成了其理论思想的整体系统构建，发表了《资本论》第一卷，而且去世后还有恩格斯这位亲密战友——另一位伟大的思想家和理论家——为其完成未竟工作。虽然韦伯提出了无数发人深省的洞见，但在整体上没有完成一个逻辑严谨、浑然一体的理论思想体系。这也造成后人更多的是把韦伯的话当做某种论断的正当性饰品，主要体现出仪式性而非实质性。当然，在马克思身上也不同程度出现了这种情况，但毕竟马克思还是留下了一套严密的原创文本供人推敲。

动态发展过程。韦伯的"理性化"包含两种类型的逻辑：文化理性化和社会理性化。他的所有作品（包括生前和死后）可据此归纳为"经济的宗教伦理"和"经济的社会制度"两大类。以《新教伦理与资本主义精神》为代表的"经济的宗教伦理"依据的是文化理性化，而以《经济与社会》①为代表的"经济的社会制度"依据的则是社会理性化。

文化理性化指的是从文化系统、世界观层面上总结出的理性化趋势，即"世界图像"层次上的理性化。所谓"世界图像"，"表现为现代科学和技术，自律艺术以及扎根在宗教当中的伦理"②，即包括宗教、哲学、科技以及艺术等不同的视角。韦伯的研究领域主要是"宗教"，即分析以世界诸宗教为表现的各种世界观的理性化，所以，文化理性化在韦伯笔下主要是通过宗教理性化来加以表现的。这个理性化进程也被称为"祛魅"。在以资本主义为标志的现代社会中，以宗教信仰为主要表现形式的世界观逐渐被非宗教的世界观所取代，这个取代的过程就是一个"理性化"的过程。韦伯通过深入分析这种理性化过程彰显出资本主义社会的"祛魅"特征，以及由此在广泛社会范围内引发的信仰与理性、神谕与哲学、宗教与科学之间的矛盾冲突。

社会理性化指的是从社会秩序层面上总结出的资本主义社会的理性化趋势，它主要包括经济和政治制度的理性化。作为资本主义经济、国家系统以及两者的形式法则、组织手段的官僚体制的"科层化"是社会理性化的核心内容。科层化官僚制是指权力依职位和职能进行分层和分工，以规则为管理主体的组织体系和管理方式。韦伯在这里的着眼点是制度与经济行为的关系，强调的是个人行为背后隐藏着的制度约束。在资本主义社会，充分发展的劳动分工使人们必然依赖于专业的官僚体制来进行现代化的管理，以更好地满足大众的需求。而人们不断追求社会身份的平等化又促使官僚体制不断地"科层化"，为社会平等尽量排除固定的身份特权等级以及靠财产谋取官僚职位的情形，把官僚制和民主紧密结合在一起。韦伯强调的民主主要是代议制民主，他认为在

---

① 这个书名是韦伯夫人整理亡夫遗稿成书的过程中，按自己理解提出的，真正的书名是《经济、诸社会领域及权力》。
② 哈贝马斯. 交往行为理论（第1卷）[M]. 曹卫东，译. 上海：上海人民出版社，2004：155.

较大地域实行直接民主很可能导致个人独裁统治,例如,拿破仑和他侄子的登基加冕。代议制民主是被管理者对官僚们的一种约束性手段,但要保证决策者必须能做出某种程度的"乾纲独断"。这就涉及韦伯提出的三种"理念型"支配——传统型、法理型、卡里斯玛型或魅力型——的现实整合。

韦伯的两种理性化逻辑之间的关系可以分两个层次来说明。第一,两种理性化逻辑所强调的"理性化"概念的具体内涵是不同的。文化理性化的"理性化"概念包含更多的含义,它包括宗教信仰体系的系统化、宗教救赎的去神秘化,以及以宗教为主要表现的社会文化的世俗化和功利化。而社会理性化中"理性化"概念的含义就简单得多,就是指形式理性行为在社会层面上表现出的制度化。简单来说,前者指向的是"意义"问题,后者则关注"自由"问题。第二,文化理性化和社会理性化互为影响。首先,前者是后者的前提和动力。韦伯在社会理性化动力的分析上与马克思大相径庭,韦伯认为社会理性化的动力不是物质生活和经济制度,而在文化和世界观层面上。对宗教文化的"怯魅"为社会理性化提供了充足的伦理动力。其次,社会理性化也反过来对宗教、文化施加强大的影响力,甚至在一定程度上修正其理性化的方向。社会秩序和制度一旦形成理性化趋势就又产生了反过来改变传统宗教文化的巨大力量,使宗教加速世俗化,使社会文化日益功利化、工具化和理性化。

韦伯理论中的"理性化"逻辑蕴含着一个有趣的"理性化吊诡"。资本主义的发展最初来自西方的行政管理体制和法律体系,这些使经营具有可预见性,也便于生产核算。基督教新教的"预选说"使人们把勤奋工作当成生活的目的和获得永世幸福的途径,于是,新教的禁欲精神与强烈的盈利动机奇妙地联系在一起,外化为具有理性作风的营利活动。然而,这种源自宗教的精神动力却又随着资本主义的发展而逐渐被世俗的职业伦理所取代。这是因为,为了形成稳固的理性市场经济来保障资本主义生产,各种以科层化官僚制为保障的社会制度渐渐发展起来,制度的超强发展使所有人的行为都被逐渐纳入制度的规范范围。随着资本主义经济的非人格化特征日益显著化地发展,个人主观动机的活动空间就越来越小。在生产极大丰富的同时,个人被各种社会制度所束缚，身心俱疲地工作，工作乐趣越来越少，直至荡然无存。身心的疲劳常常外化为对物质占有的疯狂追求，如对豪宅、豪车以及各种奢侈品的追逐。而这种穷奢极欲的贪婪，也会渐渐固化成压抑性的制度，进一步对个人行为的自由度加以限制。

这个吊诡的发展逻辑概括来说就是实质理性与形式理性、价值理性与目的理性之间的悖论。理性化虽然使社会效能——尤其在经济领域得以最大限度地发挥，但逐渐消减了经济社会与自由个体、社会理性与人类情感之间的复杂张力。在文化层面上表现为多元价值观以及意义虚无的倾向，在社会层面上表现为物质、技术和非人格化制度的统治以及自由沦丧的倾向。桑巴特也提出过类似的理性化悖论，但不如韦伯分析得那么清晰有力。

4.3.2 桑巴特的理论逻辑

尽管桑巴特长期受到施穆勒学术权威的压制，而且后来走向马克思主义的反动；但他其实曾是施穆勒的学生，从他的理论中始终能够看出二位前辈思想的影子。马克思和施穆勒的影响在桑巴特的理论中很多时候是缠绕在一起的，时而偏重于这边，时而偏重于另一边。桑巴特很多时候自我标榜为马克思理论的完善者，并且在一生中大部分时间与倡导社会改革者站在一起。

桑巴特的社会主义思想糅合了强烈的民族主义和浪漫主义色彩，他认为民族和阶级一样重要，这可能也是他一度倒向纳粹的原因。但是，这不应该成为桑巴特的理论成就被忽视的理由。桑巴特生前享有高于韦伯的名望[①]，是当时欧洲学术界的领军者之一，在教学上也取得了很大成功，桃李满天下。[②]

桑巴特的理论非常注重历史维度，他继承并发展了德国历史学派的精髓——理论与历史相协调。桑巴特在韦伯提出类似的想法之前就强调过，富于理性并精于算计的人类个体是历史特定的资本主义时代的产物，不能作为经济学或社会科学的基础假设。同韦伯的理论逻辑相类似的是，要理解桑巴特的理论逻辑需要把握两个关键词："精神"和"文化"。

---

① 这主要是因为精神疾病对韦伯生前学术活力的限制，而且韦伯更有影响力的著作大多是在其早逝后才被出版、传播的。
② 其中包括诺贝尔经济学奖获得者瓦西里·里昂惕夫。

首先，桑巴特把资本主义的发展理解为其真正"精神"的逐渐进步性实现。桑巴特与马克思最大的分歧就在这里，他从未把历史进程主要归结于阶级之间源于经济利益的斗争的推动力，而是强调有关资本主义的任何有价值的概念都必须以精神生活为根基，"精神"是一切社会-经济体系的核心。他说："不同时代的人们对经济生活的态度是不同的，精神创造出适合自己的形式，并因而创造了经济组织，这是我这项工作的基础内容。"①这种观念与韦伯很相似。尽管两人时有激烈争论，但韦伯坦然地宣称他在很大程度上得益于"桑巴特伟大作品中清晰敏锐的定义"②。桑巴特眼中的每一种"精神"都有着很强的特殊性，在各自的历史中独特地进行演化。他反对目的论的演化，认为社会的演变没有一个必然的过程，只有连续变化的、由各自的"精神"所统摄的不同的社会-经济体系。

其次，桑巴特提出了"文化"研究的思路，以此来揭示各个不同社会阶段的特征。当时，韦伯和毕歇尔等人认为历史主要由社会因素支配，并由此总结出了人类经验的一般化历史。桑巴特不认可这种研究。对他来说，"不存在抽象的经济，只有特别构成的、历史特征显著的经济生活"③，考虑真实社会体系的多样性以及造成这种多样性的历史力量显然更为重要，经济学家的任务就是去探知各种经济系统的特征。桑巴特自称是少数几个深入分析资本主义经济体系的人之一。他认为，资本主义是被资本——尤其是货币化的资本这种特殊形式所统治的经济体系。在资本主义制度下，经济行为的利润动机是首要的，各个经济主体以各种合法方式谋取越多越好的利润；大部分人变成有价码的劳动力；自然成为资源；所有财富或潜在财富都被用复式记账法登记在案。资本主义的世界充斥着市场和价格，协调通过分散的市场来实现。这样的社会流行着特殊的贪婪文化，这种文化"被三种思想所统治：获取、竞争和理性"。经济主体的精打细算和经济理性是积累财富不可或缺的要素，理性作为资本主义

---

① SOMBART. Der moderne Kapitalismus（1 vols）[M]. München und Leipzig: Duncker und Humblot，1922: 25.
② 当然，两人之间是互相影响的，桑巴特也从韦伯那里获益匪浅，尤其是在方法论问题上。
③ SOMBART. Capitalism [A]. Encyclopedia of the Social Sciences（vol.3）[C]. New York: Macmillan，1930: 195-208.

的智慧化身渗透进整个文化。然而，吊诡的是，所有经济个体都在尽量理性地算计，可整个体系却表现出巨大的非理性。

贯穿于桑巴特资本主义理论的一条主要线索是由企业家群体承载的"经济精神"。从桑巴特对资本主义的分阶段研究中可以看出，与韦伯对资本主义的"理性化"认识很相近，他把"经济精神"视为推动经济发展的主导力量。

首先，经济精神是经济发展和文化变迁的驱动因素。资本主义"是从欧洲精神的深处产生出来的"①。在公元8世纪以来欧洲的经济进程中，"满足需要"和"盈利"这两个原则先后起到最基本的经济驱动作用。"满足需要"是在前资本主义阶段中支配性的经济精神，那时经济行为的"出发点均在于人类的需要，亦即人类对物品的天然需要"②。"盈利"是在资本主义阶段中占统治地位的经济精神，经济行为的"直接目的不再是满足人的生存的需要，而是专门为了增大货币的数额"③，即"更为特别地以货币来表示的盈利"④。桑巴特认为经济精神的历史变迁决定了经济的发展走向以及相应的制度变革。"每一种新的经济原则必须首先试图在现行的经济体制的框架内贯彻出来……全部经济生活才能够按照它的精神逐渐得以形成。从新经济体制的角度来看，新经济原则在旧秩序的框架中从事活动的时期是它的早期，从旧经济体制的角度来看，这个时期是它的后期。在两者之间是一种经济体制的全盛时期，在这个时期中只有一种经济体制的精神得到了完善的发展。"⑤

其次，资本主义的经济精神集中体现为企业家的精神。资本主义是"在'企业'的形态中来到世界上的，即在人类精神中理性的、审慎的、具有前瞻意义的组织形态中来到世界上的"，企业家就是这种"理性的、审慎的、具有

① SOMBART. Der moderne Kapitalismus（1 vols）[M]. München und Leipzig：Duncker und Humblot，1922：327.
② SOMBART. Der moderne Kapitalismus（1 vols）[M]. München und Leipzig：Duncker und Humblot，1922：31.
③ SOMBART. Der moderne Kapitalismus（1 vols）[M]. München und Leipzig：Duncker und Humblot，1922：320.
④ SOMBART. Capitalism [A]. Encyclopedia of the Social Sciences（vol.3）[C]. New York：Macmillan，1930：195-208.
⑤ SOMBART. Der moderne Kapitalismus（1 vols）[M]. München und Leipzig：Duncker und Humblot，1922：26.

前瞻意义的组织形态"①的人格化。企业家可以被抽象地看作带有强烈"征服和盈利"精神倾向的人群，就其来源可分为"为了盈利而去追求权力"和"为了权力而从事营利活动"两种。前者从政界官员或贵族中产生，他们主要"利用他们设法获得的在国家中的特权地位所造成的权力工具"，"在企业家阶层中多发展那种使企业家表现为征服者的那一面"；后者主要来自市民社会中的商人以及手工业者，他们"完美地形成了资本主义企业家中商人的职能"②。桑巴特眼中的"企业家精神"不仅是"征服和盈利"，还包含两种基本素质。第一种素质是契约精神。"每一个技术问题都必须在资本主义企业的框架内通过缔结一份契约来解决"，企业家都会"将他的所有意识和追求都调整在缔结这种有利可图的契约的形成上"，这样，"安定的秩序"和"良好的道德"就会自然产生。第二种素质是根植于市民阶层的诸多良好品性，如"计算的精确性和冷静的目的确定性"、"勤勉、节制、节约、节俭"以及"保存"③等。桑巴特把和"征服与盈利"一起构成企业家精神的这两种基本素质合称为"市民精神"。

最后，国家是拓展资本主义经济精神最有力的主体。桑巴特认为，在资本主义经济形成的时期，国家担负着促进民族精神发展的使命，而当资本主义精神在目的上与民族精神吻合时，国家的作用就相当重要。"国家通过其有意识的政策干预来保护和促进资本主义的利益。"④在桑巴特的著作里，大部分时候"民族"和"国家"几乎是当作同义词来运用的。他认为，国家、技术和贵金属的生产是资本主义在欧洲生根发芽的基础条件，其中国家扮演着至关重要的角色。他说，"尤其在国家之中，在那里意味着企业精神，即征服和支配"，这种精神就是"在国家里面并且通过国家首先发生作用"⑤。

① SOMBART. Der moderne Kapitalismus (1 vols) [M]. München und Leipzig: Duncker und Humblot, 1922: 836.
② SOMBART. Der moderne Kapitalismus (1 vols) [M]. München und Leipzig: Duncker und Humblot, 1922: 839.
③ SOMBART. Der moderne Kapitalismus (1 vols) [M]. München und Leipzig: Duncker und Humblot, 1922: 321.
④ SOMBART. Der moderne Kapitalismus (1 vols) [M]. München und Leipzig: Duncker und Humblot, 1922: 332.
⑤ SOMBART. Der moderne Kapitalismus (1 vols) [M]. München und Leipzig: Duncker und Humblot, 1922: 328.

具体来说，国家的作用体现在三个方面：第一，国家为保持和提高军队的战斗力会不断地促使技术改良，同时"向远方扩张和征服殖民地"，在这个过程中，"凭借其军队替资本主义创造一个大市场，并且让秩序和纪律的精神渗透到经济生活中"[①]。第二，国家为加快金银等贵金属储备的增长会不断扩大贵金属的生产，这样就促进了全国范围的盈利心增强，促使改善计算方法，进而加快了资本主义发展所需要的市场发展。第三，国家在推动资本主义发展上还有很多重要的间接影响，如"劳动力的获得……大部分系以国家为媒介通过直接或间接的途径实现的"[②]。

总的来说，新新历史学派主要代表的经济学理论逻辑已经完全摆脱了宿命论和目的论的束缚。经济发展、制度变迁的内在逻辑既不是出自上帝的巧妙安排，也不是基于对"美德"或类似于"绝对精神"的其他什么目标的一贯追求，这是历史主义研究方法在经济学领域应用所取得的又一次重大进步。韦伯与桑巴特没有表现出在旧历史学派和一些新历史学派学者那里常见的对主流经济学的猛烈抨击，而是有意吸收古典理论、边际主义理论以及奥地利学派理论的有益成分，自觉地要在普遍规律与文化历史描述之间走出一条能为后世之范的中庸之道。桑巴特用"经济精神"勾勒出了资本主义的经济发展路径，虽然有时候他的论述显得有些随意，论据也不总是很严谨，但仍算是逻辑流畅并富于启发性的优秀作品。《现代资本主义》堪称能代表德国历史学派理论巅峰水平的一部著作。韦伯虽然早逝，但仍留给后人丰富的思想遗产，他的理论视野比桑巴特更加宏大、深邃，各种零散的论述中包含了数不胜数的对人类经济社会的深刻认识。根据现代流行的学科划分标准，韦伯被主要归类为社会学家而离开经济学的主流视野。这种情形在桑巴特身上也有不同程度的体现。

---

① SOMBART. Der moderne Kapitalismus（1 vols）［M］. München und Leipzig：Duncker und Humblot，1922：331-332.
② SOMBART. Der moderne Kapitalismus（1 vols）［M］. München und Leipzig：Duncker und Humblot，1922：333.

[5]

在论战中发展的历史学派经济学方法论

从方法论的角度来说，德国历史学派是重视经济理论历史维度的学术传统的开拓者。至今，所有反对非历史性理论的各种非主流经济学思想几乎全都可以向前追溯到那些德国人留下的学术遗产上。

有趣的是，阐发德国历史学派经济学方法论的文献，大部分都是论战性质的。也就是说，德国人关于经济学方法论的很多观点是在论战中提出或得到正面论述的。德国历史学派经济学方法论的具体内容、发展过程，可以通过一次次论战全面呈现在我们眼前。了解这些，对于深入认识德国历史学派经济思想——甚至理解经济学本身——有着非常重要的意义。

5.1 早期历史学派对古典经济学方法论的反对

5.1.1 反对方法论个人主义

（1）古典政治经济学的方法论个人主义

任何学习过西方主流经济学的人都可以轻易感受到其中强烈的方法论个人主义。个人是经济生活中最主要的角色，一切经济活动都由个人发起并完成，活动的结果也都由个人来直接承担。他们目的明确、信心十足、不知疲倦，对所有经济活动都能迅速做出独立决策。这种个人主义的理论传统是由亚当·斯密开创的。虽然在他之前也有一些学者提到了类似的想法或在理论中表现出类似的方法，但明确、系统地把个人作为基本分析单位来构建经济理论的第一人毫无疑问是亚当·斯密。

斯密的个人主义经济学的出现，显然受到了自然科学领域中牛顿经典力学的巨大影响，是启蒙思想在社会科学领域的具体表现和重大成就之一。斯密对牛顿非常钦佩，深深着迷于牛顿力学的简洁优美，希望在社会科学理论的构建中应用这种"迷人"的方法——从最简单、基本的原则出发，推演出整个系统。他的《国富论》无疑是追随牛顿方法的产物，从个人的经济行为出发来解析整体的市场变化。具体来说，斯密的方法论个人主义主要从三方面体现出来。

第一，分工使个人成为经济活动的基本单元。斯密认为，分工能够促进生产力的提高，但人类进行分工的原动力在于人类的交易"天性"。个人之间通过交换、买卖以及契约形成各种经济关系。在斯密看来，市场经济的所有具体活动都是由有着不同分工、各自独立决策的个人来推动实现的。

第二，个人追求自身利益是经济活动的基本动力。斯密把在传统认识中被对立看待的个人利益和公共利益在市场经济中统一起来。他用一段著名的精彩文字论证，个人在交换过程中追求自身利益的行为被一只"看不见的手"所引导，自发地增进了整个社会的利益，即社会的发展最终要溯源于个人的经济行为。

第三，个人自由就是最好的经济机制安排。斯密认为，个人在不违反正义原则的前提下可以随心所欲，实现个人自由是形成全社会经济自由的基础。自由本身就构成了经济社会的一种自动调节机制，这只"看不见的手"能够使经济协调发展，达到最佳资源配置状态。公共利益只能在个人追求自身利益的自由竞争中实现，如有人要代表公共利益，那他要么会好心办坏事，要么就是假公济私。个人利益的最佳代表就是个人自己。因此，个人作为经济活动基本分析单元是最好的选择。

要深入理解斯密的个人主义理论，必须明确其时代背景。当时的英国资本主义迅速发展壮大，强烈要求扩展贸易和市场范围，经济自由是处于领先地位的英国的主流经济意识形态，反映了英国工业资本主义发展的内在要求。而且，启蒙的理性主义思想在当时已经得到广泛传播，斯密对个人价值和自由的强调反映出了经济领域中人本主义意识和新功利主义的价值观。

需要指出的是，斯密是经济学中方法论个人主义的开创者，但他出于构建"经济力学"的初衷对个人主义方法的运用并不成熟，因此在他的著作中出现了一定程度的非一致性逻辑。比如，斯密用很大的篇幅和很热情的笔触论证了追求个人利益的自由竞争会形成最好的经济制度，但后来又笔锋一转，抱怨个人维护私利的行为极大地阻碍了自由贸易的推广。造成这种现象的原因在于斯密的方法论并不严密。他本人是一个既追求理论普遍性，也顾及理论历史性的经济学家，但他没能把理论和历史真正统一在一起，构建有历史维度的经济理论。他在模仿牛顿的时候使用了高度抽象的方法，但在行文时总是以全称判断"每一个人"来展开论述。这就给人一种现实假象。于是，当他转而讨论现实的时候，就与之前的好似现实描述的抽象讨论发生了矛盾。因此，后人在理解斯密的时候遇到了一些困难，出现了一些分歧。

在斯密开创的古典政治经济学的基础上，西方主流经济学经过二百多年的发展已经有了很大发展，但方法论个人主义在发展中一直是分析的基础。更加完备严谨的"经济人"概念至今仍是主流经济学理论框架的核心和基点。

（2）李斯特推崇国家主义

德国历史学派经济学的前身是德国的"官房学"，它是经济学"德国传统"的最初形态。"官房"的原意是国家会计室，后来泛指国库或国王的理财部门。在德国，官房学也叫国家学，是政治、经济领域知识的总称。早在1727年，德国的大学就出现了专门为进行政治经济学研究和教学而设立的官房学教授席位，比英国的大学里政治经济学从道德哲学中独立出来要早近180年。德国官房学对一般性理论的追求力度偏弱，重视国家从历史和现实出发的"特殊性"，推崇重商主义经济政策，谋求增加国家财政收入和经济实力。官房学在德国有重要的历史意义。可以说，在德国，使经济稳定发展的手段和各种标准，主要是由政府机构来操作的，德国各级政府参与经济的程度远远超过英法等国。因此，受到康德、费希特、黑格尔、萨维尼，以及后来的兰克、狄尔泰等大家的影响，并在很大程度上直接继承了官房学研究传统的德国历史学派——尤其是其早期代表人物，理所当然地会排斥古典政治经济学。

德国历史学派对古典政治经济学秉承的个人主义方法论持明确的否定态度。早期的历史学派代表人物无不极力批评反对个人主义。他们不相信社会是由原子式的个人组成的，不相信团体利益或行为能由个体利益或行为简单加总而来。对他们来说，经济问题和政治问题密不可分，国家是经济分析中比个人更合适的基本分析单位，国家主义才是经济学最合理的方法论信条。绝大部分德国历史学派经济学者都没有对国家干预经济表示出不满——至少没有根本性的不满，而且还不同程度地推崇国家干预。

在推崇国家主义的人中，最早对斯密的理论构建方式提出最全面、最有影响的批评的人无疑是德国历史学派先驱——李斯特。尽管在李斯特之前也有一些学者站在国家主义的立场对斯密的理论发出过异议，但与当时《国富论》的耀目光彩相比，他们不过是萤火之辉。真正能在影响力上抗衡斯密《国富论》的著作仍要首推李斯特的《政治经济学的国民体系》。李斯特在《政治经济学的国民体系》中直接抨击了方法论个人主义，明确表明其国家主义的立场。

李斯特雄辩地指出，个人利益和国家利益之间存在着很大的不一致。仅仅以个人为基本研究对象，并把得到的所谓规律性无限放大，完全无视国家的存在以及各国之间的利益差异，这明显是犯了根本性的错误。李斯特认为："古典学派完全否认了国家和国家利益的存在，一切都要听从个人安排，要单靠他们自己的力量来进行保卫。"[1]可经济学首要的研究目标是国民经济，它显然不同于个人经济，也不可能是个人经济的简单加总。个人觉得应该做的，在国家层面来看不一定应该做；而在国家经济中值得做的事，个人看来很可能毫无兴

---

① 李斯特. 政治经济学的国民体系 [M]. 陈万煦，译. 北京：商务印书馆，1983：144.

趣。显而易见，个人利益和国家利益的不一致是经常存在的，有时甚至会彼此很尖锐地对立起来。所以，"国家为了民族的最高利益，不但有理由而且有责任对商业（它本身是无害的）加以某种约束和限制"①。

李斯特坚决反对古典经济学个人主义方法论中对"自利"的推崇。②因为追求个人利益不可能像斯密讲的那样自动实现公共利益或国家利益，所以给个人极力追求私利披上理论的合法外衣是很危险的。李斯特指出，如果一个国家人人完全热衷于追求"自利"，结果将会是人心逐渐化为铁石，人与人之间的同情心逐渐化为乌有，最终，国家的"道德势必完全摧毁，一切生产力量因此势必完全消失，国家的财富、文化和权力也将不复存在"③。到那时，国家是否还能存续都成问题，还谈何国家利益、公共利益，大部分人的个人利益也不会得到保障。

在指出个人不是合适的基本经济分析单位的基础上，李斯特论证了把国家作为研究基础的合理性和必要性。他认为："各个国家各有它特有的语言和文字、传统和历史、风俗和习惯、法律和制度……这是一个团体，是由千头万绪的精神关系和利害关系结合起来，把自己合并成一个独立整体的。它承认它自己的和本身范围以内的权力法则，但与别的同类团体在国家自由上仍然处于对立地位，因此在目前的世界形势下，只能依靠它自己的力量和资源来保持生存和独立。个人主要依靠国家并在国家范围内获得文化、生产力、安全和繁荣，同样地，人类的文明只有依靠各个国家的文明和发展才能设想，才有可能。"④这段话表明，国家是个人与人类社会的中介，是最具有代表性的经济分析单元。国家是一个经济意义上不应分割来看的整体，也是一个不能与其他单元合并的独立组织。它有自身的结构特点，内部由无数不可割裂的纽带相连，对外需要保护自己独立的团体利益。人类个体和人类整体的分析都有赖于对国家的分析说明。

①　李斯特. 政治经济学的国民体系 ［M］. 陈万煦，译. 北京：商务印书馆，1983：146.
②　斯密也在另一部著作《道德情操论》中推崇"同情"，斯密在两部旷世名著中表现出的矛盾纠结是一个经久不衰的话题。
③　李斯特. 政治经济学的国民体系 ［M］. 陈万煦，译. 北京：商务印书馆，1983：115.
④　李斯特. 政治经济学的国民体系 ［M］. 陈万煦，译. 北京：商务印书馆，1983：152.

此外，李斯特还从生产力的角度来论证其国家主义的方法论立场。李斯特指出，财富的生产力比财富本身更重要，而生产力是一种综合力量，并不像斯密说得那样，生产力的进步仅仅取决于分工的发展。而且，脑力劳动和体力劳动一样具有生产力。即便是个人的生产力也是由精神、道德、知识等很多因素综合决定的，而这一切都可以最终归结到个人身处的国家状况，如"科学与技术是否发达；公共制度与法律对于宗教品质、道德和才智、人身和财产安全、自由和公道这些方面是否能有所促进；国内的物质发展，农工商这些因素是否受到一视同仁的、相称的培养；国家是否有足够强大力量"①等。所以，个人经济行为只适合交换价值的说明，绝不是合理的基本经济分析单位；国家才是能够有效阐明生产力的合理分析单元。斯密等古典经济学家无视劳动等经济活动的社会性，无视各种因素间复杂的相互作用，抛开国家去研究个人的经济行为。这是一种把个人视为原子，把经济生活视为物理运动的机械论观念。李斯特批评了这种观点，认为这样貌似科学的理论只能得出完全脱离实际的结论。

李斯特给英国古典经济学总结出三大缺陷。"一是无边无际的世界主义，它不承认国家原则，也不考虑如何满足国家利益。二是死板的唯物主义，它处处只是顾到事物的单纯交换价值，没有考虑到国家的精神和政治利益，眼前和长远的利益以及国家的生产力。三是支离破碎的狭隘的本位主义和个人主义，对于社会劳动的本质和特征以及力量联合在更大关系中的作用一概不顾，只是把人类想象成处于没有分裂为各个国家的情况下与社会（即全人类）进行着自由交换，只是在这样的情况下来考虑自然而然发展起来的私人事业。"②这三个缺陷综合起来看其实就是对个人主义方法论的批判，以及对国家主义方法论的反证。

李斯特之后的德国历史学派都不同程度地继承了这种国家主义的方法论立场。以国家或群体为基本分析单位，就必然会在理论构建过程中顾及历史、地理、道德、习俗等范畴。德国历史学派前后的共同特点之一就是强调法律、制

---

① 李斯特. 政治经济学的国民体系 [M]. 陈万煦，译. 北京：商务印书馆，1983：121.
② 李斯特. 政治经济学的国民体系 [M]. 陈万煦，译. 北京：商务印书馆，1983：152.

度、结构等因素，强调团体，把个人利益置于团体利益的引领之下，反对用原子式的个人经济行为作为经济分析的基本出发点。

5.1.2 反对演绎传统

（1）古典政治经济学的演绎传统

经济学家在确定展开分析的基本单元的时候，实际上已经隐含了对建立理论体系的方法的选择。个人主义方法论已经隐含了抽象的假设演绎法。这种演绎传统也缘起于亚当·斯密，就如之前说过的，斯密不遗余力地把牛顿构建物理理论时表现出的方法应用于经济学，牛顿的方法就是典型的演绎法——从最基本的分析单元推演出整个体系。《国富论》的第一篇是斯密使用演绎法的经典成就，从自利的个人一直推演出整个社会经济的运行状况和内在秩序。

然而，斯密在《国富论》中并没有把演绎法一用到底，从第二篇开始，他转而使用历史叙述的方式来继续论证。如前所述，这种转换造成了一些前后逻辑的不一致。在斯密之后，李嘉图完全继承了他的演绎法传统，并且抛弃了斯密同样很看重的历史归纳法，把演绎法在经济学中的应用推向了一种极端。他的《政治经济学及赋税原理》是演绎理论的典型，虽然各章之间逻辑比较松散，但是每个问题的论述都是从最基本的原则出发，假定其他条件不变，来推理确定各因素之间的相互关联。李嘉图本人不算是个方法论专家，他从没有对自己的方法做出说明，仿佛在他心中使用演绎法建立经济理论就是不言自明的真理一般。实际上李嘉图的言行似乎也侧面证明了这一点。他认为，经济运行的法则就像引力原理一样是确定不移的规律，经济学研究就是要揭示这些法则或规律。李嘉图丝毫不介意把他抽象演绎得出的结论直接往具体现实上套用，把理论和现实相混同，把理论上的推理结论当作对现实的本质描述或对未来的可靠预测。

对演绎法在经济学中被使用的一系列基础性的方法论问题进行自觉分析的第一人是西尼尔。他把经济学定义为一门研究财富的生产和分配法则的科学，它需要从一些最基本的原则出发推导出理论，这些基本原则是从观察和自省中得来的不证自明的公理。西尼尔提出了四个经济学赖以演绎建立的基本原则：

第一，个人想以最小代价获得最大幸福；第二，人口增长率比生活资料增长率高；第三，劳动与机器相结合总能生产出净产品；第四，农业易出现报酬递减。在给定条件下，从这四个基本原则出发可以演绎推导得出所有经济学法则或规律。不过，西尼尔和李嘉图不同，他不认为理论可以直接应用于现实，而是认为，只有那些无处不在的偶然因素的干扰作用消失或者非常微小的时候，演绎出的经济学结论才能适用于现实生活。

约翰·斯图亚特·穆勒是一位方法论大师，他对经济学演绎法分析得十分全面透彻。他认为，经济学必然是一门抽象的科学，自利个人只是建立科学过程中的一个假定，因为谁都不可能从人类的所有动机和行为出发去进行研究。在经济学研究中不可能像自然科学那样进行受控实验，所以，抽象思辨、推理是唯一的可行办法。然而，这样从假定出发演绎而来的结论是值得怀疑的，由于"干扰因素"的影响，演绎结论和实际情况不一定一致。所以，"政治经济学的结论就像地理学的结论一样……仅仅在抽象的意义上是真实的，即它们只是在某些假定下才是真实的"[1]。经济学提供对经济活动的趋势判断，是对现实的接近，而非现实描述。穆勒对演绎法的分析非常深入，他充分认识到演绎不可能排除归纳，尽管"所有的科学都趋向于越来越演绎化，然而，它们并不缺少归纳"[2]。在穆勒看来，经济学中使用的演绎法应该是"归纳与推论相混合的方法"[3]。

凯尔恩斯对经济学演绎法的方法论思想与穆勒大体相同，但是对演绎赖以发生的基本原则的态度不一致。穆勒认为："没有任何经济学家会愚蠢到假定人类实际上就是这样构成的，但它是科学必然要在其中进行的方式。"[4]凯尔恩

---

① MILL. On the definition of Political Economy, and On the Method of Investigation Proper To it [A]. Essays on Some Unsettled Questions of Political Economy（1844）[C]. Aldwych：John W. Parker, West Strand, 1948：144-145.

② MILL. A System of Logic [M]. London：Longman, 1843：218-219.

③ MILL. On the definition of Political Economy, and On the Method of Investigation Proper To it [A]. Essays on Some Unsettled Questions of Political Economy（1844）[C]. Aldwych：John W. Parker, West Strand, 1948：143.

④ MILL. On the definition of Political Economy, and On the Method of Investigation Proper To it [A]. Essays on Some Unsettled Questions of Political Economy（1844）[C]. Aldwych：John W. Parker, West Strand, 1948：139.

斯却甘愿成为穆勒眼中的蠢人，明确宣称经济学的那些基本前提是真实的，来自于直接且易于证明的观察，不是迫于研究目的而权且设立的假定。凯尔恩斯还在穆勒对演绎法分析的基础上提出了经济理论的证伪原则。他认为，预测经济现实的失败无法否定指导预测的经济理论，要否定运用演绎法得出的经济法则只有两个有效途径：一是论证演绎前提不合理；二是指出演绎逻辑上的不一致。

约翰·内维尔·凯恩斯在其方法论名著《政治经济学的范围与方法》中把英国古典经济学方法论的演绎传统概括为五点。第一，经济学是科学，不是艺术或道德，它揭示法则或规律，不制定行为规范。第二，经济可以与其他社会现象领域相区分，从社会中被单独提炼出来进行研究。第三，直接归纳不能确定规律，受控实验不可能进行，所以经济学研究唯一可行的方法是演绎法。第四，演绎只依据少数基本前提，会忽略很多因素，所以抽象法是必需的。第五，经济学并不描述事实，只是指出变化趋势。

（2）旧历史学派对演绎传统的批评

对于英国人的演绎传统，德国历史学派是不认可的。旧历史学派的几位代表人物都提出了不同程度的批评，在批评的同时也相对地阐明了自己的立场。

罗雪尔的反对并不激烈。在他看来，抽象演绎在经济学中的使用只是一种很初级的权宜之计。罗雪尔认为："政治经济学中一般性的东西有许多是和数理科学相似的……它充满着抽象的东西。"①确实存在某种程度的抽象空间。比如商品供求规律是在假设人仅受最大利益观念支配的前提下建立的，就像自由落体定律是在假设真空环境的前提下提出的一样。这样的定理可以用数学方法很好地表达。但是，经济学更大程度上"是心理的"，"由于我们这门科学是和人发生关系，它必须照人的本来面目如实地来处理他们，而他们同时又是为很不相同的和非经济的动机所驱使，并且是归属于完全一致的民族国家和时代"②。数学在经济学中的应用范围会随复杂程度的提高而缩小，直至不可能。

---

① 转引自：季陶达. 资产阶级庸俗政治经济学选辑 [C]. 北京：商务印书馆，1963：324.
② 转引自：季陶达. 资产阶级庸俗政治经济学选辑 [C]. 北京：商务印书馆，1963：325.

李嘉图方式只是经济学初级阶段的一个意义有限的步骤，绝不能忘记这是一种抽象，当把理论与现实连接的时候就会暴露其局限性。所以，在对国民经济进行总体研究的时候，必须把更多的研究精力放在历史和现实多姿多彩的变化上，这时唯一适当的只能是历史的方法。罗雪尔对古典经济学的演绎传统方法论最不满的地方在于由此推定的理论绝对性。他认为，把古典经济学视为无时无地不灵的普遍性理论是荒谬的，"一种经济理想不能适用于每个国家人民的不同种类的欲望，正如一件上衣不能适合一切人的身材一样，孩童学步用的引带和老年人的拐杖对于壮年人是个大累赘"①。

希尔德布兰德的想法比罗雪尔激进得多。他在1848年出版了《经济学的现在与将来》，明确表明了他的方法论立场。希尔德布兰德对古典经济学的方法论进行了彻底的批判，对以个人主义为基础的演绎法大加挞伐，批判的焦点也集中在由演绎法衍生的理论普适性问题上。

"无论亚当·斯密的贡献如何之大，他在历史上的地位如何确定，他的学派与其重商主义和重农主义前辈有一个共同点，就是想建立一个国民经济的理论，其中的定律放之四海而皆准。正如卢梭及康德首倡某种政治学派，以设立一个绝对的因素为主，而不顾及人类的天赋差别，也不顾及各国不同的发展步骤及状况；亚当·斯密及他的门徒也想从各国人民的特征事实，从各国发展中某一时的事实里面，发现万事皆准的一般原则，而由此设立一种世界经济或人类经济。这种尝试完全与亚当·斯密时代的唯理主义相符合。他们的出发点认为，国民经济的一切定律，因为创立于人与货物的关系，所以超出时间及空间的限制，而在一切变化不已的现象中仍然是正确的。因此他们不了解人类从社会动物方面看起来，是文化的产儿和历史的产物。而他的需求、意见，对于货物的关系，对于人的关系，绝不能永远相同。这些都是按地理及历史而互异，且不断变化，并不断随人类的整个文化而改进。"②

希尔德布兰德对罗雪尔也有所不满。他觉得罗雪尔的立场不够鲜明，竟然

---

① 转引自：季陶达. 资产阶级庸俗政治经济学选辑 [C]. 北京：商务印书馆，1963：327.
② 转引自：陶永谊. 旷日持久的论战 [M]. 西安：陕西人民教育出版社，1992：41.

承认经济法则具有某种程度的数学演绎性质。希尔德布兰德认为，经济学是一门现实性很强的实用学科，经济学家的作用应该是追溯各国的经济发展，从中发现现存的文化和制度问题并加以正确的解决。

克尼斯对于历史学派经济思想的贡献主要在方法论领域。他发表于1851年的著作《历史方法的政治经济学》对古典政治经济学的方法论做了深刻的剖析，对自利、私有等概念进行了详细的论述。克尼斯的基本立场是否定经济生活有所谓的发展规律，古典政治经济学的所有基本概念都是随着时空变化而变化的思想观念，根本就不存在什么绝对性，所以，研究经济学的正确方法应该是相对主义的。比如，各国在同一发展阶段的制度也不是相同的，顶多只有一些相似；一国在各发展阶段的制度也不相同。

克尼斯的结论是："经济生活和由经济生活所得出的结论都是历史发展的产物。各种理论都以具体经济生活的事实为依据，而所有的结果都带有历史解决方案的印记。经济学的概括，仅仅是历史的说明和真理的逐步呈现，每一个步骤只是具体发展阶段中所认识到的真理的概括，没有一个公式，也没有一批这样的公式能够称作是终极性的。"[①]

克尼斯对罗雪尔也有不满。他认为单纯的历史类比总结出的充其量是类似性，而不是同一性，即罗雪尔指出的是"类似律"，不是"因果律"，不能成为用科学法则表达的因果关系。

5.1.3　早期历史学派的方法论

（1）方法论要点

虽然李斯特以及旧历史学派诸人的方法论是相互独立的，旧历史学派诸人的方法论甚至存在很大分歧，但是从中仍然可以看出历史主义经济学方法论思想最基础的主要倾向。罗雪尔把历史主义经济学研究方法总结为类似于解剖学与生理学方法的观察（包括内省）和类比，把国民经济学视为"社会经济或国民经济的解剖学和生理学"[②]。具体来说，可以把早期德国历史学派的方法论

---

① 转引自：陶永谊. 旷日持久的论战［M］. 西安：陕西人民教育出版社，1992：42.
② 转引自：季陶达. 资产阶级庸俗政治经济学选辑［C］. 北京：商务印书馆，1963：328.

思想梳理出如下几点：

第一，早期德国历史学派反对英国古典经济学家把经济学划入与艺术等不相干的科学领域的做法。他们一再强调，像经济学这样涉及人类本身的社会科学，是不可能在严格区分的科学与艺术之间选一边站立的，它既属于科学，也属于艺术。

第二，早期德国历史学派坚决反对方法论个人主义，强调国民经济是不可分的有机整体，国家主义或集体主义才是解读社会经济的适当起点。国民经济的各方面是紧密相关的，要想完全科学准确地论述其中一方面，就必须同时明了所有方面，因而必须进行整体研究。

第三，早期德国历史学派反对古典经济学的抽象演绎传统。他们认为经济学理论的建立不能从一些似是而非的假设前提出发来脱离实际地推演出一切，而应该是在大量历史和现实的观察比较的基础上做出适当的规律或法则性概括。古典经济学认为抽象法是唯一可以采用的方法，经济学只能达到"抽象的真实"。而罗雪尔等人坚持认为，抽象分析至多只是初级阶段的方法，应该少用，甚至不用，研究者的主要精力应该放在对历史和现实的观察与类比上。

第四，早期德国历史学派反对把自利心当作经济活动的唯一动机。他们认为自利只是人类进行经济活动的一部分心理，还有很多可以与之并列的动机，如责任、虚荣、公正、兴趣、同情，甚至只是习惯，等等。自利既不是唯一动机，也很难说是最主要的动机。

第五，早期德国历史学派反对古典经济学家所表露出来的普适性理论的思想。无论是李斯特笔下的世界主义，还是克尼斯提出的理论的绝对性和相对性问题，都是站在反对理论普适性的立场上的。他们一般认为不存在古典经济学家表示的那种放之四海而皆准的法则，任何理论和制度的合理性都不可能超越时空限制而绝对存在。经济学家不可能为人类提供一个亘古不移的伟大定律，其所建立的理论的真理性必然是相对的。

（2）核心主题：经济理论的历史维度

有的经济思想史学者认为，德国历史学派——尤其是早期的历史学派代表人物的经济思想是比较散乱的，不存在作为学派基础的、指导性的、统一的核心主题，这些德国人的做法至多不过是从一些公认观点中取些折中。这种说法有一定道理。从构建经济理论的成果的角度来看，早期德国历史学派诸人确实贡献有限，然而，如果从方法论的角度来看的话，以上说法就是站不住脚的了。早期德国历史学派经济学家至少有一个明确的共同主题：经济理论必须包含历史维度。而且，不仅是早期的历史学派，所有德国历史学派的领军人物都牢牢地把握住了这一核心主题。对这个问题的探究从19世纪40年代起一直持续了一百多年。

经济理论要包含历史维度就必须在研究过程中充分理解历史。罗雪尔率先明确提出在经济学研究中使用"历史的方法"。他把经济学定义为"记述一个国家的经济发展诸规律的科学，或论述它的国民经济生活的科学"①。他所首倡的"历史的方法"可以概括为以下几个方面：

首先，国民经济学不仅关注如何增进国民财富，它还要记述各国经济方面的一切动机、行为和结果。所以，国民经济学也是一门研究人类行为支配的政治科学。单纯的经济分析不足以撑起这样一门科学，必须同法制史、政治史、文化史等历史的研究相结合。因为"国民生活，像一切生活一样，是整体的，它的各方面现象相互之间是最紧密地联结在一起的。因此，要科学地理解它的一个方面，就必须同时明了它的一切方面"②。

其次，因为历史发展是一个连续的过程，所以，考察国民经济不能只是满足于分析现代经济关系，必须结合过去各个文化历史阶段的发展过程来进行研究。

再次，对事物本质进行揭示并非是轻而易举的，要把握国民经济的本质必须做总体的考察。一方面，在经济上比较现存的国民体系；另一方面，对过去的国民体系的发展过程进行总结和类比。

最后，一切制度的合理性都是相对的。既不可能存在绝对好或绝对不好的

---

① 转引自：季陶达. 资产阶级庸俗政治经济学选辑 [C]. 北京：商务印书馆，1963：322.
② 转引自：季陶达. 资产阶级庸俗政治经济学选辑 [C]. 北京：商务印书馆，1963：324.

制度，也不可能一劳永逸设计出永远好的制度。好与不好总是在变化之中的。研究经济学的一个很重要的目的就是弄清楚国民经济的某些方面是如何在好与不好、合理与不合理、有益与有害之间转化的。

（3）重大缺陷：天真经验主义

构建带有历史维度的经济理论，是德国历史学派的方法论主题。然而，罗雪尔等人在坚持这一主题的同时，总是把历史维度与另一个现在看来明显有问题的观点联系在一起——纯粹的历史经验本身就足以带来真理。就像罗雪尔说的："经济学是纯粹的经验主义科学。对我们而言，历史不是一个手段，而是我们调查的对象。"①这种对经验的单纯信奉显然是一种天真的经验主义思想。

罗雪尔的一段话充分表明了其经验主义的天真。"在我们的理论中，我们不必为理想状态花费大量笔墨。相反，我们努力做一些简单的描述，首先是人们的本性和需要，其次是人们的法律和制度，最后是通过这些法律和制度享受到的或大或小的成功。这些都以现实为坚实的基础。它们能够用一般的科学方法来证实或者证伪。"②

德国旧历史学派的经济学家普遍都持有这种信念，相信可以仅依靠数据建立理论，相信事实能够独立于概念和理论被确定，偏好对特定现象做简单描述并总结出特定理论。他们批评英国古典政治经济学的理论太过于强求普遍性或一般性，而失去解释现实的精确性；而他们自己则普遍对单纯描述的可行性抱有天真的信任，把理论生硬地诉诸历史事实，就好像经验事实能够不言自明地解释自我一般。

用现已在科学哲学领域取得共识的观念来看，理论和经验之间的关系远比罗雪尔他们想象的复杂得多。如果没有一些既存的理论和概念框架，就不可能确定任何事实，也不可能赋予事实任何意义。所有描述都依赖于先有的概念框

① ROSCHER. Der gegenwartige Zustand der wissenschaftlichen Nationalokonomie und die notwendige Reform desselben［J］. Deutsche Vierteljahres Schrift，1849，45：182.
② ROSCHER. Der gegenwartige Zustand der wissenschaftlichen Nationalokonomie und die notwendige Reform desselben［J］. Deutsche Vierteljahres Schrift，1849，45：186.

架，即对事实的描述都是充满理论的。天真的经验主义观点本身就伴随着不可调和的逻辑不一致。罗雪尔他们认定，所有的经济理论都被限定于特定的历史现实。这个信念本身就是一个没有（也不可能）经由经验调查建立的普遍性原则，也就是说，历史主义的一些规则也不能由经验证实或证伪。所以，主张理论仅建立在历史事实上的天真经验主义观点是自相矛盾的。

像罗雪尔等人那样的天真经验主义者经常会把自己的一般性观念隐藏起来，他们自己通常意识不到这一点。例如，经验的研究和比较总是以分类为基础的，分类的过程就包含对相同和不同如何界定的先验判断。而且，这些赖以判断的性质一般要被假定为在时空中持续。因而，罗雪尔要通过"简单描述"打造"纯粹经验科学"的想法是天真的。

进一步讲，科学的主要目标是因果解释，如果没有因果关系假设，那么对任何现象都不会有足够的科学解释，而经验描述不可能建立因果关系，即天真的经验主义方法不能为现象揭示因果关联。大卫·休谟早就指出，一系列事件不可能验证事件之间的因果关系。旧历史学派没能充分理解休谟的洞见，天真地想要仅依靠历史经验数据来解释经济现象的因果关系。[①]这种看法不免失于肤浅：用现象多样性无法否定追求理论一般性的必要性。[②]

5.2　经济学方法论大论战与新历史学派

5.2.1　门格尔与施穆勒的交锋

19世纪中后期，历史主义的经济学思想在欧洲的德语地区广泛传播，尤其是在德国和奥地利，有着无可匹敌的影响力。然而，从19世纪80年代起，一向作为德国追随者的奥地利经济学界向德国的历史学派经济学发起了强有力

[①]　当然，纯粹的演绎也不能提供因果解释，演绎的推理链条也无法在现实中证实因果关系的存在。

[②]　旧历史学派也许已经隐约意识到，但没能指出：经济学中对理论一般性追寻的真正限制在于本体论上的认识，涉及对不同结构和因果关系类型的识别。

的学术冲击，掀起了一场经济思想史上规模最大、持续时间最长的方法论大论战。论战双方的领军者分别是门格尔和施穆勒。

（1）门格尔的第一波攻击

在德国学界对门格尔1871年发表的《国民经济学原理》冷淡了十几年后[①]，1883年，门格尔出版了《社会科学方法论特别是经济学的方法论研究》（以下简称《方法论研究》），标志着大论战的开始。《方法论研究》旨在纠正德国历史学派的"错误"。

门格尔认为，德国的历史学派在经济学研究中失去了对从事物本质中产生的目标的正确感知，一些次要任务反而被赋予了过分的决定性意义。这些都是德国历史学派的错误方法论占据统治地位导致的恶果。德国历史学派"迄今为止还没有发展出这门科学的真正的方法论，德国经济学家没有考虑达到经济研究目标的思路，因为经济目标本身还仍然是个问题"[②]。

《方法论研究》共分四篇（第四篇是学说史）。在第一篇中，门格尔通过对经济学的分类极力把历史和理论相分离，维护方法论个人主义和演绎法传统在经济学研究中的正统地位。他首先依据科学研究方式的不同把经济学分为两种：经济史及经济统计学、理论经济学。前者"目的在于认识具体的，或更准确地说，认识现象的个别方面"，产生"个别的"知识，是历史科学；后者"目的在于认识现象的一般方面"，产生"普遍的"知识，是理论科学。[③]两者都会研究个别经济现象，但程度不同，理论经济学还肩负更高级的揭示一般法则的任务。除历史和理论科学外，门格尔又提出另外一种"实践科学"，目的不是解释现象，而是确定行为原则和适当的行为方式。经济学中的"实践科学"就是财政学及经济政策。

---

① 当然并非毫无反响。1871年至1873年陆续出现了四篇评论，前三篇发表于经济学刊物，其中两篇匿名，唯一署名的是弗里德里希·哈克1872年的评论，门格尔很重视哈克的建议。第四篇评论发表于一份文学刊物，作者客气地指出，门格尔从英国人那借来了虚构的自私的经济人并把它作为普遍的人类特点，这种研究方法并不像门格尔自诩的那么具有科学尊严。作者署名"G. Sch"，极大可能是施穆勒本人捉刀。
② MENGER. Problems of Economics and Sociology [M]. Urbana: University of Illinois Press, 1963: 23.
③ MENGER. Problems of Economics and Sociology [M]. Urbana: University of Illinois Press, 1963: 35-37.

根据这些区分，门格尔明确表达了把经济理论和历史分离的立场。他虽然承认历史方法有其存在的必要，但"具体社会现象的历史理解绝不是我们以科学研究方式所要做到的唯一事情"[①]。门格尔认为德国历史学派错就错在把历史科学、实践科学与理论科学搅和在一起。理论经济学的本质在于揭示普遍法则，从而帮助人们对经济现象的未来和趋势做出预测或控制。法则的精确度越高，其对现象把握的确定性就越大，达到一定程度后，人们就可以超越经验的范畴做出对未来的预测，而具体的历史研究是无法做到这一点的。"因此，它们也绝不能代替理论的知识。"[②]

门格尔认为，以个人为出发点的抽象演绎是理论经济学得以立足的基础，历史方法对于理论科学来说是不适当的。因为现象中存在着"共存与连续的法则"，所以研究者可以在观察中获得超越直接经验的普遍知识。实现这种超越的具体方式有两种：一种是"现实的、经验的方针"，即用经验的、确定的方式认识总体的实际现象，把握现象共存与连续的法则，也就是现在常说的归纳法；另一种是"精密科学"的方针，先"把人类现象简化为它们最原始和最简单的构成要素"[③]，再假设它们处于分离状态，以便考察复杂现象如何从最简单现象发展起来以及从简单要素中推导出法则，即现在常说的演绎法。门格尔认为，归纳法严格来说是没有可行性的，因为任何人都不可能认知现象整体，所以演绎法是理论研究的根本方法。使用演绎法需要保证做到"不管所观察的东西是什么，哪怕只有一种情况，都必须准确地在同样的现实条件下再次出现"[④]。这样就能够"确定现象的精密法则和现象连续的规律"。虽然"这些法则和规律对我们来说并不是绝对的，但就我们获得它们的认识方式而言，它们表现出了绝对性的保

① MENGER. Problems of Economics and Sociology [M]. Urbana: University of Illinois Press, 1963: 44.
② MENGER. Problems of Economics and Sociology [M]. Urbana: University of Illinois Press, 1963: 52.
③ MENGER. Problems of Economics and Sociology [M]. Urbana: University of Illinois Press, 1963: 62.
④ MENGER. Problems of Economics and Sociology [M]. Urbana: University of Illinois Press, 1963: 60.

证"①。所以，个体假设和在其基础上的演绎是必要和正确的。理论经济学就应从最基本的前提出发演绎出一系列经济法则，再复杂的现象也是一系列简单因素共同作用的结果。而德国历史学派的经济学方法论"阻碍了科学以最演绎的方式取得进展"②。

在第二篇中，门格尔用精彩的论证指斥了德国历史学派的天真经验主义，并进一步区分理论和历史。他指出，科学论断的获得必须经过理论的思考，不能从了解历史的过程中直接达成。德国历史学派错误的根本之处在于他们觉得只要搞清历史细节就能明了价格形成之类的经济问题。其实，就算是掌握了产品价格最细微的历史知识，也不可能直接搞清它的市场形成问题。理论的作用是阐释现象的本质和关联，揭示现象的一般性和总体关系。为达到这样的目的必须用"集合现象"来总结现实，而非仅是不断列举单个的现象。所以，历史的研究不可能直达经济现象总的本质和联系，不能过分强调其在理论经济学中的作用。这就和对自然现象再详尽的描述也无法描述出物理和化学规律是一个道理。

门格尔认为，理论经济学也会处理关于现象变化的问题。比如"商业危机"，就是在变化过程中来考察的。然而，理论经济学不会把所有"变化"都视为"发展"，"发展"只是"变化"中的一小部分。理论经济学"是一系列经济发展的法则"③，"是经济的一般性质和一般联系的科学"④，在很大程度上是与经济史相对立的。它的目标是对事实的近似，找出经济现象在时空差异下的同质性。门格尔直截了当地攻击德国历史学派，"在许多经济学领域，德国学者对一般方法论问题，特别是理论科学的方法论问题，缺乏明确的认识，这只能把他们导向这样的观念：在经济的历史发展中形成的类比法是理论经济学

① MENGER. Carl.Problems of Economics and Sociology [M]. Urbana: University of Illinois Press, 1963: 59.
② MENGER. Carl.Problems of Economics and Sociology [M]. Urbana: University of Illinois Press, 1963: 48.
③ MENGER. Carl.Problems of Economics and Sociology [M]. Urbana: University of Illinois Press, 1963: 121.
④ MENGER. Carl.Problems of Economics and Sociology [M]. Urbana: University of Illinois Press, 1963: 119.

唯一的，甚至是主要的内容。换句话说，在上述意义上理论经济学是经济发展法则的理论……与理论科学相符合的有意义的任务相比较，制定上述含义的经济发展法则，看来肯定是……相当次要的。在人类经济现象的理论研究中，它肯定是一个不容忽视的任务。但它的成就仅仅构成理论经济学中最小的一部分内容"①。

在第三篇中，针对德国历史学派把社会经济视为有机体，把经济学类比为生理学或解剖学的观念，门格尔进行了强烈的反驳。他首先把自然界和人类社会进行比较，承认二者有很多相似的地方，但它们有一个根本性的不同点：自然有机体的所有个别部分对整体的功能性都是在自然的发展过程中自发演化而来的，不是有意识地去设计出来的；社会现象却不像有机体这么单纯，虽然也存在语言、货币、市场等作为历史发展无意结果的"自然"领域或功能，但这些无意识产物不是社会的全部，社会还包含人类有意识创造的东西。在人类意识自觉起作用的领域与机械装置有相似性，与自然有机体是不同的。因而，像罗雪尔他们那样简单地模仿有机体的自然科学是不可能全面有效地研究经济学的。"社会科学，特别是政治经济学的方法，不可能完全是生理学或解剖学的方法。"②

门格尔认为，基于有机体的系统性、不可分割性来否定建立在"隔离方法"基础上的演绎性理论是不对的。德国历史学派在这个问题上的错误就相当于，把研究特定有机组织的生理和揭示如达尔文理论那样的规律混淆在一起。门格尔希望经济学家致力于揭示一般性规律，就像达尔文揭示了自然界的普遍规律一样。

（2）施穆勒的回击

面对门格尔毫不客气的攻击，德国历史学派当然不能再继续置之不理。在《方法论研究》发表的同年，施穆勒就在一篇名为《C.门格尔的文章和W.迪尔

---

① MENGER. Problems of Economics and Sociology [M]. Urbana：University of Illinois Press，1963：119.
② MENGER. Problems of Economics and Sociology [M]. Urbana：University of Illinois Press，1963：136.

采论国家与社会科学的方法论》的书评中予以反驳。

施穆勒在这篇文章中论述了抽象演绎法和经验归纳法、特殊的考察和一般的考察以及理论经济学和实践经济学的关系。他认为，门格尔把理论和历史区分得过于泾渭分明，二者其实是不可分割的，后者对前者发生着基本的、不可忽略的连续调节。施穆勒说："门格尔显然无法理解历史学派的原本起因和必然性，因为他缺少这种器官。历史学派代表了科学认识现实的回归，而不是一系列缺乏现实的抽象迷雾。门格尔没有看到，所有重大的国民经济的现象在时空上都是广泛的，所以正如它对于历史和统计一样，只有集中性的观察才是行得通的。这对门格尔是不可能的，因为他仅仅从单一经济的单数观察出发，总想着交换、价值、货币等等，而不想构成国民经济整体骨架的国民经济的器官和机构。"①

对门格尔关于德国历史学派重视历史而放松构建一般理论的指责，施穆勒进行了针锋相对的回击。他写道："这绝不是对理论的放松，而是理论的必要基础，如果在科学中有时主要需要描述的话……通过这样的工作有时不能把一部分力量用到理论上，这关键在于经济的劳动分工……我们凡人只能通过片面性才有所贡献……在未来对国民经济学将有一个新时期到来，但只有利用现在搜集的历史描述性和统计性材料，而不是通过旧教条主义的蒸馏过千百次的抽象定律的再蒸馏。"②

对门格尔关于抽象方法是认识规律的必经之路的论述，施穆勒给予了肯定，但认为其所主张的具体抽象方法是错误的。他说："显然，所有的思想和认识都以抽象为基础。关键是要进行正确的抽象，通过我们的抽象产生出科学的真理，而不是幻想的错觉和想当然的鲁滨孙的方舟，用来代替国民经济的考察和真理。"③

施穆勒认为门格尔"仅仅受过穆勒的自然科学逻辑的教育，仅仅依靠旧的抽象的国民经济学教条"，所以他成不了改革者，只是一个模仿者。虽

① 转引自：陶永谊. 旷日持久的论战 [M]. 西安：陕西人民教育出版社，1992：53-54.
② 转引自：陶永谊. 旷日持久的论战 [M]. 西安：陕西人民教育出版社，1992：53.
③ 转引自：陶永谊. 旷日持久的论战 [M]. 西安：陕西人民教育出版社，1992：53.

然门格尔称得上是一名"非同寻常的学者""敏锐的辩证学者",他的《方法论研究》也有一定的阅读价值,他对德国历史学派的批评"在许多细节上是对的",但他"缺少广泛的哲学和历史教育"。施穆勒认为门格尔是那种把自己独处的一隅当成科学大厦的人,这个说法很像中国的成语"坐井观天"。

"我们不是说他的那一小隅不对,而是说从那里不能充分地观视整体。我们并不讨厌他捍卫自己的方式,但是,他却以过于训人的自我感觉手持木棒,在大厦的其他房间里来回走动,敲打任何与他意见不同者。他骄傲地轻蔑那些无能的历史学家。我们不是那种觉得无力解决社会科学最高问题,而又把自己的无能提拔为衡量科学成果尺度的人,相反我们要这样来形容他。门格尔是一个重要的,但又片面的现象,他挑起的争论只能作为发酵素,通过引起的讨论给予澄清。但他的方法的价值主要靠他和他的学生借此方法所取得的东西来决定。你们可以根据他们的成果来认识这种价值。"①

施穆勒的回击是零散的、片段式的评论,与门格尔洋洋万言的一本书相比显然不够系统和全面,但也不乏真知灼见,点明了历史学派的方法论立场。然而,施穆勒的评论性回应明显有一种居高临下的傲慢姿态,门格尔当然不会就这样屈服于这种傲慢。

(3)门格尔的第二波攻击

1884年,门格尔又出版了一本小册子,名为《德国国民经济学中历史主义的错误》。在这本小册子中,门格尔收录了致"朋友"的十六封信,通过这些信的内容进一步阐明自己的方法论立场。门格尔在前言中直率表明,发表这些信件就是要批判"在科学上特别堕落的,并以极不耐心和无礼的方式维护德国政治经济学的历史主义","给那些不合格的,至少无故煽动的攻击以一个适当的回答"②。

门格尔认为,德国历史学派从最初就一直处于一种无根基的情况,把历史

---

① 转引自:陶永谊. 旷日持久的论战 [M]. 西安:陕西人民教育出版社,1992:54.
② 转引自:陶永谊. 旷日持久的论战 [M]. 西安:陕西人民教育出版社,1992:55.

与经济理论结合在一起的想法是错误的，使德国经济学愈发远离向更好方向发展的轨道。门格尔把德国历史学派的"对研究目标及方法的模糊"看作一种"缺陷"，认为这个缺陷"在这个学派一开始的论述中就明白无误地暴露出来，并且在几乎延续了五十年之久的发展过程中没有得到克服"[①]。

对于施穆勒说他是模仿者而非改革者，门格尔奋起反击："政治经济学的改革只能出自我们这些专业同行，这些为这门科学工作的人们。"[②]为了发展经济学，可以利用包括历史、心理等学科的成果，但是不能容忍历史学"侵犯"经济学。"历史学家像外国侵略者一样践踏了我们科学的土地，强加给我们他们的语言、他们的习惯、他们的方法和术语，这种状态必须结束了。必须把我们的科学本质中产生的问题和认识道路恢复名誉，把那些原则从他们的历史主义的倾向和历史主义的片面性中解放出来。"[③]言外之意是，历史学派是经济学的外行、侵略者，竟然自诩为经济学的改革者，把真正的内行说成是模仿者。

门格尔也意识到自己不应该过于在乎意气之争，所以他在小册子的前两封信中为自己的做法进行了辩解。他承认自己和施穆勒的争论已经不是纯科学的事情了，但这主要是施穆勒的原因。施穆勒是个科学争论中的"无礼貌的代表"，他对自己的评判有些是误解，有些则是恶意的曲解。如果在这时保持沉默就意味着对自己科学信念和事业的背叛，所以即使这是件让他感到"不舒服的事情"，他也只能投入其中。

门格尔认为，施穆勒坚持历史是经济学的描述性部分和理论的基础，只不过是表面的托词，实际上他是厌恶历史与理论之间实事求是的界限划分，他没有把前者只看作后者的辅助学科，而是片面夸大历史的意义。其实施穆勒眼中根本"没有政治经济学"，他把整个科学的范畴"头脚倒置"了。施穆勒及德国历史学派的做法不是借助历史建立经济理论，而是建立历史本身。他们纵情徜徉于他们的"微观史学"，甚至以其取代经济学，"这样，每

---

① 转引自：陶永谊. 旷日持久的论战 [M]. 西安：陕西人民教育出版社，1992：55.
② 转引自：陶永谊. 旷日持久的论战 [M]. 西安：陕西人民教育出版社，1992：55.
③ 转引自：陶永谊. 旷日持久的论战 [M]. 西安：陕西人民教育出版社，1992：55.

个审慎的人就不得不反对了"①。门格尔以轻蔑的态度嘲讽施穆勒提出的全面历史描述和统计研究是经济学发展到新阶段的基础的观点。他表示，如果按照施穆勒的研究计划，人们得先用几个世纪的时间来记录所有肉铺的肉价，"我们的国民经济学者至少也要开始按太阳系的年龄来计算，以便获得必要的近似的时间概念"②。

在小册子的结尾，门格尔写道："施穆勒用胜利者的口气，满怀满足之情结束了对我的著作的批判……我希望未来，不太遥远，是施穆勒结束了我的方法考察，或是我结束方法学家施穆勒。似乎迄今因我的考察而引起的方法论争暗示着，《柏林年鉴》的出版人过于匆忙地穿上了方法论战袍，为历史学派的吼狮帮了一个倒忙……但愿方法学家施穆勒在将来雄起起地在史普雷河中行进，抖动着鬃毛，举起爪子，理论认识般地打呵欠。只有稚童和傻瓜才会把他的方法论的事情当回事。透过他那有教养的面具上的大缝隙，不过可以看到一些求知欲，可惜也许是好奇心，还有快乐的、满足的、认识理论家的真正面孔。但是对我小小努力的补偿是，在德国国民经济学中，我不仅在一个方面做了件好事。"③

（4）施穆勒的公开信

小册子出版后，门格尔寄了一本给施穆勒编辑的"年鉴"。施穆勒毫不客气地退回了这本书，而且还以颜色，随退稿写了一篇简短的附言，并在"年鉴"上公开发表。

"尊敬的先生，我收到您打有封条的文章《德国国民经济学中历史主义的错误》……我要感谢您寄书给我，近来我从不同方面得知，此书基本上是对我的攻击。从看到这本书的第一页，就向我证实了这一点……对这些个人的攻击，特别当我不期待有关后者对我的新挑战时，我看也不看就扔进火炉或废纸篓。我从不试着用德国教授好斗的方式，用继续文字之战让我们的读者感到无聊……因此我把书退回并必须感谢您，并请求更好地利用此书，对

---

① 转引自：陶永谊. 旷日持久的论战 [M]. 西安：陕西人民教育出版社，1992：56-57.
② 转引自：陶永谊. 旷日持久的论战 [M]. 西安：陕西人民教育出版社，1992：57.
③ 转引自：陶永谊. 旷日持久的论战 [M]. 西安：陕西人民教育出版社，1992：57.

您的继续攻击我表示感谢。因为，有多少敌人，就有多少荣誉。请您接受我的保证。"[①]

就这样，这封公开信表面上结束了两个人之间的争论，但是德国学派和奥地利学派之间的论战并没结束。门格尔的明显带有泄愤情绪的小册子逐渐流传开之后，这场论战开始逐渐变得活泼又恶毒，在其后二十年中为经济思想史增加了大量恶感泛滥的文献。施穆勒编辑的"年鉴"直到1900年才刊载了许多相关的辩论文章。两派经济学家就理论的普遍性、经济学的历史维度、经验主义、方法论个人主义、抽象演绎等论题进行了激烈的论战。然而，虽然参与者众多，门格尔和施穆勒仍然是其中最具代表性的两个旗手。施穆勒在前述的直接冲突中并没有像门格尔一样进行经过长期准备的、全面系统的论述，只是针对性地点明主题和有限度地反驳指责。施穆勒的历史主义方法论是在后来出版的《国民经济、国民经济学及其方法》（1893）[②]一书中系统、全面地展现出来的。

5.2.2　评论：被后人误解的大论战

在一百多年后的今天，我们对方法论大论战的印象似乎已经定格成这样：经济学真正伟大的理论家彻底揭穿"反理论"的德国人的画皮，漂亮地赢得了最终的胜利。之后，大逆不道的德国历史主义者就逐渐式微，最终被扫入了历史的垃圾箱。然而，当我们走进那段历史去仔细品味这场大论战，却发现之前的印象不过是出于误解的错觉。

（1）双方并非水火不容

论战双方争论的焦点主要集中在一个问题上——演绎法和归纳法在经济学研究中的地位。门格尔一方坚持演绎法才能构建理论，而施穆勒一方强调归纳法才是王道。他们都没有（至少施穆勒和门格尔没有）彻底否定对方方法的价值。门格尔承认历史归纳有必要，施穆勒也从未忽视过演绎法的应用。准确地说，双方争论的是谁主谁辅的问题。1888年，庞巴维克就指出，论争双方只

---

① 转引自：陶永谊. 旷日持久的论战［M］. 西安：陕西人民教育出版社，1992：58.
② 这本书无疑也应该是大论战的一部分，但是因为其没有采用像门格尔的《方法论研究》那样的攻击性语言和逻辑，所以在前述的直接冲突中没有提到它。后文会有关于该书的引用和分析。

是强调的侧面不同，其实没有什么根本的分歧。①就像熊彼特说的，双方都在头脑中树立了一个论敌，但争论过程中慢慢发现"想象中的敌方堡垒"只是"好端端的风车"而已。②

双方都不仅承认对方某些观点的合理性，而且各自的表达也在不断修改和完善。施穆勒后来出版了能系统表达新历史学派方法论的专著，门格尔则更加注重理论的历史维度。尤其是，他"希望补充他的《经济学原理》（1871）……迫切地将《经济学原理》的应用仅仅限定在现代的交换经济之中"③。在完成这个工作之前，门格尔不许《经济学原理》第一版被重印或翻译。由于要专心修订书稿（这至少是很大一部分原因），门格尔辞去了在维也纳大学的教职。经他修订补充后的《经济学原理》在他逝世后的1923年出版。④

大论战由门格尔和施穆勒开始，但他们之间的对峙并没有在大论战中一直持续。施穆勒在回复了门格尔的小册子之后就有意避免用激烈的辩论口吻来阐述方法论主张；门格尔在立场上也逐渐软化。1908年，门格尔赞许社会政策协会上提出的停止论战并转向大规模民俗研究的倡议，并在讨论瓦古那提出的社会政策时与施穆勒共同进退。其实，早在1897年，对于布兰达德和迪采尔关于农业国与工业国的言论，两人的立场就已经很相近了。⑤

（2）双方在争论中都带有非理性情绪

双方都在没完全理解对方立场的情况下就匆匆披上了战袍。首先发难的门格尔把德国历史学派的方法论仅仅归结为类比，并指责他们有入侵所有理论研究的野心。这肯定不是准确的解读。只能说，门格尔对德国经济学的印象明显停留在旧历史学派的时代。面对门格尔的发难，施穆勒最初的态度也不冷静，还没深入思考门格尔提出的问题就轻率反击。这种情形多少有些"意气之争"的味道。

---

① 转引自：陶永谊. 旷日持久的论战 [M]. 西安：陕西人民教育出版社，1992：66.
② 熊彼特. 经济分析史（第三卷）[M]. 朱泱，等，译. 北京：商务印书馆，1995：97.
③ POLANYI, KARL. The Livelihood of Man [M]. ed. by Harry W. Pearson. NY: Academic Press, 1977：22.
④ 哈耶克1933年在德国重印该书时仍然采用了第一版，英文翻译版本也只有第一版，所以现代经济学者几乎都不知道有修订的版本。
⑤ 转引自：陶永谊. 旷日持久的论战 [M]. 西安：陕西人民教育出版社，1992：66.

其实，大论战背后确实有较强烈的感情色彩。之前，同是德语语系的奥地利在社会科学领域中主要依附于德意志，德国教授们一向不大看重奥地利学者，总是与英法的古典政治经济学直接对话。自从门格尔崭露头角后，奥地利开始逐渐形成新的经济学派，这个新学派的雏形兼采德国和英法经济学两家之言，而且相对于德国传统来说更靠近个人主义和自由主义的英法传统，对长期在德语经济学界占统治地位的德国历史学派的抵触情绪逐渐加深。门格尔的论著被德国学界冷落了十几年，心中难免有愤懑之情，向德国历史学派猛烈攻击也包含了对这种愤懑的发泄。施穆勒在面对这个自己本没在意的奥地利人的攻击时，则显得过于傲慢，而这种傲慢更加激发了这场"意气之争"，使之走向深入。所以，熊彼特对大论战的总体评价是"浪费精力"，而这些精力"本来是应该更好地加以利用的"①。

（3）门格尔不是胜利者

虽然主流学界一直把方法论大论战的胜利者桂冠戴在门格尔头上，但历史研究显示出的结论并非如此。在当时以及之后很长一段时间，门格尔并不被看作胜利者。同为奥地利学派早期代表的庞巴维克认为，以双方分歧程度来说无须大动干戈，呼吁双方开展合作。②其他诸如熊彼特等人基本也持相同的看法。马歇尔当时也没支持门格尔一方。1885年，他在出任剑桥大学政治经济学教授的就职演讲中旗帜鲜明地支持了历史学派。马歇尔的态度可以有力地证明：门格尔的攻击不足以击败德国历史学派。马歇尔于1924年逝世，在他去世几年之后，有关门格尔在大论战中胜利的历史描述才开始流传开来。在这些描述中，德国历史学派成为彻头彻尾的失败者，并被戴上了"反理论"的高帽子。

准确地说，在这场大论战中，没有哪一方是最终的胜利者。从经济学方法论的角度来看，门格尔1883年发起的批判，主要目的在于建立以下三个针对德国历史学派的论点：第一，以天真经验主义为基础的归纳法不可能构建理

① 熊彼特. 经济分析史（第三卷）[M]. 朱泱，等，译. 北京：商务印书馆，1995：96.
② BÖHM-BAWERK, The Historical versus the Deductive Method in Political Economy [J]. Annals of the American Academy of Political and Social Science, 1890 October, 1: 244-271.

论；第二，假定已知目的和偏好的个人比群体或国家更适合作为经济分析的基本出发点；第三，经济学理论的构建不需要在追求"一般性"的同时包含历史维度。

现代主流经济学者普遍全盘接受这三个论点，所以大家都下意识地认定门格尔一方取得了全面胜利，但事实却大相径庭。

应该承认的是，第一个论点是有说服力的。虽然施穆勒代表的新历史学派算不上是这个论点针对的对象，但鉴于当时的门格尔不可能像一百多年后的我们一样明确划分新旧历史学派，所以仍然要肯定他这条批判的准确有效。而且门格尔的相关论证非常清晰有力，令人信服。

第二个论点则不像第一个那样充分成立。门格尔在论证中强调必须把现实分解，他提出："理论研究……试图确认每一个真实存在的最简单的元素，这些元素正因为它们是最简单的，所以必须被看作是最典型的。"① "最简单的"等同于"最典型的"这个论证明显缺乏说服力。之后他提出关于货币的例证更显然是失败的，因为它无法使人相信仅从"个人"出发就可以解释货币的出现和发展。

第三个论点更有问题，是门格尔全部论证中最薄弱的环节。在这个问题上，他原本以为自己对个人主义以及理论"一般性"的论证已经足以扫除历史维度。但事实是，经过多年的、大量的争论之后，门格尔一方不仅没有成功，他本人还反而被德国人在一定程度上说服了，否则也不会在晚年去修订补充自己的代表作。

也许不太恰当，但如果把大论战比喻成一场三局制的排球赛，那么可以马上宣布门格尔以一比二输掉了全场。第一局，门格尔取得了压倒性的优势；第二局，在双方都表现不佳的情况下，最后门格尔以微弱分差失利②；第三局，门格尔输得一塌糊涂。

---

① MENGER. Problems of Economics and Sociology [M]. Urbana: University of Illinois Press, 1963: 60.
② 施穆勒在后来出版的《国民经济、国民经济学及其方法》和《一般国民经济学大纲》中成功打击了门格尔提倡的方法论个人主义。(SCHMOLLER. Grundriβ Der Allgemeinen Volkswirtschaftslehre (Erster, Größerer Teil) [M]. Leipzig: Duncker und Humblot, 1901: 107-110.)

（4）意义重大的大论战在经济思想史中被轻视

19世纪七八十年代被现代主流经济思想史称为"边际革命"时期，然而，必须严肃地指出，"边际革命"只是主流继承者们出于"家谱学"需要而强加给历史的术语。①冠以革命之名只不过是因为新古典理论形成并开始取代古典理论。这充其量算是"盎格鲁-撒克逊"经济学的内部政变。从当时整个经济学领域来看，大论战的重要性和影响力都超过了这场政变。

稍微查阅一下历史文献就可以发现，如果问生活在19世纪70年代到20世纪10年代期间的任何一位有成绩的经济学者：当时经济学理论界的时代性标志事件是什么？那么十有八九会回答：德奥之间的方法论争论。因此，也许应该重新定义一下那个时代，"大论战"比"边际革命"更能代表当时经济学的整体时代特征。

顺便提一下，门格尔一向被塑造为"边际革命"的领袖之一，但他的理论主张和起到的作用明显不同于杰文斯、瓦尔拉斯以及马歇尔，实际上这几个人之间几乎没什么关联。作为德语教育背景的学者，门格尔在价值理论上提出的很多洞见，都属于对德国已有观点的深入——是继承发展而不是背道而驰。②

总的来说，声势浩荡的方法论大论战现在已经被主流经济学掩盖起来了，偶尔露出的一角也是面目全非。让我们再重温一下大论战的焦点话题吧。现实中确实存在单纯的演绎或单纯的归纳吗？当然没有！它们都只是头脑创造出的纯粹逻辑概念而已。人不可能像摄像机一样进行无思考的机械观察，也不可能让大脑进行无加工材料的思考。所有的归纳都渗透着演绎，所有的演绎都扎根于归纳，二者从来没有优劣之分，因为它们实际上是一体的。其实，演绎归纳之争背后隐藏着信念的冲突：抛开历史维度追求"普适性"经济理论可行与否，即经济学是否可以模仿物理学来构建理论。这涉及经济学方法论的根本问

---

① 根据JSTOR数据库，在1950年以前的权威经济学英文期刊上几乎没出现过"边际革命"这个词。有理由相信，这一术语是1945年后重新写就的经济思想史的一部分。

② PRIDDAT, Theory of Subjective Value in German National Economics［J］. International Journal of Social Economics，1998，25（9）：1509-1519.

题——经济学学科性质。从深层次来看，大论战是一场关于经济学学科性质的思想争鸣。

深入挖掘大论战的思想遗产对如今的经济学发展有非常重要的意义。在论战之后，当时的著名经济学者大多都明确地意识到，单一追求"普适性"虽然是一种美好希冀，但现实决定了它不可能实现，历史维度在经济理论中是不可或缺的。这个潜在共识的基本形成是经济学发展过程中的重要进步。后来的经济学如果在这个基础上继续前进，现代经济学前沿一定是另一个样子。可惜随着德国历史学派在战火硝烟中戛然远去，刚刚形成的尚未稳固的基础被幸运得到胜利果实的人悄悄颠覆了。第二次世界大战后重新写就的经济思想史隐去了真正重大的事实，成了"盎格鲁-撒克逊"经济学的"家谱"。

5.2.3　新历史学派的方法论

（1）基本立场：历史–伦理方法

与旧历史学派一样，新历史学派也强调"国民经济学"，这反映了他们同古典以及边际学派在对经济的关注角度上的根本不同。施穆勒从历史的角度区分了"经济"和"国民经济"这两个概念。"经济"是一个宏大的概念集，而"国民经济"则是在中世纪之后随着强大国民国家的出现而产生的。它是"包含相互依存的个别经济和国家财政经济等团体经济的"、不可分割的"统一整体"。[①]施穆勒对凯尔恩斯等"抽象派"提出的各种经济学分类方式的评价是"形同儿戏"，只不过是对未来的"毫无价值的票据"。以施穆勒为代表的德国新历史学派经济学方法论的基本立场是"历史–伦理"方法。他们认为，具有普遍或一般性的国民经济学是"哲学、社会学性质的东西"，是"关于社会本质、经济生活及行为等一般原因的论述……更接近于伦理及历史哲学的研究"。[②]他们强调的是历史的和伦理的理论及方法基础在经济学研究中的必

---

① 施穆勒. 国民经济、国民经济学及其方法（日文）[M]. 户田武雄，译. 东京：有斐阁，昭和13年（1938）：7.
② 施穆勒. 国民经济、国民经济学及其方法（日文）[M]. 户田武雄，译. 东京：有斐阁，昭和13年（1938）：15.

然性。

所谓"历史的方法"，简单来说就是历史归纳比较法。第一，它是指"史料的研究，确定各种传说，其中也包括整理和批评的方法"①；第二，它是指"比较同一现象和相似现象，引出同一性、差别性和类似性"②。施穆勒是这样具体描述历史方法的，"集中了大量的普遍现象，在适当的范围内进行凝缩。随着时空的形态及变化程度和历史的结果来描绘示意图，投影出比较国民经济诸现象的区别性思维，对诸现象的概念进行统一体系的整理和分类"③。

施穆勒认为，历史方法是国民经济学理论研究中必须使用的基础方法。首先，历史是"精神诸科学的中心"，它与诸精神科学相互丰富达到了"最大的重要性"。历史和哲学是并列的，"作为国民经济学被仔细考察、研究和提供观察材料的辅助科学"④。在复杂的国民经济现象中，历史为理论研究提供了广阔的空间。研究者从历史中获得经验材料，以这些经验材料为基础，提出新的理论构想，证明理论的适用范围，等等。其次，研究者本身的现实观察是非常不充分的，历史的研究无可替代。历史提供给我们的经验养分要远远超过研究者自己的所见所闻所感。而且，有很多重要的国民经济过程要经历相当长的、超出一个人生命时限的过程，对它们的研究只能植根于充分历史理解的基础上。再次，在经济学中很难通过受控实验进行比较研究，只能依赖于历史归纳基础上的比较，通过历史比较逐渐认识现象背后更深层的因果关系，把握社会及经济运动的变化及其概然性。

所谓"伦理的方法"，是指"从所有风俗习惯的价值判断出发，即从人

---

① 施穆勒. 国民经济、国民经济学及其方法（日文）[M]. 户田武雄，译. 东京：有斐阁，昭和13年（1938）：100.
② 施穆勒. 国民经济、国民经济学及其方法（日文）[M]. 户田武雄，译. 东京：有斐阁，昭和13年（1938）：102.
③ 施穆勒. 国民经济、国民经济学及其方法（日文）[M]. 户田武雄，译. 东京：有斐阁，昭和13年（1938）：93.
④ 施穆勒. 国民经济、国民经济学及其方法（日文）[M]. 户田武雄，译. 东京：有斐阁，昭和13年（1938）：93.

类生活的全部内容和全部目的以及感情、观念等出发"①来认知我们所身处的社会。施穆勒把"道德体系"与物理学置于同等高度，认为它是启蒙运动以来形成的新的"世界说明哲学"。施穆勒在论述"道德体系"时大量运用了经济、社会、心理学等事实材料，论证"道德体系"既体现欲求、风俗习惯、道德等的规范，又以这些为目的来进行价值判断。他的用意是把世界看作一个统一体来把握，从统一的出发点、用全体的方式来说明人类生活的目的。②

施穆勒认为，伦理体系经过与此相关的目的论的观察的发展，以及各种世界观的观察的发展，会逐渐寻求在一种更高的发展过程中得到统一，从而逐渐树立起相似的目的设定和价值判断。在这个走向统一的过程中，对自然的认识、对历史的认识以及对心理学的认识使各种伦理体系相互融合。施穆勒为这个发展过程设定了一个原理，即"最终的理想要朝着善的意志、本分的方向行动"③。善的意志、本分的方向指的是自由、正义、平等及进步的理念，社会秩序理念，为整体而牺牲的理念等，这些目的的任何一个都不能被极端的单方面放大，必须相辅相成地存在。

（2）在推崇归纳法的同时重视演绎法

以施穆勒为代表的德国新历史学派在对待归纳法和演绎法的态度上，并不像大论战中的很多学者所说的那样，极力强调归纳而排除所有演绎。施穆勒也很强调演绎法的重要性，他说："几年来，如同研究恰是左脚还是右脚走路一样，我对归纳和演绎采用平等的科学思考。我们即使具有一切真理，而且精神的世界，历史、社会的世界，像自然现象那样没有变化，我们也要强调演绎的程序。"④

---

① 施穆勒. 国民经济、国民经济学及其方法（日文）[M]. 户田武雄，译. 东京：有斐阁，昭和13年（1938）：29.
② 后来在与韦伯等人争论价值判断问题时，施穆勒又进一步增加了自己的论述，后文会详加分析。
③ 施穆勒. 国民经济、国民经济学及其方法（日文）[M]. 户田武雄，译. 东京：有斐阁，昭和13年（1938）：32.
④ 施穆勒. 国民经济、国民经济学及其方法（日文）[M]. 户田武雄，译. 东京：有斐阁，昭和13年（1938）：135-136.

施穆勒的观点是，归纳和演绎都很重要，但是他更强调归纳。他认为，归纳法是"从每个事物出发，从观察出发，说明它加入其中的被观察的事物，有一部分现象在被观察的场合是真实的事物，从而要说明它是真实的规律"[①]。而演绎是在归纳的基础上产生的，"根据归纳在有关因果关系上运用规律时，按照归纳和同一冲动、同一信仰、同一悟性的愿望，建立了演绎"[②]。演绎也很重要，问题是重要到什么程度。"抽象派"提出的把现象分解进行个别部分观察的"隔离方法"也有其正确之处，但要想在实际运用中有效果必须是在一个很理想的状态下。[③]有的学者认为政治经济学是如同几何学那样的演绎性的科学理论，施穆勒视其为"自我满足的骄傲自大"。

施穆勒的论述是结合经济思想和学说史做出的。他认为，国民经济学产生之初的 18 世纪上半期，对经济现象的认识本质上源于经验归纳；1750 年至 1800 年，经济学作为一种演绎的学说体系出现了；到 19 世纪上半期，穆勒及凯尔恩斯等人从方法论的高度把演绎法确定为国民经济学的"官方"方法；从 19 世纪中期开始，国民经济的实践发生了激烈的变化，国民经济学的更新也就更加紧迫，人们在现实中逐渐感受到那些旧教条的错漏之处，于是历史学派走上前台与旧的方法进行斗争，要求正确地运用归纳和演绎。

施穆勒认为归纳和演绎是密不可分的。任何科学的进步都要依赖于这两种方法的混合运用，只不过在不同的领域和阶段对二者有所偏重而已。他之所以在总体上强调以归纳为主，最主要的原因就是经济学还处在一个很幼稚的发展阶段。所以，虽然施穆勒及其他新历史学派学者继承了旧历史学派的经验主义立场，但他们的经验主义并不天真。

---

① 施穆勒. 国民经济、国民经济学及其方法（日文）[M]. 户田武雄，译. 东京：有斐阁，昭和 13 年（1938）：134.
② 施穆勒. 国民经济、国民经济学及其方法（日文）[M]. 户田武雄，译. 东京：有斐阁，昭和 13 年（1938）：135.
③ SCHMOLLER. Grundriβ Der Allgemeinen Volkswirtschaftslehre [M]. Leipzig: Duncker und Humblot，1901：102.

5.3 "价值判断"之争与新新历史学派

5.3.1 韦伯与施穆勒的争论

20世纪初，在德奥两派之间的方法论大论战走向尾声的时候，德国历史学派内部爆发了一场"价值判断之争"。与大论战相似的是，施穆勒仍然是论战其中一方的主要代表，而且是被攻击而应战的一方。在这场论战的过程中，新新历史学派逐渐取代新历史学派占据了德国经济学的主流。

价值判断问题很早就被经济学方法论者所关注。西尼尔最早通过科学与艺术的划分把经济学与价值判断分离；穆勒继承这种划分并更加明确地加以区别；西奇威克在此基础上提出了区分科学与艺术的简明标准；老凯恩斯提出了实证与规范科学的区分，认为理论经济学属于实证科学，仍然坚持其不涉及价值判断。而德国的经济学传统认为伦理和经济很难分离，所以经济学和价值判断是分不开的。

虽然早就被注意到，但价值判断问题并没有得到经济学家们的重视，一般都是在论述其他问题时被顺便说明一下。直到德奥大论战快结束的时候，一些经济学家才意识到，价值判断问题也许才是深刻分歧更早的裂痕。

（1）韦伯的主题：经济学的"客观性"

"价值判断"之争最初掀起的标志是韦伯在1904年发表《社会科学与社会政策中的"客观性"》。文章表达了韦伯的方法论观点，使人们从一个新的角度认识之前的大论战，更加清楚地意识到一个长期被大家忽视的、更加基础性的问题——价值判断，从而激发了新的争论。

韦伯对德国历史学派和奥地利学派之间大论战的态度是：双方都有需要反省的错误。他既反对门格尔他们主张的理论的抽象演绎绝对化倾向，也反对施穆勒等人坚持的相对主义立场。韦伯认为，经济学最初成为一个专门的研究领域，是出于直接、朴素的目的——制定经济政策，所以那时的经济学与临床医学相似，更多的是一门"技术"。然而，随着经济学的发展，其性质逐渐发生了改变，在注重技术性的同时"客观性"也不断增强。这种演变过程实际就是一个逻辑区分过程：把阐述"是什么"的"现存的知识"和分辨"应该是什么"的"规范的知识"区分开。古典经济学以及边际主义的"自然法"观念和德国历史学派的伦理进化观念都对这个逻辑区分过程产生了阻碍。相比较来看，历史学派的阻碍效果更加明显。

韦伯着重批判了施穆勒等人在经济学研究中把伦理进化论和历史相对论结合在一起，强烈反对其从特定经济观念中得出价值判断的习惯做法。他指出，把科学与政策广泛混淆是施穆勒等人的最根本错误，是科学领域最具破坏性的特征。研究者可以把自己的个人立场引入讨论，但是"在进行评价和行动的个人开始谈话时，研究人员要保持沉默"①。这是因为我们要尽力维护包括经济学在内的社会科学的"客观性"。经济学的客观性基于社会经济最基本的一个因果关系：要满足需求必须付出代价。人的需求的满足无时无刻都同手段的数量和质量限制相冲突。经济学就是对手段短缺这个基本现象进行分析说明的理论学科。施穆勒等人的做法是通过把文化价值观结合进伦理领域而给出伦理规范的"实质内容"，从而把经济学提高到具有经验基础的"伦理科学"的地位。这样做得到的伦理格言虽然消除了伦理指令的特定内容，包含了所有可能的文化观念，但它们并没有增加这些观念的"客观有效性"。

韦伯并不是要完全把价值判断作为主观的"理想"从科学讨论中排除掉。韦伯认为所有社会科学的重要任务之一就是合理解释人们的"理想"，但是在这个解释过程中所使用的方法只能是"感情移入式"的分析和批判性的判断。韦伯把价值判断区分为最终价值标准和具体价值判断。最终价值判断是人们为保持思想与行为的逻辑一致而事先确定的，涉及意志和良心而不涉及经验知识。最终价值判断给出生命的意义，决定着人们的行为。人们在相信这个价值观正确的基础上接受它、奉行它，但是判断最终价值正确与否的任务不可能由

---

① WEBER. Max Weber on the Methodology of the Social Sciences [C]. Glencoe IL: Free Press, 1949: 60.

经验科学来承担，那是"信仰"的事情。人不可能从对世界的分析中总结出它们的意义。韦伯指出，规范价值标准必然是有争议和冲突的，种种冲突不仅是由不同的利益决定的，对世界认知的不一致也是冲突的根源。因而，"以普遍有效的最终价值判断的形式建立实际问题的最小公分母，肯定不是社会科学的任务"①。这种事脱离实际，没什么意义，因为有些分歧是不可能消除的，比如关于具体的目标、文化形式和价值观的争论，关于伦理规范有效性的争论，关于以有效性来对经验现实排序的争论等。

韦伯认为施穆勒等讲坛社会主义者的信仰调和论，即企图把各党派的观点调和或折中得出科学有效的实际规范，是一种欺骗——既自欺也欺人。这种用相对主义装饰出来的观点有很大的迷惑性，会给经济学的健康发展带来比门格尔等人那种天真地相信他们的教条具有科学的"可证实性"的学术派别更大的破坏，有更大的危害性。所以，必须同施穆勒等人这种把科学和政策广泛混淆的做法进行"不懈的斗争"。

（2）施穆勒固守的阵地：经济学是伦理科学

在受到韦伯等人的猛烈抨击之后，施穆勒出于反驳的目的，于1911年重修《国民经济、国民经济学及其方法》，专门增加了"目的论的观察和伦理价值判断"一节，深入阐明伦理经济学的立场。

在新增的一节中，施穆勒强调，目的论的观察主要是针对门格尔等人强调的因果观察而提出的。原因和目的都是支配人类意识和行为的因素，二者是互相补充的。"目的论的判断是作为推测、假设、希望及概念性被表现出来的"②，它根源于人的理想、追求及价值观，因为"精神的世界就是价值的世界。一切精神科学显示出了三个特征，即价值规律、目的规定和意志活动"③。旧的宗教道德体系以及经济学等理论都渗透着目的、理想和价值判断。所有认

---

① WEBER. Max Weber on the Methodology of the Social Sciences [C]. Glencoe IL: Free Press, 1949: 57.
② 施穆勒. 国民经济、国民经济学及其方法（日文）[M]. 户田武雄，译. 东京：有斐阁，昭和13年（1938）：169.
③ 施穆勒. 国民经济、国民经济学及其方法（日文）[M]. 户田武雄，译. 东京：有斐阁，昭和13年（1938）：171.

知行为的最终目的都是指向实践的，意念常常先行于理智。

施穆勒不同意韦伯和桑巴特提出的要在科学讨论中尽量屏蔽价值判断的观点。他指出，价值判断虽然带有强烈主观色彩，但"还有与主观价值判断相对应的客观价值判断"，在客观价值判断中，"不仅有个别人或学者的看法，而且巨大的共同体、民族、时代和整个文化社会都参与其中了"。[①]

施穆勒认为，多种多样的价值判断来自与人的所有精神生活都相关的各种价值感情，这些感情经常出错，所以并不总是促进生活，在作用于观察和思维的实践中提升为价值判断。虽然价值感情和价值判断都会出错，"但是，随着文化发展及所有宗教、所有科学工作、所有风俗、所有法律工作的完善，价值感情及价值判断在生活领域中逐渐精炼起来，成为促进生活及社会正常化的指导者"[②]。因而，这两者构成了所有生活领域中根本性的支配力量。

人类社会展现出多方面的价值，如法律的、政治的、审美的、经济的以及科学的价值等，各种价值交织在一起互相影响，它们的总和即是人类文化价值。这个价值整体的中心点是"习俗上的价值"，它意味着"为获得完整、协调的生活目的而努力"。[③]其中一部分会成为指导人的行为的社会规范，但更大的一部分保留于人们的内心。各个时代的义务、道德、习俗都具有目的性的"善"。所谓善，就是根据习俗价值判断的要求和现实情境来整体上促进行为人群的生活，包括个人、家族、团体、国家，甚至人类整体。所处阶段、个人特征等方面的差别都无碍于人们得出某些"伟大并且是最终的""达到最高的理想"[④]的共同命题，"在根本问题上不排除有共同的习俗价值判断"[⑤]，如自主、友善、谦虚、责任等。"对于最为重要的实践性价值判断，作为同一民族、同

---

① 施穆勒. 国民经济、国民经济学及其方法（日文）[M]. 户田武雄，译. 东京：有斐阁，昭和13年（1938）：174.
② 施穆勒. 国民经济、国民经济学及其方法（日文）[M]. 户田武雄，译. 东京：有斐阁，昭和13年（1938）：174-175.
③ 施穆勒. 国民经济、国民经济学及其方法（日文）[M]. 户田武雄，译. 东京：有斐阁，昭和13年（1938）：175.
④ 施穆勒. 国民经济、国民经济学及其方法（日文）[M]. 户田武雄，译. 东京：有斐阁，昭和13年（1938）：177.
⑤ 施穆勒. 国民经济、国民经济学及其方法（日文）[M]. 户田武雄，译. 东京：有斐阁，昭和13年（1938）：179.

一文化时代的善良、高尚的标准，人们至少是一致的。"①

因此，施穆勒坚决反对把包括经济学在内的社会科学与价值判断分离的主张。他极力表明价值判断是社会科学中不可或缺的方面，并且坚信"伦理学正逐渐成为经验科学，因此，习俗判断也与其他经验的知识相等"②。施穆勒认为，所有涉及国民、家庭、企业及个人的经济事务都无法回避伦理问题。如果硬要把对这些问题的讨论分成无涉价值判断的理论讨论和有关价值判断的政治讨论，结果只能是造成"没能脱离关系的分裂"③。他指出，经济学家确实要有客观的研究态度，但这不意味着把价值判断从科学讨论中完全除去，只拜托政治家去把握。这种主张是"低层次的"。客观的态度指的是"必须从自己的个人理想中摆脱出来，必须同样地客观对待作为原因发现的，在风俗目的和习俗判断中的其他目的、理想等"④。经济学家没必要抛弃所有关于理想及应该怎样的论述，这其实是"废弃最有魅力最为重要的讨论"⑤，但是必须明确习俗或价值判断适用的边界。经济学家在发表研究成果时要尽可能清晰地阐明其价值判断，这比韦伯主张的"保持沉默"更加有益，不过在这个过程中他必须意识到自己的理想只是众多的理想之一，没有优先意义。

施穆勒抱怨韦伯是在误解的基础上发动了针对自己的攻击，自己的方法论主张不是韦伯所理解的那种"欺骗"。自己把国民经济学称为伦理科学，并不意味着自己主张把经济学与伦理学混合在一起。倒是韦伯的方法论立场有不小的问题，他要在习俗理想世界里生硬地插满"技术性–经济性的事物"，自己是"不能忍受"和"无法苟同"这种"伦理动机主义"的。施穆勒敏锐地反击道，如果韦伯真的恪守他在《社会科学与社会政策中的"客观性"》一文中表

---

① 施穆勒. 国民经济、国民经济学及其方法（日文）[M]. 户田武雄，译. 东京：有斐阁，昭和13年（1938）：179.
② 施穆勒. 国民经济、国民经济学及其方法（日文）[M]. 户田武雄，译. 东京：有斐阁，昭和13年（1938）：180.
③ 施穆勒. 国民经济、国民经济学及其方法（日文）[M]. 户田武雄，译. 东京：有斐阁，昭和13年（1938）：181.
④ 施穆勒. 国民经济、国民经济学及其方法（日文）[M]. 户田武雄，译. 东京：有斐阁，昭和13年（1938）：181–182.
⑤ 施穆勒. 国民经济、国民经济学及其方法（日文）[M]. 户田武雄，译. 东京：有斐阁，昭和13年（1938）：183.

明的方法论立场，尽力切割经济与伦理价值判断的话，又怎么会写出《新教伦理与资本主义精神》这样的著作呢？

（3）韦伯针锋相对：经济学研究的"伦理中立"

1917年，韦伯又发表了一篇名为《在社会学和经济学中"伦理中立"的含义》的文章，继续批判施穆勒等讲坛社会主义者的论点，并且根据施穆勒等人的反驳对自己的批判角度做了一些调整，进一步把他的方法论立场概括为"伦理中立"。

对于施穆勒的不应在社会科学讨论中排除价值判断，研究者要直言自己价值判断的说法，韦伯没有再像上次那样简单地断言要"保持沉默"。他承认讨论价值判断有其作用，如建立和解释最终的、内部一致的价值定理；基于一些必要的价值定理进行"含义"的演绎；明确评价的实际效果等。韦伯认为，是否排除价值判断取决于是否具备开明的社会条件，即学术领域里的各种偏好都有公平地论证其有效性的机会。价值判断不是不能进入经济学或社会科学的讨论，但是能进入的前提是要允许各种价值立场的自由发声。如果这个前提达不到，有些价值立场被噤声，那任何一个经济学家都应该像他以前说的那样对价值判断"保持沉默"。

韦伯把自己的观点引申到教学中，就是"即使一位老师并不认为他应该拒绝做了价值判断的权力，他也应该使价值判断对于学生和他自己都绝对的明确"[①]，以此来批评施穆勒等人总是在教学中掺杂政治评价，在众多政治偏好中把其中一种视为唯一正确的做法。韦伯认为，学生从老师的讲授中接受的东西不外乎三种："（1）以熟练的方式完成给定的任务；（2）明确地承认事实，甚至那些使个人感到不舒服的事实，并把它们与自己的估价分开；（3）使自己服从任务的要求，并压抑显示个人嗜好和其他不必要情感的冲动。"[②]施穆勒他们的做法显然逾矩了。韦伯讽刺他们把"国家元首或改革者的元帅权"装进

---

① WEBER. Max Weber on the Methodology of the Social Sciences [C]. Glencoe IL: Free Press, 1949: 10.
② WEBER. Max Weber on the Methodology of the Social Sciences [C]. Glencoe IL: Free Press, 1949: 5.

自己的皮包，把学校变成了一种"神学院"。

韦伯指出，施穆勒等人犯的错误是把经验事实和自身评价这两种不同逻辑类型的命题看成一致的。规范命令的有效性和经验命题真实价值的有效性是不一样的，"这两种东西在逻辑上是不同的，而且把他们作为同样的东西处理是完全混淆了不同性质的问题"①。施穆勒断言各种价值判断会在发展中趋同，即经验性的"伦理科学"趋向于统一的价值判断。这是韦伯着重反对的观点。首先，他反对科学会满足于一种被广泛接受的价值判断的自明性，因为科学必须"对传统上自明的东西提出疑问"②。学者研究信仰对经济生活的影响，并不意味着本人就要虔诚信奉这些信仰。其次，价值判断必然是无法完全统一的。比如，能力强的人应该占有更多财富，或背负更大责任，或被赋予更多机会吗？这样的问题不可能有一个终极答案。而大部分社会政治经济领域的价值判断问题就是这样的问题。

韦伯反对施穆勒把伦理规则与"文化价值"等同，他认为它们是不同的价值领域。韦伯指出："从某些观点来看，'文化价值'是'强制性的'，它们甚至与每一种形式的伦理观都处于不可避免和无法调和的冲突之中，同样，某种伦理观也完全可能不带任何内在矛盾地否认所有的文化价值。"③

韦伯认为，经验科学是非评价性的。虽然社会科学的研究方向是在对现象的价值相关性排序的基础上确定的，但价值相关不涉及"实用的评价"，只涉及对"利益"的哲学解释，并决定假定的选择和经验分析的问题。实用的评价只是给经验科学工作的方向指南。在现实生活中，每个新的现实事物都可能重新调整目标和手段的关系以及目标和结果的关系。然而，"这种调整是否应该发生，以及从那里得出的结论应该是什么，都不是经验科学所能回答的——事

---

① WEBER. Max Weber on the Methodology of the Social Sciences [C]. Glencoe IL: Free Press, 1949: 11.
② WEBER. Max Weber on the Methodology of the Social Sciences [C]. Glencoe IL: Free Press, 1949: 13.
③ WEBER. Max Weber on the Methodology of the Social Sciences [C]. Glencoe IL: Free Press, 1949: 15.

实上它不可能由任何科学所回答"①。韦伯指责施穆勒等人，说他们总是热衷于进行社会经济现象的价值判断——政治的、文化的，甚至美学上的评价，可是对因果关系的分析却几乎停滞不前。

后来，虽然施穆勒和韦伯相继去世，但价值判断之争一直没有平息，直到桑巴特的《三种经济学》问世，才在形式上终结了争论。然而，直到今天，还是一直有经济学家不时就这个问题发表看法，过去的话题不断被重复。价值判断在经济学中的地位至今仍然是困扰经济学家的一个基本问题。

5.3.2 评论：经济学的终极难题

对于价值判断之争，从各种主流经济思想史教材中我们可以得出这样的总体印象：在这场德国经济学的内部分裂中，弃暗投明的韦伯等人主张把价值判断与科学追求相分离，给了反理论的德国人沉重一击，成为"压垮骆驼的最后一根稻草"，彻底瓦解了德国经济学领域的学术反动。这种已经形成的"官方"看法有两个巧妙的误导：第一，把拥有世界影响力的韦伯等人"摘出"了德国历史学派的阵营；第二，坐实了历史主义者的反理论罪状。

事实却不是如此。韦伯、桑巴特、斯皮索夫……他们都是德国历史学派不折不扣的新一代传人，在前辈的基础上，把构建融入历史维度的经济理论的事业全面推向了顶峰。价值判断之争与其说是历史学派内部的分裂，不如说是以韦伯等为代表的新新历史学派对以施穆勒为代表的新历史学派进行扬弃的现实表现。他们的工作起到的作用是发展完善，而不是摧毁。

在主流经济思想史的叙事体系中，价值判断之争并不占多大分量。这种轻视可能出于两个动机：第一，虚化德国历史学派在历史上留下的思想印痕；第二，"价值判断"问题实在太让人头疼。

价值判断和经济学的关系确实是个难题。虽然施穆勒和韦伯两位旗手都在论战初期去世，但回顾文献可以发现两人有一个共识：经济学不可能脱离价值判断成为"纯粹的科学"。分歧在于：韦伯认为研究者本人应该在构建理论的

---

① WEBER. Max Weber on the Methodology of the Social Sciences [C]. Glencoe IL: Free Press, 1949: 23.

过程中尽量追求价值判断上的中立性，批评施穆勒等人总是不愿尽量站在中立立场；施穆勒并未直接否定追求中立的诉求，但是对其可行性表示否定。

两位旗手之间的分歧点基本定下了整场论战的基调，后来的战火也并没烧出这个范围。总体梳理一下论战各方的言论，会发现一个很有趣的现象。站在韦伯一方，坚持经济学应该保持实证性的学者们，在这场方法论争论中总是在做规范陈述，强调应该保持价值中立；而另一方，拥护施穆勒的那些坚持经济学规范特征的学者们，却总是在进行事实陈述，实证性地描述每个经济学基本命题都包含价值判断。

造成这一现象的原因很简单——双方都没有去探究更深入的问题：为什么经济学深受价值判断的包围？没进一步提出问题导致论战出现这样的局面：韦伯一方总是强调保持价值中立的必要性，却避而不谈实现它的可能性；施穆勒一方列举了种种价值判断布满经济学（社会科学）各处的事实，而没看到它更深刻的存在基础。

疑惑于经济学摆脱不掉价值判断，背后的潜台词就是：经济学为什么不能像自然科学那样不涉及价值判断？现实中，尽管主流学者们尽力从形式上模仿，但经济学确实仍与自然科学存在着巨大差异。差异的根源在哪里？把握这个问题的关键还是在于对经济理论历史维度的理解上。

理论的意义在于获得对现象集合的有效统一性解释。相比于人类社会现象，自然现象在价值判断上要更简单。与其说自然科学不涉及价值判断，不如说人类对自身以外的自然界的价值判断是基本一致的，对自然现象进行简化抽象获得统一性解释的过程就不会消解每个自然现象个体的特殊性价值。因此，可以在一个非常大的现象集合区间中保证统一性解释的有效性。不用为价值判断伤脑筋，甚至可以超越时空限制。而人类社会现象却远不是这样，它在很大程度上受制于时空因素和精神因素。价值判断在人类社会中（至少目前）是不统一的，也没有走向一致的趋势。所以，经济学必然面临价值判断难题。

这就好比：观察自然现象可以站在人类的立场上画个坐标参照系，坐标原点是稳定的；但要是把目光转向人类自己时，稳定性就消失了，坐标原点变成了动点。面对这个难题，如果还像对待自然现象那样，进行统一性解释时划定很大（甚至无限大）的现象集合，无视时空和精神因素强行抽象，那么获得的结果一定会抹杀掉很多个体现象的特殊性价值。这种统一性解释是虚有其表的。

迄今为止，主流学者把经济学打造成类似自然科学的企图并不成功。人类社会肯定存在着各种不同的利益或偏好，在此前提下价值判断也不可能一致。因此，经济理论不可能抛弃历史维度，一般性和历史维度必须在经济理论中互为限制地存在。桑巴特在为总结论战而写的《三种经济学》中，就明确了自然科学和经济学的区别，强调经济学要重在"理解"①。

韦伯等人提出的价值中立不可能完全实现，至少在选择研究对象时就必然会受到研究者自身价值判断的影响。即使是经验分析中的事实判断，也存在无孔不入的价值偏好。在这种情况下，研究者如何才能保持公允的中立呢？

可追求价值中立的愿望和行动仍是值得肯定的。如果在经济学研究中毫无顾忌地奉行自身的价值判断，不去尽量地区分经验事实和自己的评价，那么确实无法保证科学研究的严肃性，很容易像施穆勒等人那样，使学者对经济现象内在因果关系的探求止步于政治、文化，甚至美学的评价上。

所以说，价值判断确实是经济学的终极难题。这个终极难题的难点就在于：如何在不可能完全价值中立的经济学领域尽力去追求价值中立！现在要说哪门社会科学实现了价值中立，那不是信口开河，就是自欺欺人。目前我们所能做到的，只是尽可能减少偏见的影响，把价值判断限制在适当范围，不给它披上"普遍形式"的伪装。

5.3.3 新新历史学派的方法论

（1）基础架构：韦伯的"理念型"

韦伯以及他所代表的德国新新历史学派的方法论基础架构可以从"理念型"理论中清楚地得到展现。而"理念型"在后来的众多经济学文献中呈现出

① 对通过融入历史维度而保存于经济学的个体特殊性价值，"理解"是比"认知"更恰当的动词，人类探索外在客体用"认知"合适，探索自身则用"理解"更好。

了多种含义，所以必须厘清韦伯是在什么理论语境中使用"理念型"的。

韦伯清楚地意识到早期历史学派方法论的缺陷，他在坚持历史维度不可或缺的前提下充分认识到了理论认识的重要性。因而，韦伯坚持在经验调查和因果分析之前构建一个概念框架。韦伯部分同意门格尔等人从个体出发的主张，拒绝"社会有机体"类比。他认为没有集体人格之类的东西，集体主义可以被分解成个体独特行动的单纯合成和组织模式。但是韦伯并未全然接受把社会经济现象全都完全还原到个人的方法论个人主义，尤其不能接受原子式的个人。他坚称个人是社会存在的一个方面，重视结构和制度对人的目的和信念的塑造。

"理念型"并非韦伯的首创①，但他无疑用这个概念架构为经济学及社会科学方法论开辟出了一片广阔天地。韦伯认为理解和解释社会经济现象必然会使用到先验的理论概念，为了找到合理的概念框架，他就像德国历史学派一贯坚持的那样倡导更宽阔的经济学研究视野。他提出"理念型"就是为了找到一个合适的方法论来构建、评价和修改这些概念。

基于事实和价值判断必须区分开的信念，韦伯认为，"理念型"不是一个规范概念，而是一个纯逻辑概念，是从现实中得来的假想的纯粹形式，是归类、概念化和阐述事实的基本方法。当我们使用这种方法构想时，所建立的概念就是具体的"理念型"。如"城市经济"概念，其含义并不是指所有城市经济结构的平均标准，而是包含单方面抽象强调的一个或多个认识，以及大量出现和没出现过的个别现象。

韦伯不特别看重归纳或演绎法在研究中的地位问题。对韦伯来说，"理念型"同时兼具二者的特征。它是理解的结果，而且必然是临时的和不完全的。它尝试着说明及分类，以此为开端解释现实，而不是去挖掘所谓的理论基石。虽然他不像施穆勒那样极力反对门格尔，但还是坚守着历史学派的底线——理论的历史维度，就像他所说的，"我们的目标是理解我们所处现实的特征的唯

---

① 韦伯可能是从乔治·杰利内克那借用并修改了这一术语，也可能是追寻李凯尔特的观点。此外，孔德也曾使用过这个术语，马歇尔的"代表性厂商"理论也蕴含了这种思想。

一性"①。

韦伯强调,一般性分析不可避免,但远远不够。没有对交易的文化背景的分析,一般性理论肯定不是完整的。所谓的普遍性理论不可能解释逻辑链条中的所有因素,而且因为所加工信息的易得性,这些理论不可能真具有普遍意义。他说:"经常有人对经济理论提出荒谬的要求——比如,要求对价格、利息、租金等提出抽象的理论——徒劳地想按照物理科学命题的类推形式……这种要求没有认识到,要想得到这种结论,即使是得到最简单的形式,也必须将所有存在的历史现实,包括每一个因果关系都看成'给定'的和已知的。但是,如果凭人们有限的智力就能对这类知识都了如指掌的话,那么抽象理论无论如何也没有什么认知价值了。"②

在坚持历史维度的同时,韦伯也不认为理念型可以仅仅从历史及经验研究中得出。他反对概念是现实的再现这种观点,认为概念不是目的,而是手段——理解那些在具体个人看来非常重要的现象的手段。如果理论能够成为客观事实的无假想复制,"理念型"就没有存在的必要。理论不是客观事实的镜子,它本身是对事实认知的一部分。

社会经济现实的复杂不是概念模型混乱的借口,确定的概念框架是必需的。理念型是"纯粹的限定性概念,其重要性在于,为现实情况和行为提供了一种参照,运用它可以对现实情况和行为进行调查,以对某些重要组成成分做出说明"③。理念型也不是极端和僵化的,韦伯主张通过某种方法动态地研究历史,并以此评价和发展理念型。

理念型既不是假设现实,也不是描述现实,更不是经验结果的平均陈述,而是组织、解释和评价事实的理论工具。它的作用是启发式地指引理论构建,搭起使现实有序呈现的框架。判断理念型有效与否的标准只有一个,就是"能

---

① WEBER. Max Weber on the Methodology of the Social Sciences [C]. Glencoe IL: Free Press, 1949: 72.
② WEBER. Max Weber on the Methodology of the Social Sciences [C]. Glencoe IL: Free Press, 1949: 88.
③ WEBER. Max Weber on the Methodology of the Social Sciences [C]. Glencoe IL: Free Press, 1949: 93.

否成功揭示具体因果现象之间的相互依赖关系、因果关系及显著程度"[①]。韦伯这样写道："理念型的概念可以增强我们研究中的归因能力：它不是'假设'，但是它为建立假设提供了指引。它并不是对现实的描述，但其目标是为这种描述创造含义明确的表达方式……一个理念型是由对于一个或更多的观点的单方面强调构成的，是由大量杂乱的、不连续的、或多或少存在而又偶尔缺失的具体的个体现象构成的，根据那些单方面强调的观点可以将这些个体现象排列成为一个统一的分析结构（思维图像）。这种精神构造是纯粹的概念，在现实中并不存在。它是乌托邦式的。历史研究的任务是研究在具体个案中，理想构造接近或偏离现实的程度。"[②]

（2）桑巴特的总结：三种经济学

在经历了长时间的激烈争论后，各方虽然都在自己的方法论立场上做了一些调整，但达成共识明显是不可能的。此时，桑巴特站了出来，试图结束这种混乱的状态。1930年，桑巴特发表了著名的《三种经济学》，对价值判断之争作了总结，从形式上终结了大范围的论战。之后，虽然争论不时还会出现，但各方的主要注意力不再聚焦于价值判断。可以说，桑巴特为经济学方法论做出了一个全面的总结，为新新历史学派的方法论提供了一个高屋建瓴的框架。

桑巴特的三种经济学分别是：评判经济学、规则经济学和理解经济学。

评判经济学本质上属于形而上学，它研究的领域是事物"应该怎样"，而非"是怎样"。这一派的经济学研究者追求所谓"正当"的经济，其标准不是客观事实，而是一种价值。价值并不是人们看得见、摸得着的东西，"只有价值的哲学，而无研究价值的科学"[③]。价值只能在人际间被传播、体悟，以及信仰，价值判断永远做不到放之四海而皆准的绝对正确，所以价值判断的普适性总是相对的。因此，重在价值判断的评判经济学只能是一种哲学的形而上学

---

① WEBER. Max Weber on the Methodology of the Social Sciences [C]. Glencoe IL: Free Press, 1949: 92.
② WEBER. Max Weber on the Methodology of the Social Sciences [C]. Glencoe IL: Free Press, 1949: 90.
③ 桑巴特. 经济学解 [M]. 王毓瑚, 译. 北京: 商务印书馆, 1937: 106.

探讨。就像桑巴特指出的："价值的判定，不属于科学范围之内。"①桑巴特这里提到的"科学"，主要是指建立在经验或事实基础上的、类似于自然科学的、在逻辑上与形而上学相对立的研究。

规则经济学具有鲜明的自然科学特征，是"科学经济学的最初形式"，它的产生源于人们把自然科学的研究方法——门格尔笔下的精确科学的研究方法——应用于经济领域。推崇经济学演绎传统的经济学家大都是此类经济学研究的代表，他们都认为自然科学和社会科学在目的、基础和方法上并无太大的出入，在分析自然现象过程中取得很大成就的方法，同样可以应用在包括经济在内的人类社会领域的分析上。规则经济学的方法有三个原则。第一，数量原则。在可能范围内追求事实的一般化和数量化，重"量"不重"质"。第二，系统原则②。互相联系的个人在外在力量作用下聚集形成的团体就是系统，系统是在个人行为的基础上被认知的规律认识对象。第三，定律原则。这是规则经济学的最高原则。约翰·穆勒把定律分为经验定律和科学定律，前者由经验归纳而来，层次较浅，其规定性是相对暂时的；后者则是基于演绎法的精确定律，是自然定律那样的规律的固定形式。

理解经济学与前面两种经济学都不同，它具有精神科学的形式。所谓"理解"，就是领会、领悟其中的意义。桑巴特认为自然科学的发展可以概括为一个不断进行猜测，不断用更合适的假说来条理化事实的过程③，但是对于社会现象的认知有一点和上述过程明显不同，因为其中贯穿着精神和人文因素，所以人们对经济、政治、文化等社会现象的发生发展是可以去"理解"的，而对自然科学则不可能涉及"理解"这个词。"理解"这种认知社会的方式具有非常重要的作用。桑巴特还详细论述了"理解"的下限和上限。下限在于意义终止之处，如乱画的记号、字母，不成句、无逻辑的字词组等。上限在于人类的经验范围，如人可以理解经济是什么，但不能理解经济应该是什么。能理解这

① 桑巴特. 经济学解 [M]. 王毓瑚，译. 北京：商务印书馆，1937：107.
② 桑巴特提出的不是如今广为人知的、与"机械"相对的"系统"概念。
③ 由此产生了一个有趣的猜测：波普尔在《猜想与反驳》中表达的证伪主义观点很可能来自桑巴特的启发。

种问题的家伙只能是对万事万物的意义都了然于胸的上帝——如果上帝存在的话。

桑巴特认为，平时被谈论的"经济学"是一个有很多意指的概念集合，并不是一个单纯的名词。他觉得平时经常被说出口的"经济学"是对关于社会经济科学的总体概括，是一个广义上的经济学，最准确的称呼应该是"经济综论"，包括经济哲学、经济科学和经济术学三部分。经济哲学是经济形而上学的研究学科，主要涉及经济本体论、经济的文化哲学以及经济伦理学。经济科学是经验科学，也就是桑巴特认为作为经济理论家要深入研究的、狭义上的经济学，其目的在于认知经济生活的过去、现在和未来。在这个认知过程中，理论和经验都不可或缺。经济术学实际上就是类似于社会政策协会搞的"策论"的一种应用经济学。具体的术学有三种：私人经济学、财政学、（实用的）国民经济学①。

评判经济学毫无疑问属于经济哲学的范畴，桑巴特认可其存在的意义，但他不认可用哲学思考代替科学研究，他和韦伯一样站在新新历史学派的立场强调经济学研究的"伦理中立"。对于规则经济学和理解经济学，桑巴特认为它们都属于经济科学，不是哲学和术学。规则经济学贯彻的精确的科学方法由自然科学研究总结而来，也是可以应用于带有人文性质的学科的。人们当然可以对人文现象进行规则条理化，但是不能把这种应用极端化。理解经济学强调的"理解"则是为人文现象量身定制的方法，不能应用于自然科学，因为谁也不可能去"理解"自然现象。

在为经济学（广义）分类的过程中，桑巴特也对经济学（狭义）的范围进行了界定：第一，经济学是经验科学，其研究对象是具体时空下的具体事物，所以它虽不能屏蔽形而上学，但主要还是形而上学以外的关于事实的科学；第二，经济学是人文科学，经济现象是人文现象很重要的一部分，作为人文科学，经济学大大不同于自然科学；第三，经济学是社会科学，经济是人很大程

---

① 就是指各种改善国民经济的具体政策建议。

度的主观上从社会中抽象出来的领域，经济现象本身就是一种社会现象。

桑巴特提出的三种经济学，通过把经济学涉及领域进行划分表面上平息了各方的争论。首先，其通过对"评判经济学"或经济哲学的明确界定和意义肯定，在不否定施穆勒的伦理经济学的前提下表明了新新历史学派的方法论立场，化解了价值判断之争。其次，其通过对"规则经济学"和"理解经济学"以及"经济科学"的论述，为德国历史学派和奥地利学派间的论战作了一个迟来的总结。桑巴特总结认为奥地利人和德国人在方法论上只是各有偏重，并不存在根本性的立场分歧。熊彼特等人接受了桑巴特的这个论断。

桑巴特对经济学性质和范围的界定思路很接近于现代科学哲学的科学"硬度"观念——最硬的科学是物理等自然科学，经济学属于硬度差一些的软科学。通过对各种经济学方法论立场兼收并蓄的总结，从表面上终止了论战。不过，桑巴特本人并未一味在和稀泥，而是明确表达了自己的——也是新新历史学派的立场：强调作为科学的经济学与自然科学的不同，即经济科学主要是"理解"式的。他这样写道："经济学应为一种科学，而非教义学，为一种科学而非术学，为一种科学然固非自然科学也。"[①]

---

① 桑巴特. 经济学解 [M]. 王毓瑚，译. 北京：商务印书馆，1937：428.

[6]

经济学大师们眼中的德国历史学派

所谓经济学大师，是指经济思想史上那些被多数经济学者认可，在经济学领域贡献了独特创见并开拓出崭新领域，对后世的经济学（不局限于主流经济学）发展产生了不可磨灭的影响，而且其影响至今仍有重大探讨意义的经济学家。

20世纪40年代德国历史学派消失后，经济学界以惊人的速度迅速淡忘了这群德国学者，所以评价主要来自与德国历史学派有时间交集的学者。其中有四位既堪称经济学大师，又对德国历史学派或其主要人物做出过认真评价，他们是卡尔·马克思、阿尔弗雷德·马歇尔、托尔斯坦·凡勃伦和约瑟夫·熊彼特。

6.1 马克思对德国历史学派的评价

卡尔·马克思（Karl Marx，1818—1883）对德国历史学派的评价显然很有参考价值。他说过，"德国社会特殊的历史发展，排除了'资产阶级'经济学在德国取得任何独创的成就的可能性，但是没有排除对它进行批判的可能性"[1]，一针见血地说明了德国历史学派最初诞生的直接原因。

---

① 马克思. 资本论（第1卷）[M]. 北京：人民出版社，2004：18.

可以说，德国经济学历史学派从诞生之初就引起了马克思的关注，而且这种关注终生保持。[①]马克思的评价针对的主要是早期德国历史学派的代表人物——李斯特和罗雪尔。[②]

与对以萨维尼为代表的德国法学历史学派的态度相同，德国经济学历史学派在马克思眼里也不是进步性的代表，这种评价的主要原因在于马克思从根本上对德国资产阶级的否定。他曾明确指出：

"在德国，直到现在，政治经济学一直是外来的科学……它作为成品从英国和法国输入；德国的政治经济学教授一直是学生。别国的现实的理论上的表现，在他们手中变成了教条集成，被他们用包围着他们的小资产阶级世界的精神去解释，就是说，被曲解了。他们不能把在科学上无能为力的感觉完全压制下去，他们不安地意识到，他们必须在一个实际上不熟悉的领域内充当先生，于是就企图用博通文史的美装，或用无关材料的混合物来加以掩饰。这种材料是从所谓官房学——各种知识的杂拌，满怀希望的德国官僚候补者必须通过的炼狱之火——抄袭来的。"[③]

6.1.1 马克思对李斯特的批判

马克思对李斯特的关注贯穿于其经济学研究的始终，并且有一个态度上慢慢转变的过程。马克思一生的经济学研究可大致分为三阶段，在每个阶段都对李斯特进行了研究。尤其是在第二阶段，李斯特经济理论对马克思经济理论和唯物史观的最终形成在客观上起到了很大助推作用，尽管这种助力主要是在被批判的过程中实现的。

（1）第一阶段

马克思经济学研究的第一阶段是从 1843 年 10 月到 1845 年 1 月。《巴黎笔记》是这段时间的记录，其中包括著名的《1844 年经济学哲学手稿》。在第一

---

① 在他去世前三四年还写了《评阿. 瓦格纳的〈政治经济学教科书〉》，主要目的是澄清瓦格纳对《资本论》第一卷中劳动价值论的曲解。

② 马克思对李斯特和罗雪尔的理论都持否定态度。然而，具体来看，对两个人的批判力度是不一样的。马克思对罗雪尔可谓是毫不留情地猛烈抨击；对李斯特则有一个不太受人注意的，从最初否定到最后部分赞同的态度转变过程。

③ 马克思，恩格斯. 马克思恩格斯全集（第23卷）[C]. 北京：人民出版社，1972：14-15.

阶段，马克思对李斯特关注度不高。《巴黎笔记》里对李斯特只有一处评论。马克思说："李斯特先生的全部根据都是适合于私有制的。他在一国范围内部接受现行的理论。他只是在对外贸易方面才同这种理论有所区别。"①而且，马克思认为李斯特只注意到了分工和生产力的一些细节，却不把工人和雇主加以区别，而在雇主之间加以区别。这是马克思第一次使用了"生产力"一词。

（2）第二阶段

马克思经济学研究的第二阶段是从 1845 年到 1849 年，留下了《布鲁塞尔笔记》和《曼彻斯特笔记》。这期间，青年马克思写出了著名的《评弗里德里希·李斯特的著作〈政治经济学的国民体系〉》（简称《评李斯特》）。

马克思在 1845 年对李斯特的总体评价是"以理想的词句掩盖坦率的经济学的工业唯物主义。他到处使事物维持原状，而对事物的表达却理想化了"②。马克思认为，李斯特始终受限于狭隘民族主义和地域观念，其国民经济学的重点不是"经济学"而是"国民"。

第一，马克思批评李斯特曲解了斯密、李嘉图等很多古典政治经济学家的理论。马克思认为古典政治经济学既不是书呆子理论，也不是阴谋论。它在一定程度上表现出了资本主义生产关系的本质，有历史进步意义。李斯特缺乏世界历史的大视野，只揪出斯密理论中的抽象性和非历史性大加挞伐。马克思认为李斯特是一个德国庸人，歪曲攻击古典政治经济学并"臆造"出所谓的"国民经济学"。因此，"只有幻想和理想化的词句（语言）才是属于李斯特先生的……他不可能把英国人和法国人详尽阐发的国民经济学向前推进……德国资产者只能给法国和英国的现实添上自己的幻想和空话"③。

第二，马克思批评李斯特不理解资本的本质和资本主义阶段的历史必然性。马克思认为，李斯特眼里的资本家都是民族精神的化身，都有把自身利益置于国家利益之下的觉悟。这样，李斯特就把国家和市民社会分开，而且最终把国家凌驾于市民社会之上，由此提出了他的"国家干预主义"。李斯特把资

---

① 张一兵.回到马克思 [M]. 南京：江苏人民出版社，1999：181.
② 马克思，恩格斯. 马克思恩格斯全集（第42卷）[C]. 北京：人民出版社，1979：240.
③ 马克思，恩格斯. 马克思恩格斯全集（第42卷）[C]. 北京：人民出版社，1979：241.

本家视为能超越利己心的爱国者和民族英雄，这只是他的天真幻想而已。

"李斯特先生大概永远也不会想到，现实的社会组织是无精神的唯物主义，个人唯灵主义，个人主义。他永远也想不到，国民经济学家只是给这一社会制度提供相应的理论表现……他抱怨国民经济学家在表现绝望的现实时没有加以美化。因此，他企图原封不动地保持这个现实，只是在表现它时有所改变罢了。"①资本不会因国别差异而改变自己的发展逻辑。"工人的民族性不是法国的、不是英国的、不是德国的民族性，而是劳动、自由的奴隶制、自我售卖。他的政府不是法国的、不是英国的、不是德国的政府，而是资本。他的领空不是法国的、不是德国的、不是英国的领空，而是工厂的天空。他的领土不是法国的、英国的、不是德国的领土，而是地下若干英尺……德国庸人想使竞争规律、交换价值规律、买卖的规律在他的国门之外丧失自己的力量。"②

第三，马克思批评李斯特对国家的认同是非历史的。李斯特笔下的"国家"洋溢着一种神圣色彩。虽然德国并不统一，也没有成熟的"市民社会"，但他坚信德国可以登上与英法等国竞争的舞台。在马克思看来，李斯特完全意识不到资本主义条件下私有财产和劳动的本质，无法跳出"现有制度"来思考经济问题。

马克思指出，李斯特没有意识到工业生产和使工业生产付诸实践的社会力量之间的矛盾。李斯特虽然看到了"财富的原因和财富本身是完全不同的东西"，但没去深究"财富的原因"和"财富"的关系，以及这种关系对国家和社会历史发展的影响。李斯特告诉人们，只要依靠国家的力量发展或恢复了生产生产力的能力，就会迎来一个国强民富的美好未来，而在这个发展过程中所有必然发生的令人不快的事情，如劳动异化、贫富两极分化、个人利益与国家利益的冲突等都消失了。人好像是进行财富生产的机器，国家应该而且能够很好地驾驭这些机器，最终按照李斯特设想的路径实现富强。总之，通过一种令人鼓舞的历史逻辑的构建，李斯特完成了对国家至高无上的非历史认同，陷入

① 马克思，恩格斯. 马克思恩格斯全集（第42卷）[C]. 北京：人民出版社，1979：252.
② 马克思，恩格斯. 马克思恩格斯全集（第42卷）[C]. 北京：人民出版社，1979：256.

一种非历史的国家崇拜。

《评李斯特》在马克思思想嬗变的进程中处于重要的地位：第一，它表明马克思已经深刻认识到政治经济学和现实社会之间的内在联系，开辟了通过批判资产阶级政治经济学来对资产阶级社会进行批判的道路。第二，马克思在批判李斯特生产力理论的过程中初步形成了自己生产力理论，这对其唯物史观的形成有重要的影响。

总之，马克思批判李斯特的出发点在于李斯特没有更深入地分析资本主义制度，目的只停留在美化德国资产阶级和发展德国资本主义。一方面，他要求保证资本家个人利益；另一方面，他又主张资本家应该为了国家一定程度地牺牲个人利益。马克思觉得李斯特是"想保存原因而又要消除它的一个结果"①，这必然只能是一种"政治幻想"之下的"经济幻想"，"只不过是对狭隘的利己主义倾向的粉饰；除此之外，别无其他"②。青年马克思此时对资本主义的认识已经比李斯特深刻得多，他已经洞察到资本的本质和唯物史观的核心——生产力与生产关系的矛盾。

（3）第三阶段

马克思经济学研究的第三阶段是从1850年9月在大英博物馆开始的。因为1848年欧洲大革命的失败，马克思回到经济学世界中对自己关于资本主义的认识进行深刻反思，此后直至其去世一直没有停止研究。这期间留下了《伦敦笔记》，包括《1857—1858年经济学手稿》，并且创作了《资本论》。在此过程中，马克思没再评论过李斯特及其他德国历史学派代表，但有一个值得注意的细节。马克思在《资本论》第三卷最后一篇最后一章的一个脚注中写了这样一段话：

"李斯特说得对：大领地制度上盛行的自足的经济，不过是那里还缺少文明、交通工具、国内产业和富裕城市。为了这个理由，所以在俄罗斯、波兰、匈牙利、梅克伦堡到处都可以看见这种自给自足的经济。以前，在英国，这种

---

① 马克思、恩格斯. 马克思恩格斯全集（第42卷）[C]. 北京：人民出版社，1979：256.
② 马克思、恩格斯. 马克思恩格斯全集（第42卷）[C]. 北京：人民出版社，1979：255.

经济也很盛行；但是，跟着商业和工业的勃兴，它们就分成一些中型农场，而以租耕制度作为替代了。"这是马克思唯一一次以赞许口吻书面评价李斯特的理论。从中可以看出，马克思晚年仍然在研究李斯特，而且晚年马克思对李斯特可能有更正面的评价。

马克思在1867年11月给恩格斯的信中就爱尔兰民族发展问题明确指出，爱尔兰因英国殖民统治而被迫废除了为幼稚工业保驾护航的关税保护，是其国内工业完全衰落的主要原因。马克思在信中给出三个建议：第一，爱尔兰应政治独立，摆脱英国；第二，爱尔兰应进行土地革命；第三，爱尔兰应实行关税保护。他写道："爱尔兰人一旦获得独立，需要就会使他们变成保护关税派，就像在加拿大和澳大利亚等国所发生的情况一样。"①这封信从侧面表明，马克思至少已在后发国家发展问题上部分赞同李斯特的观点。

6.1.2　马克思对罗雪尔的批判

相比于李斯特，马克思对罗雪尔关注不多，只有两处文本提到并批判了罗雪尔的经济理论：一处是《致拉萨尔的信》（1862年6月16日）②；另一处是《资本论》第一卷"绝对剩余价值的生产"里"剩余价值率"一章的脚注③。虽然评价不多，但批判火力非常猛烈，把罗雪尔的经济理论称为"庸俗经济学的教授形态"。

第一，马克思批评罗雪尔的纯粹历史方法只是对哥廷根史学传统的蹩脚模仿。18世纪60年代形成的历史学哥廷根学派开创了既注重完整史料又重视史实内在关系的史学传统，实现了德国史学从理性主义向浪漫主义的过渡，对尼布尔、兰克等著名历史学家都产生了很大影响。作为哥廷根大学培养出的学者，罗雪尔坚信历史能成为经济学者的老师，坚持要把经济学像历史学那样用丰富准确的经验材料来展现，尽量不让研究者自身的见解凌驾于历史事件之上。他在《修昔底德》中提出："一切历史研究的根本原则是，在每部著作

---

① 马克思，恩格斯. 马克思恩格斯全集（第31卷）[C]. 北京：人民出版社，1972：406.
② 马克思，恩格斯. 马克思恩格斯全集（第30卷）[C]. 北京：人民出版社，1979：624-625.
③ 马克思.资本论（第1卷）[M]. 北京：人民出版社，2004：251.

中，人类作为一个整体都必须得到重新发现。"①

马克思敏锐地觉察到了罗雪尔方法论中对历史经验主义的天真信奉。他认为，哥廷根学派并不提倡迷信历史事件本身的"史料勤杂工"，所以罗雪尔只是哥廷根传统的蹩脚模仿者。罗雪尔天真地相信，通过历史叙述可以诠释个体的全部意义，个体发展的一切问题都可以在连续发展的历史中化解，毫不质疑历史过程本身。罗雪尔的典型说法就是："一些人是这样说的，另一些人是那样说的，而我对问题的实质没有任何看法。"②因此，马克思不赞成用所谓的纯粹历史方法进行经济学研究。

由于罗雪尔的天真经验主义，马克思始终把他及他所代表的德国历史学派蔑视为盲从模仿者。马克思觉得罗雪尔最多就是个"老学究"，"他是哥廷根的门徒，但是对文献宝藏并不了如指掌，而只知道所谓'正式'文献……但是撇开这一点不谈，一个博览群书但对数学一窍不通的人对我有什么用处呢？这是一个多么洋洋自得、妄自尊大、老奸巨猾的折中主义骗子"③。

第二，马克思指出罗雪尔研究方法的内在矛盾及产生矛盾的实质。马克思认为，罗雪尔经济学研究中包含着很难化解的矛盾。一方面，罗雪尔主张要历史地还原国民经济生发的有机过程；另一方面，罗雪尔在提供文献材料的同时又不提倡对问题进行独立研究。罗雪尔"不敢对价值和剩余价值做出诚实的分析，不敢得出可能是危险的违背警章的结论，正是这一点，迫使罗雪尔之流把资本家用来辩护自己占有已存在的剩余价值时表面上多少能说得过去的理由，歪曲成剩余价值产生的原因"④。

马克思进一步指出，罗雪尔和萨维尼一样，没有将民族和国家放置在世界历史中考虑，所以他们大体上接受既有的社会现实秩序。即使萨维尼能列举出一千种习惯法，他也不懂法的本质；罗雪尔就算精通一千种劳动的形式，他还是不明白劳动的本质。罗雪尔的问题"是他对问题本身并不理解，所以他的折

---

① 转引自：韦伯. 罗雪尔与克尼斯——历史经济学的逻辑问题［M］. 李荣山，译. 上海：上海人民出版社，2009：5.
② 马克思，恩格斯. 马克思恩格斯全集（第30卷）［C］. 北京：人民出版社，1979：624-625.
③ 马克思，恩格斯. 马克思恩格斯全集（第30卷）［C］. 北京：人民出版社，1979：624-625.
④ 马克思. 资本论（第1卷）［M］. 北京：人民出版社，2004：251.

中主义实质上只不过是从各处搬运现成的答案，但是在这方面他也是不正派的，他总是重视对他有好处的那些人的成见和利益"①。可见，在马克思眼中，罗雪尔从不曾把经济生活和现实社会矛盾结合起来进行深入考察，而且他出于狭隘的利己主义完全不可能理解资本主义生产方式的历史意义。他除了对祖国充满热爱的感情之外完全不了解，也不去了解整个世界发生了什么事情。他对个体理解的获得主要通过考察个体发展的轨迹而非个体间的联系，在他眼中，作为个体的国家在一定程度上是片面孤立的。一方面，他没办法真正理解古典政治经济学；另一方面，他也不可能明白西斯蒙第批判社会组织的真实原因。马克思用讽刺挖苦的口吻调侃罗雪尔："我只得把这个好汉保留在附注里。这样的学究是不配放在正文里的。"②

总之，马克思对与他同时代的德国历史学派先驱者李斯特和旧历史学派领袖罗雪尔进行了强烈和轻蔑的批判，但这不代表马克思彻底否定德国历史学派——尤其是对李斯特。动态、全面、历史地把握马克思的思想可以发现，马克思对李斯特的态度有一个不明显的转变过程，最终部分同意李斯特的理论思想。以往中国经济学界对德国历史学派缺乏研究，以及《评李斯特》在马克思文本体系中的重要地位，使中国学界对德国历史学派的评述思路长期停留在这个早期文本上，造成二者的联系被割裂了。

其实，德国历史学派和马克思的经济研究有着共同的文化背景和现实基础，生物进化论、德国古典哲学、德国历史主义法学以及法国大革命等，都深刻影响了马克思与德国经济学历史主义者。在马克思主义政治经济学中能找到很多与德国历史学派互相对应的观点：如二者都把生产而非交易作为经济学研究的核心主题，认为资本本身不创造价值；二者都强调技术创新，把它视为竞争的重要方式和社会演化的关键；二者都隐含一定程度的社会有机体思想；二者都把社会发展进程区分为不同的阶段和形态等。

最重要的是，历史学派和马克思都基于经济学"德国传统"致力于构建对

① 马克思，恩格斯. 马克思恩格斯全集（第30卷）[C]. 北京：人民出版社，1979：625.
② 马克思，恩格斯. 马克思恩格斯全集（第30卷）[C]. 北京：人民出版社，1979：624.

历史敏感的社会经济理论。二者都认为，非历史的、普遍性的范畴不能抓住一个特定社会经济系统的实质特征，经济理论必须具备历史维度。所不同的是，德国历史学派——尤其是早期历史学派秉承的是传统的德国历史主义，在世界观上偏于更纯粹的黑格尔唯心论，而且带有强烈的民族主义色彩；马克思则从黑格尔和费尔巴哈两方面吸取思想精华，超越了传统的德国历史主义，从世界历史的大视野着眼，在经济学研究过程中形成并不断完善其独创的唯物史观。

共同的基础使双方在理论思想上拥有广泛的对话可能，后来的韦伯和桑巴特等历史学派代表就从马克思的理论思想中获益匪浅，而韦伯和桑巴特的理论也同样为后世的西方马克思主义研究提供了很多启发和借鉴。

6.2　马歇尔对德国历史学派的评价

阿尔弗雷德·马歇尔（Alfred Marshall，1842—1924）是19世纪末20世纪初英国最著名的经济学大师。他先后担任过剑桥大学教学研究员、布里斯托尔大学校长、牛津大学以及剑桥大学讲师和教授。马歇尔领导了创建英国（皇家）经济学会的运动，1885—1908年在剑桥大学任政治经济学教授，是当时英国经济学界无可争辩的领袖。

马歇尔的《经济学原理》（1890）被视为同亚当·斯密的《国富论》、约翰·穆勒的《政治经济学原理》齐名的划时代著作。这本书在马歇尔在世时就出版了8次之多，他本人也被认为是古典政治经济学最杰出的继承和发展者。[①]他使"新古典"取代"古典"统治了经济学，构成了现代西方主流经济学的基础。

6.2.1　一个误解：马歇尔敌视德国历史学派

大多数经济学者下意识地认为，马歇尔"反对德国历史学派的主要观

---

①　学界公认马歇尔在盎格鲁-撒克逊传统范围内对边际革命的成果进行了最成功的综合，改变了古典政治经济学供给与需求概念的具体内涵，加入了对"效用"的强调，为新古典经济学的理论发展做出了重大贡献。

点"①，是当时德国历史学派的对手，双方基本上处于交战状态。这是一个彻头彻尾的误解。使这种错误论调蔓延开来的始作俑者可能是莱昂内尔·罗宾斯。1979—1981 年，他在伦敦经济学院经常做关于马歇尔以及剑桥经济学史的演讲。在这些演讲中，罗宾斯改变了马歇尔的历史形象，说他"在某种意义上害怕"德国历史学派，从而暗示出一个作为历史学派反对者的马歇尔。②然而，罗宾斯无法捏造史实，他的论断主要基于推测，唯一的一个事实例证是马歇尔与英国的历史主义经济学家坎宁安的争论。罗宾斯提到这场争论，却有意隐瞒了过程。在争论中马歇尔主动承认了历史学派坚持的历史维度问题的重要意义。而且罗宾斯也没提到另一个事实：在如何看待理论普适性的主题上，马歇尔和坎宁安持相同看法，罗宾斯则站在他俩的对立面。

这个错误认知得以存活并日益活跃的主要原因是：它迎合了主流和非主流经济学者双方各自的偏见。主流学者希望在经济思想史中看到一个与"反理论"的历史主义者作勇敢斗争的新古典理论奠基人；而非主流学者则需要树立一个对新古典"罪恶"横行负有不可推卸责任的、反对在理论中体现历史维度的典型"罪犯"。其实，只要稍微认真地考察一下马歇尔的著作就可以发现这种论调的荒谬。在《经济学原理》和其他很多文献中都可以看到，马歇尔不像后来的主流学者那样，在提到历史学派时经常使用讽刺或轻视的语气，而是总体上对历史学派持肯定态度，他总是表扬他们的成就并多次公开称赞德国历史学派的一些主张和代表人物。他在几个版本的《经济学原理》中一直保留了向历史学派致敬的一段话：

"人们对历史学派及其别国同僚们的工作给予多高的评价也不为过。他们在追溯和解释经济习俗和经济制度的历史方面做了大量工作。这是我们这个时代的伟大成就之一。"③

---

① SKIDELSKY. John Maynard Keynes：Volume One：Hopes Betrayed，1883-1920 ［M］. London：Macmillan，1983：43.
② ROBBINS. A History of Economic Thought：The LSE Lectures ［M］. NJ：Princeton University Press，1998：306.
③ MARSHALL. The Principles of Economics ［M］. London：Macmillan，1949：634.

6.2.2 马歇尔对历史学派的支持和批判

马歇尔的德语很流利，年轻时和当时很多有志青年一样曾在德国研习经济学：1868 年在德累斯顿，1870—1871 年在柏林。在德期间，他接受了罗雪尔等几位德国历史学派学者的指导。也许是由于青年求学经历打下的深刻烙印，马歇尔的经济学方法论——与大多数现代学者想当然的看法不同——并未完全站在单纯追求普遍和一般意义的立场上，他吸收而非抵制了很多德国历史学派的理论观点。马歇尔对德国历史学派的态度可以从他的方法论思想中鲜明地体现出来。

首先，马歇尔支持德国历史学派最基本的要求——经济理论需要历史维度。与门格尔不同，马歇尔认为历史在经济学中应有醒目的一席之地，表现出了对理论的历史维度的理解。在任剑桥大学政治经济学教授的就职演讲中，马歇尔旗帜鲜明地支持了历史学派的主张。此时正是门格尔开始攻击德国历史学派的两年之后，经济学界正在走向一个大论战的时代。在这个时候，马歇尔没有与门格尔站在同一战壕。他在那场意义重大的演讲中指出："在科学的数学-物理领域中，一般来说有这么一个共同点，那就是，它们所研究的对象在所有的国家和时代都是恒久不变的……如果一个科学研究对象经历了不同时期的发展，那么适用于一个时期的规律将很难没有改动地同样适用于其他时期；科学观律根据它所研究事物的变化也必定发生相应变化。"[1]据此，马歇尔就像一个历史学派学者一样对 19 世纪早期的英国经济学家进行了批评，说"他们没有看到工业的传统和制度是多么易于改变"[2]。

这种重视历史的态度绝非一时的哗众取宠，在《经济学原理》里马歇尔也明确提出："虽然经济分析和一般性推理有着广泛的应用……但是社会条件的每一个变化，都有可能需要经济理论的新发展。"[3]马歇尔对德国历史学派的态度与 20 世纪 30 年代许多知名经济学家的恶毒攻击形成了鲜明反差。虽然马歇

---

[1] MARSHALL. The Present Position of Economic（1885）[A]. Memorials of Alfred Marshall [C]. Londor：Macmillan，1925：154.
[2] MARSHALL. The Present Position of Economic（1885）[A]. Memorials of Alfred Marshall [C]. Londor：Macmillan，1925：155.
[3] MARSHALL. The Principles of Economics [M]. London：Macmillan，1949：30-31.

尔的主要理论成就体现在构建非历史的普遍原理上，但他承认历史和理论需要互相融入。①

其次，马歇尔明确意识到并批评了旧历史学派的天真经验主义。马歇尔在考虑如何恰当看待经验主义的问题方面极富洞察力，他在夸奖历史学派的同时坚决反对天真的经验主义观念。马克思批评罗雪尔是哥廷根传统的蹩脚模仿者，马歇尔的立场与马克思一样，只不过马歇尔的措辞比马克思要温和得多。他指出："经济学家一定要对事实充满渴望，但是一定不能仅仅满足于事实。尽管一个经济学家应当对历史学派伟大的思想家们充满无限感激，但他一定要对过去能对现代问题直接做出解释这样的念头表示怀疑。"②马歇尔认为单纯的经验事实搜集并不能解释任何问题，因为"事实本身是静默的。观察本身并不能直接揭示事物的原因，它只能发现一系列事物……在经济或者社会问题上，没有一件事情是另外一件事情的绝对先例。人类的生活环境是如此多变：每一个事件都是众多原因的复杂结果，这些原因如此紧密地交织在一起，以至于过去绝不会为未来提供简单的、直接的参考"③。

马歇尔正确指出了抱有天真经验主义的学者的短板，即盲目相信可以只依赖事实而抛弃推理过程。这是不可能的，因为，"当提到一定的历史事件教会了我们这个或那个的时候，我们就引入了一个演绎推理的因素，而且，演绎推理被忽略的时间越长，就越有可能是谬误的"④。尽管马歇尔不如马克思尖锐，但还是使用了一个感情色彩强烈的贬义词：阴险。"有些理论家宣称要让事实和数字自圆其说，而他们却站在幕后（或许是无意识的）对它们进行选择和分类，提出自己的论点。这些人士是所有理论家中最鲁莽和最阴险的。"⑤

---

① 尽管他没在这个方向上做出什么有效的实际努力，但他的立场仍应引起现代主流学者的深刻反思。现在如果有哪位研究经济理论的学者对历史学派抱有和马歇尔同样的支持，那他肯定无法进入包括剑桥在内的任何有权威性的经济学府或研究机构中任职。
② MARSHALL. The Present Position of Economic (1885) [A]. Memorials of Alfred Marshall [C]. London: Macmillan, 1925: 171.
③ MARSHALL. The Present Position of Economic (1885) [A]. Memorials of Alfred Marshall [C]. London: Macmillan, 1925: 166.
④ MARSHALL. The Present Position of Economic (1885) [A]. Memorials of Alfred Marshall [C]. London: Macmillan, 1925: 166.
⑤ MARSHALL. The Present Position of Economic (1885) [A]. Memorials of Alfred Marshall [C]. London: Macmillan, 1925: 168.

再次，马歇尔像德国历史学派一样对"纯粹"理论表示怀疑。马歇尔既批评天真经验主义，也不喜欢充满演绎和形式主义的"纯粹"理论。他在1899年10月12日给侯文思①的信中写道："事实上，我是一个庸俗的人，我认为经济学是一个有机的整体。一方面，我对纯粹的理论缺乏尊重（除了作为数学或者数量科学的分支以外）；另一方面，我对没有高等分析帮助的信息的粗略搜集和整理也缺乏尊重，而这种粗略搜集和整理有时候据称是经济史的一部分。"②马歇尔的方法论主张是在演绎和归纳之间折中，他曾借助施穆勒关于演绎和归纳就好比人走路时两只脚的比喻来表明自己的立场。

马歇尔对自己所进行的基于一般性假设的理论演绎工作一直保持了谨慎的态度。虽然他把经济理论的中心设定为供给和需求这样的普遍性范畴，但他把这些看作"一个机器"，用来"帮助我们研究可以计量的人类行为产生的动机……虽然我们可以把这个高度的、超凡的普遍性归因于经济推理的核心框架，但是，我们或许不能认为经济规律中同样包含着普遍性……它不是具体的事实本身，而是发现具体事实的工具"③。马歇尔希望这台"机器"的作用范围得到经验事实一定的约束和限制，他在《经济学原理》中提醒："经济学中分析和演绎的功能并不是要构造几个长的推理链条，而是要正确地构造一些短的链条和单一的联系……每一个演绎一定要以归纳为基础……"④

马歇尔认为，"理论"是基本的，但是，"将抽象的、一般的或者理论的经济学视为经济学的'正统'是灾难性的观念"⑤。在他看来，"这些是经济学'正统'中基本的但是非常小的一部分：而它们本身有时甚至——不应占用太多的时间"⑥。他在1900年5月29日给侯文思的信说："很多'纯粹的理论'

---

① 威廉·A.S.侯文思，伦敦经济学院首任校长。
② WHITAKER. The Correspondence of Alfred Marshall（vol.2）[M]. Cambridge：Cambridge University Press，1996：256.
③ MARSHALL. The Present Position of Economic（1885）[A]. Memorials of Alfred Marshall [C]. London：Macmillan，1925：158-159.
④ MARSHALL. The Principles of Economics [M]. London：Macmillan，1949：638.
⑤ WHITAKER. The Correspondence of Alfred Marshall（vol.2）[M]. Cambridge：Cambridge University Press，1996：393.
⑥ WHITAKER. The Correspondence of Alfred Marshall（vol.2）[M]. Cambridge：Cambridge University Press，1996：393.

对我来说好像是一个精致的玩偶：我习惯把自己关于国际贸易的纯理论描述为'玩具'。我认为经济学是对强有力的分析方法的运用，运用这种方法，我们可以弄清楚经济和社会诸多因素之间的相互作用，同时通过分配它的每一个部分，来追溯相互之间的交互作用和限制，而且最重要的是，通过运用这种方法，我们可以揭露隐藏的动机。"①

最后，马歇尔认同多数德国历史学派学者所支持的"社会有机体"观念。因为洞察到天真经验主义无法完成构建经济理论的任务，马歇尔需要一个基础的全面性概念框架来建立自己的理论体系。他选择的办法是依赖斯宾塞的"综合哲学"。斯宾塞对生物学有堪与达尔文比肩的巨大贡献，并且把演化观念播种于社会科学的土壤。主要由他发扬光大的社会有机体观念为经济学提供了一个可能的元理论框架。

斯宾塞的思想对马歇尔有很大影响。马歇尔非常赞赏社会有机体这种比喻，把斯宾塞的一些概念引用到了自己的经济学大厦中，试图建立起基于这个元理论的经济理论体系。这样，马歇尔就在很大程度上与施穆勒等德国历史学派经济学家一样，在自己的理论构建过程中体现出了斯宾塞的生物学和哲学思想。例如，他关于方法论个人主义的看法就受到很大的限定，表现出接近历史学派的倾向。所以，他在《经济学原理》中写道："和所有其他的社会科学的学者一样，经济学家所研究的个人，基本都是社会有机体的成员……社会生活要大于个体成员生活的总和。"②可惜的是，因为很多复杂的原因，如其中蕴藏的忽视个人权益的危险倾向等，斯宾塞的影响力在20世纪早期迅速衰弱下去，马歇尔理论思想中的这个方面也很轻易地就被后人忽略了。然而，德国历史学派中同样的流行倾向却经常被翻出来口诛笔伐。

总的来说，马歇尔绝不是一个德国历史学派的敌人，他是一个充满理论思想又对历史敏感的优秀学者。因为马歇尔是新古典经济学的开创者，所以很多人想当然地认为马歇尔的经济学就应该同新古典经济学是等价的，这是对马歇

---

① WHITAKER. The Correspondence of Alfred Marshall (vol. 2) [M]. Cambridge: Cambridge University Press, 1996: 280.
② MARSHALL. The Principles of Economics [M]. London: Macmillan, 1949: 20-21.

尔各种误读的根源。应该尽量避免从现在的新古典范式来倒推马歇尔的思想。马歇尔的经济学方法论有明显的二元性，包含"经济力学"和"经济生物学"两种范式。因此，马歇尔的经济研究不只有静态的局部均衡分析——它只是马歇尔研究中的一部分，而且马歇尔使用起来非常谨慎。在他的经济学研究里一直存在着对历史和现实的关注，他醉心于社会有机体思想提供的元理论，认为经济学家的麦加在于经济生物学。

马歇尔的方法论与德国历史学派有相似之处，甚至可以用一句必然引起争议的话来评价马歇尔：某种意义上他是历史学派研究传统的产物或延续。在马歇尔时期，经济学领域的理论家和历史主义者在剑桥还远未达到水火不容的地步，更多时候还算是并肩战斗的盟友。但在马歇尔之后，剑桥经济学出现了一个快速的思想跳跃，丧失了大部分历史意识和广阔的理论视野。

如今，马歇尔研究方法中包含的历史性、现实性和动态性在西方主流经济学中已被刻意忘却了。对"经济生物学"方法的背离在很大程度上是现代经济学力求"科学化"的结果。科学化要求精确化，精确化往往需要数学化，而数学工具的描述范围毕竟有限，所以必须对现实做很大程度的简化。非常具有讽刺意味的是，在一个世纪后的今天，西方主流经济学已经完全醉心于马歇尔心中的"精致的玩偶"了。

6.3 凡勃伦对德国历史学派的评价

托尔斯坦·凡勃伦（Thorstein Veblen，1857—1929）是美国的经济学大师，美国制度学派（老制度学派）的创始人。他的《有闲阶级论》（1899）在学术界和文艺界都曾引起轰动，当时的欧美知识分子几乎人手一册。

凡勃伦的文章辛辣有力，是进行社会批评和理论反思时常用格言警句的丰富源泉。达尔文进化论对凡勃伦产生了深刻的影响。"非进化"是凡勃伦对西方主流经济学最根本的不满之处。①凡勃伦强调，其错不在对所提问题的回答内容，而是他们最初提出的是错误问题。

凡勃伦认为德国历史学派是一个重要的派别。"这些讨论、专论和概论中的某些内容，尤其是后期的内容的结果是很有价值的，德国研究者所倡导的这种经济学倾向也是很有意义的。"②但是，德国历史学派的明显缺点是理论构建不足，在施穆勒的《大纲》问世之前，"没有出现一部致力于阐述以'历史方法'为基础建立的经济理论体系的全面的著作"③。

6.3.1 批判罗雪尔代表的旧历史学派

凡勃伦清楚地认识到，德国历史学派在发展过程中实现了进化。他指出："在过去20年中，历史学派分成了两个稍有区别的主要发展方向，因此，今天就不能像早先的任何时候那样，自信地就历史学派经济学家作宽泛的一般性阐述了。"④他把以罗雪尔为代表的旧历史学派和以施穆勒为代表的"现代"历史学派进行了区分。

对旧历史学派，凡勃伦认为它是历史经济学的"初级阶段"，代表"经济学考察的一个新的、更宽广的范围""理论讨论的一个新目标和新方法""并非在所有方面都明显得到要领""关于理论进展的新观念，以及为了实现这种进展而需要的方法，仍然都主要停留在一种推测的状态。对如何实现前者，或者后者的周围环境，都没有实质性的说明。不能认为当时的历史经济学家已经在他们的车间里开动了新的发动机"⑤。虽然凡勃伦承认，"这种更古老传统的工作，绝不能被视为毫无价值……是非常重要、非常有价值的，对于历史学派经

① 他认为主流的理论视野狭窄，不探究文化历史而臆想出一个"没有滞后、漏洞和摩擦的"幻像。凡勃伦不反对理论抽象，他认为理论的有用性不必建立在"像真的那样真"的基础上，但是他认为新古典经济学的抽象是错误的，把经济生活最重要的本质特征去掉了——经济的本质特征不是简单的数量增加，而是持续不断的结构变化。凡勃伦认为，新古典经济学只能牵强地解释"大小、体积、质量、数目、频率方面的变化"，不可能触及真正问题。
② 凡勃伦. 古斯塔夫·施穆勒的经济学 [A]. 科学在现代文明中的地位 [C]. 张林，等，译. 北京：商务印书馆，2012：216.
③ 凡勃伦. 古斯塔夫·施穆勒的经济学 [A]. 科学在现代文明中的地位 [C]. 张林，等，译. 北京：商务印书馆，2012：216.
④ 凡勃伦. 古斯塔夫·施穆勒的经济学 [A]. 科学在现代文明中的地位 [C]. 张林，等，译. 北京：商务印书馆，2012：217.
⑤ 凡勃伦. 古斯塔夫·施穆勒的经济学 [A]. 科学在现代文明中的地位 [C]. 张林，等，译. 北京：商务印书馆，2012：219.

济学的任务来说也许是不可缺少的"①，但他依然把旧历史学派视为是极端"非进化"的。他认为："'现实主义'并没有使经济学成为一门进化科学……没有哪一种经济学比公认的历史学派经济学离进化科学的距离更远。"②

凡勃伦把罗雪尔视为旧历史学派的典型。"那个时代的历史经济学的特征，在罗雪尔的著作中有清楚的反映……罗雪尔关于经济学的范围和方法的观念得到了最为广泛的接受，并且最好地表达了那些希望通过历史方法发展经济学的研究者的基本态度"③，而且，"罗雪尔与他的两个杰出的同时代人之间，并没有明显的差别。他们之间的主要区别是罗雪尔更幼稚、更具体。他也留下了通过他使用的方法而得到的更多结论"④。因此，凡勃伦对旧历史学派的评价主要是通过评价罗雪尔表达的。

第一，凡勃伦批评旧历史学派奉行天真经验主义，造成了理论构建上的短板。他指出："对数据资料的任何强调都很少能够超越第一代历史学派经济学家所达到的高度……耗尽历史学派经济学家精力的广博学问和研究，并没有上升为科学，因为尽管保持了一致性，但他们自己却满足于数据资料的一种罗列，以及对产业发展的一种描述性说明，没有敢于提供任何一种理论，或者把他们得到的结果详细阐述为一种一致的知识体系。"⑤对此，他的态度是反对，"除了辩论和推测性的观念之外，这个学派当时严肃的兴趣和努力在于历史领域而不是经济学领域"⑥；"这些更严格地遵守传统的历史学派经济学家——也许可以称之为历史学派更古老传统的现代继承者们，根本就没有建立一种科学，他们的目标不是理论工作"，这些人的工作"与经济

① 凡勃伦. 古斯塔夫·施穆勒的经济学 [A]. 科学在现代文明中的地位 [C]. 张林，等，译. 北京：商务印书馆，2012：217.
② 凡勃伦. 为什么经济学还不是一门进化科学 [A]. 科学在现代文明中的地位 [C]. 张林，等，译. 北京：商务印书馆，2012：52.
③ 凡勃伦. 古斯塔夫·施穆勒的经济学 [A]. 科学在现代文明中的地位 [C]. 张林，等，译. 北京：商务印书馆，2012：220.
④ 凡勃伦. 古斯塔夫·施穆勒的经济学 [A]. 科学在现代文明中的地位 [C]. 张林，等，译. 北京：商务印书馆，2012：220.
⑤ 凡勃伦. 为什么经济学还不是一门进化科学 [A]. 科学在现代文明中的地位 [C]. 张林，等，译. 北京：商务印书馆，2012：52.
⑥ 凡勃伦. 古斯塔夫·施穆勒的经济学 [A]. 科学在现代文明中的地位 [C]. 张林，等，译. 北京：商务印书馆，2012：219.

理论并没有直接的联系"。①

进而，凡勃伦对罗雪尔等人只是用历史对英国理论装饰一番的做法表达了不满。他犀利地指出，虽然他们表现出了一定的"洞察力和公正性"，但对于理论构建而言，他们所做的只不过是"以一种断断续续的方式反复灌输，并且在一种不确定的程度上阐述他们所怀疑的古典作者的教条"②，"一般来说是不加批评地借用古典经济学这个源泉"③。因此，凡勃伦批评罗雪尔的理论"具有折中主义的特征，而不是建设性的进步特征"④。

基于在经济理论构建上差强人意的表现，凡勃伦认为旧历史学派总体上是失败的。他指出，面对关于理论构建的指责，"任何年青一代的经济学家都不太可能会引述罗雪尔的著作从而来反驳……似乎没有理由认为这种失败不是决定性的"⑤。于是，凡勃伦给了这些德国前辈一个结论性评语："德国经济学的这一更古老传统缺乏建设性的科学成就——也就是说，缺乏理论……这种保守的历史经济学在理论方面似乎是一块贫瘠之地。"⑥

第二，凡勃伦批评罗雪尔的"历史生理方法"过分依赖黑格尔哲学。凡勃伦认为，虽然罗雪尔本人没意识到，但他主张的"历史生理学"方法背后无疑隐含着强烈的黑格尔式"浪漫"派思想。这一点不难理解。那个时代的德国社会——尤其是上流社会都把黑格尔哲学当作"理所当然的东西"，罗雪尔的生活和成长环境就是完全笼罩在"黑格尔的形而上学"中的。

在黑格尔哲学中，生命是一个自我实现的过程，这个过程具有一种"精神"⑦属性，是根据自身内在本质的需要而展开的。所以，对人类文化和经济

---

① 凡勃伦. 古斯塔夫·施穆勒的经济学 [A]. 科学在现代文明中的地位 [C]. 张林，等，译. 北京：商务印书馆，2012：217.
② 凡勃伦. 古斯塔夫·施穆勒的经济学 [A]. 科学在现代文明中的地位 [C]. 张林，等，译. 北京：商务印书馆，2012：219.
③ 凡勃伦. 古斯塔夫·施穆勒的经济学 [A]. 科学在现代文明中的地位 [C]. 张林，等，译. 北京：商务印书馆，2012：217.
④ 凡勃伦. 古斯塔夫·施穆勒的经济学 [A]. 科学在现代文明中的地位 [C]. 张林，等，译. 北京：商务印书馆，2012：217.
⑤ 凡勃伦. 古斯塔夫·施穆勒的经济学 [A]. 科学在现代文明中的地位 [C]. 张林，等，译. 北京：商务印书馆，2012：217.
⑥ 凡勃伦. 古斯塔夫·施穆勒的经济学 [A]. 科学在现代文明中的地位 [C]. 张林，等，译. 北京：商务印书馆，2012：217-218.
⑦ 这里指"绝对精神"，不是平时使用的表示与物质相对的那个概念。

发展过程的黑格尔式解读就是"人类精神的演变（剥离）"。经济发展的法则，与世界万物的普遍生命过程法则是一致的，而世界本身就是一个在"精神"统摄下自我演变的生命过程，经济生活只是它的一个方面。生物学家揭示出了有机体生命演变过程的奥秘，这就为认识经济和文化的发展法则提供了线索——因为万物在"精神"的支配下是一致的。于是，在黑格尔的指引下，罗雪尔把生理学观念引入了经济学领域。

黑格尔哲学的影子在罗雪尔理论中随处可见。罗雪尔的国民经济发展生物类比阶段论就是个典型例子。对罗雪尔来说，经济发展和生理过程一样是自我实现的人类精神演变或剥离过程，所以经济发展过程就应该是一个由人类生命性质决定的时间序列。罗雪尔的理论映射出这样的世界观："文化兴衰的历史必然是自我重复的，因为这实质上是每一个全面的文化发展序列中寻求自我实现的同样的人类精神……在演变的特征上，过去文化周期的历史因而就是未来的历史……过去得到很好验证的文化现象序列对未来的文化现象序列有着同样的约束力……如果这个过程碰到了障碍或者变化的条件，它会自我适应于任何特定情况下的环境，从而沿着自己的逻辑倾向发展，直到达到由它的性质给定的完美状态……环境最多只能产生微小的扰乱；它们不会形成一个可以深刻地影响文化过程的结果或者未来进程的累积性序列。"[1]

凡勃伦认为罗雪尔的观念也算是一种"进化的"观念，但这既非达尔文主义的，也非斯宾塞主义的。凡勃伦站在达尔文主义的立场批评罗雪尔的观念"会导致对现象序列同一性的或多或少武断的一般化，而决定事件进程的原因，以及形成序列的这种同一性或者变异性的原因却只得到很少的关注"[2]。凡勃伦一针见血地指出，罗雪尔的理论充其量是个"格言式的知识体系"，"用现代科学的标准和目标来衡量它们的时候，却是非常虚幻

① 凡勃伦. 古斯塔夫·施穆勒的经济学 [A]. 科学在现代文明中的地位 [C]. 张林，等，译. 北京：商务印书馆，2012：222-223.
② 凡勃伦. 古斯塔夫·施穆勒的经济学 [A]. 科学在现代文明中的地位 [C]. 张林，等，译. 北京：商务印书馆，2012：223.

的。如众所周知的那样，这种浪漫主义的历史考察和思考方式并没有取得实质性的理论成就"①。

6.3.2　对施穆勒及其《一般国民经济学大纲》的评价

（1）对施穆勒的称赞

被凡勃伦评论一番，对大多数同时代的著名经济学家来说，肯定是不怎么令人愉快的事。然而，凡勃伦在评论《一般国民经济学大纲》时对施穆勒大加赞扬——除了施穆勒，再没有哪个经济学家在他笔下得到过如此多的正面评价。

凡勃伦认为新、旧历史学派的区别在于："现代的历史学派"是"宣称要发展理论考察的那个历史经济学分支"②。他首先把施穆勒定位为"现代历史学派"的"权威代表"、"公认的、最权威的代言人"。施穆勒的工作"深刻而直接地触及了经济学的基础"③。通过与罗雪尔等的对比，凡勃伦肯定了施穆勒在理论构建上的巨大贡献。他说："如果要寻找一篇可以代表历史学派提供给经济学的关于一般理论的典型文章，只有在像施穆勒教授这样已经偏离了严格的历史方法传统的这些人的作品里才能够找到。"④

凡勃伦对施穆勒的早期和后期作了区分。他对施穆勒早期工作评价不高，因为在其早期作品中"没有迹象表明，当时他已经对改变经济学这一建设性工作有了一个清晰的特征概念"⑤。在凡勃伦眼中，施穆勒在19世纪60年代主要是个"当时流行于经济学界的范围和方法的反对者"。这个叛逆青年的破坏性明显大于建设性，"不仅反对古典作者的方法和结论，而且反对历史学派代表人物所持的观点，反对经济学的范围，反对经济学所寻求的法则或者一般

---

　　① 凡勃伦. 古斯塔夫·施穆勒的经济学 [A]. 科学在现代文明中的地位 [C]. 张林，等，译. 北京：商务印书馆，2012：223.
　　② 凡勃伦. 古斯塔夫·施穆勒的经济学 [A]. 科学在现代文明中的地位 [C]. 张林，等，译. 北京：商务印书馆，2012：218.
　　③ 凡勃伦. 古斯塔夫·施穆勒的经济学 [A]. 科学在现代文明中的地位 [C]. 张林，等，译. 北京：商务印书馆，2012：215.
　　④ 凡勃伦. 古斯塔夫·施穆勒的经济学 [A]. 科学在现代文明中的地位 [C]. 张林，等，译. 北京：商务印书馆，2012：218.
　　⑤ 凡勃伦. 古斯塔夫·施穆勒的经济学 [A]. 科学在现代文明中的地位 [C]. 张林，等，译. 北京：商务印书馆，2012：218-219.

化"①。凡勃伦用一句话简单地总结了早期施穆勒："一般将他当作一个攻击传统观念的人，以及历史学派的一个典型代表，因为他实际上否认科学地对待经济问题的可行性，他的目标是把经济学限定为一门叙述性的、统计的、描述的学科。"②"他现在的经济学观点已不再属于这个攻击传统观念的或者批评的阶段，同样，关于其科学活动的趋势和结果的不确定性也伴随着这个阶段成为过去。"③

凡勃伦认为施穆勒比旧历史学派高明的地方体现在两个方面。

首先，对于深刻影响了德国理论界的黑格尔哲学，施穆勒已经自觉进行了处理。"他的工作与上面所说的那些历史经济学更古老传统的经济学家的区别，是这些偏见在他的理论著作中表现得较不明显，或者说相对缺乏这种偏见。特别是他拒绝在明确以黑格尔主义或者浪漫主义思想流派为基础的理论领域进行研究。他从一开始就不愿意接受对同一性或者常态的分类意义上的阐述，是科学理论问题的恰当答案。"④不过，凡勃伦的称赞是有保留的，他认为施穆勒"似乎并没有完全摆脱浪漫主义或者黑格尔主义的偏见。他的早期著作提供了相反的证据。甚至不能说他后期的著作就没有表现出某种同样的基本态度，比如他假定文化事件的进程中有一种改良趋势"⑤。

其次，施穆勒在经济学中也主张经验主义和归纳法，但他主张的经验主义并不天真。"实际上，他通常并不否认早期历史经济学家的经验归纳的真实性和重要性……他很重视这种经验归纳。"⑥施穆勒倡导要对历史进行充分深入的研究调查，要在更大的范围、更深的程度上进行经验归纳的工作，甚至"主张

① 凡勃伦. 古斯塔夫·施穆勒的经济学 [A]. 科学在现代文明中的地位 [C]. 张林，等，译. 北京：商务印书馆，2012：218.
② 凡勃伦. 古斯塔夫·施穆勒的经济学 [A]. 科学在现代文明中的地位 [C]. 张林，等，译. 北京：商务印书馆，2012：219.
③ 凡勃伦. 古斯塔夫·施穆勒的经济学 [A]. 科学在现代文明中的地位 [C]. 张林，等，译. 北京：商务印书馆，2012：219.
④ 凡勃伦. 古斯塔夫·施穆勒的经济学 [A]. 科学在现代文明中的地位 [C]. 张林，等，译. 北京：商务印书馆，2012：224.
⑤ 凡勃伦. 古斯塔夫·施穆勒的经济学 [A]. 科学在现代文明中的地位 [C]. 张林，等，译. 北京：商务印书馆，2012：224.
⑥ 凡勃伦. 古斯塔夫·施穆勒的经济学 [A]. 科学在现代文明中的地位 [C]. 张林，等，译. 北京：商务印书馆，2012：224.

至少一代经济学家必须甘愿把他们的精力用在这种描述性工作上"[①]。凡勃伦为施穆勒的努力进行了澄清，"在施穆勒教授看来，详尽的历史研究以及对细节的描述只不过是经济生活的最终理论的初步。对细节的调查，以及在这种调查的帮助下实现的经验归纳，只是对于这样的科学目的来说才是有用的：服务于最终阐述经济生活过程中产生的因果法则这个目的"[②]。在施穆勒的理论蓝图中，"更深远的问题是起作用的原因问题，而不是现象序列中可以观察到的历史同一性问题"[③]。

凡勃伦用一段热情而不失冷静的文字对施穆勒的学术工作做出了总体评价。

"施穆勒教授的工作显然与历史经济学的更古老传统是有区别的，这种区别既表现在经济理论的初步工作的范围和特征上，也表现在他为经济学设定的更遥远的目标上。只有赋予其更广泛的含义，这门科学最近的发展才可以被称为一种'历史的'经济学。它是达尔文主义的，而不是黑格尔主义的，尽管它不时表现出明显的黑格尔主义的烙印；只有在类似于达尔文主义所分析的经济制度也许可以称为历史的进化这个意义上，它才是'历史的'。施穆勒教授的著作区别于他所属的那一类经济学家早期著作的特征是，他的著作集中分析的是达尔文主义意义上的制度的起源、发展、持续和变化，与经济生活有关的这些制度既是原因，也是结果。他在很大程度上与他的同时代人和历史学派的先辈是一致的；由于他的'历史'先辈的影响，他在很多地方既表现出优点，也表现出缺点。但他明显的、典型的优点在于制度的起源和发展后达尔文主义的、因果关系的理论。在这一类型的理论考察中，并非只有施穆勒教授一个人，他或许并没有在这个方向上像其他某些人那样，走得那么远或者那么专一；但他

---

① 凡勃伦. 古斯塔夫·施穆勒的经济学 [A]. 科学在现代文明中的地位 [C]. 张林，等，译. 北京：商务印书馆，2012：224.
② 凡勃伦. 古斯塔夫·施穆勒的经济学 [A]. 科学在现代文明中的地位 [C]. 张林，等，译. 北京：商务印书馆，2012：224-225.
③ 凡勃伦. 古斯塔夫·施穆勒的经济学 [A]. 科学在现代文明中的地位 [C]. 张林，等，译. 北京：商务印书馆，2012：225.

却获得了资深的地位，而且他的工作还在综合性方面处于领先地位。"①

（2）对《一般国民经济学大纲》的点评

凡勃伦对施穆勒的认真评价，源于他对《一般国民经济学大纲》（简称《大纲》）的书评。凡勃伦点评《大纲》的时候，该书只有第一卷面世，第二卷还未出版。尽管根据一部不完整的作品来品评一位经济学家"似乎是一种颇为冒险的举动"，但凡勃伦还是按捺不住，动笔写了《古斯塔夫·施穆勒的经济学》，他开篇第一句话就断言："施穆勒教授的《大纲》是经济学文献中一部非常重要的著作。"②

凡勃伦认为，施穆勒的早期作品和《大纲》相比"只是初步的、尝试性的阐述"。《大纲》这一"成熟著作"的出版将在经济学界造成很大影响，"无论是批评还是赞同他的人，都必然要集中于他的讨论中谈到的理论的范围和性质问题，都要集中于他使用的材料的范围和特征问题，都要集中于他那种睿智的、身体力行的考察方法问题"③。

凡勃伦指出，《大纲》的结构与以往的经济学著作有很大不同，"它的出发点是对文化发展中的因素进行全面的一般性考察，特别是关于它们与经济的关系"④。虽然结构特殊，但仍然是一部经济学论著，"历史的考察"相比于以"心理学和人种学"为基础的考察显得次要，而且作者更注重的"是对那些在任何给定情况下在经济过程中发生作用的因素进行更为详细的、透彻的讨论"⑤。凡勃伦惊讶于施穆勒的博闻强识："……人口问题所关心的并不是劳动力数量，而是种族特征的多样性，以及人种天赋与经济制度的发展之间的关系。对物质环境的讨论同样很少谈到土壤的肥力，更多关注的是气候和地理状

① 凡勃伦．古斯塔夫·施穆勒的经济学 [A]．科学在现代文明中的地位 [C]．张林，等，译．北京：商务印书馆，2012：225-226．
② 凡勃伦．古斯塔夫·施穆勒的经济学 [A]．科学在现代文明中的地位 [C]．张林，等，译．北京：商务印书馆，2012：215．
③ 凡勃伦．古斯塔夫·施穆勒的经济学 [A]．科学在现代文明中的地位 [C]．张林，等，译．北京：商务印书馆，2012：215-216．
④ 凡勃伦．古斯塔夫·施穆勒的经济学 [A]．科学在现代文明中的地位 [C]．张林，等，译．北京：商务印书馆，2012：226．
⑤ 凡勃伦．古斯塔夫·施穆勒的经济学 [A]．科学在现代文明中的地位 [C]．张林，等，译．北京：商务印书馆，2012：226-227．

况的多样性以及地质条件和生态条件……"①他认为施穆勒这种一般性的全面考察"是一种经过深思熟虑的尝试，一方面想要用经济生活的动因考察来替代经验归纳，另一方面想用它来替代对事物永恒的适当性的思索"②，对于经济学向"进化的科学"前进有着重要的创新意义。"这意味着人性的这些特征以及环境的性质和状况的这些影响力，是外在于它与变化的累积式过程所产生的经济状况的相互关系的力量，正是这种累积式的发展过程，正是其复杂而不稳定的结果，才是经济学家研究的主题。在这样一种基础上得到的理论结果，必然是一种演变的结果。"③

不过，凡勃伦对施穆勒的《大纲》也不是一味赞美，他对施穆勒把事实判断和价值判断搅在一起的做法表示了极大不满。他认为，施穆勒勾勒出了一个"进化的"经济理论体系的轮廓，但是具体内容还要继续完善。凡勃伦觉得经济学者必须表现出"纯粹的科学兴趣"，而施穆勒总是从经济学的解释性探讨中跑到对如何"保持德国社会广为接受的文化形式的方法"的兴趣上。凡勃伦承认施穆勒的"方法和结果无疑是才华横溢的，是有价值的"，但他还是"期待一些更切题的内容"，希望得到"坚定的、经过训练的、不带偏见的专家的引导"。然而，施穆勒显然没给出足够切题的引导。凡勃伦抱怨道："作者一旦与今天的形式短兵相接、到达一个应该对当代制度变迁中的因果复杂性客观地进行分析和说明的节骨眼上的时候，原本纯粹的科学的光辉就立刻涣散成彩虹般五彩缤纷的杂色，作者变身为一个热心而雄辩的顾问，并就应该是什么以及应该如何挽救现代社会等问题进行论述。"④这时候，《大纲》的论述就"失去了对现象的演变解释的特征，而呈现出呼吁和警告的特征，提出了私利方面的、道德方面的、好品味方面的、卫生方面的、政治结果方面的甚至是宗教方

① 凡勃伦. 古斯塔夫·施穆勒的经济学 [A]. 科学在现代文明中的地位 [C]. 张林，等，译. 北京：商务印书馆，2012：227.
② 凡勃伦. 古斯塔夫·施穆勒的经济学 [A]. 科学在现代文明中的地位 [C]. 张林，等，译. 北京：商务印书馆，2012：227-228.
③ 凡勃伦. 古斯塔夫·施穆勒的经济学 [A]. 科学在现代文明中的地位 [C]. 张林，等，译. 北京：商务印书馆，2012：228.
④ 凡勃伦. 古斯塔夫·施穆勒的经济学 [A]. 科学在现代文明中的地位 [C]. 张林，等，译. 北京：商务印书馆，2012：229.

面的迫切要求……这些离题的说教和革新建议意味着这种论述恰恰在经济学最薄弱的环节陷入泥潭"[①]。

　　凡勃伦列举了三个例子来具体说明他对施穆勒的惋惜和不满之处，分别是《大纲》第2篇第1章对家庭及其在社会经济结构中地位和功能的论述、第1篇最后一章对技术手段的发展及其经济含义的论述和第2篇第7章对商业企业的论述。在这三个例证中，凡勃伦反复指出施穆勒如何"离开了对所讨论的变化进行科学的解释这个主题"，如何"错过了以一种科学的精神处理这些素材的机会"，以及如何"错过了得出对经济理论有价值的结论的机会"。[②]施穆勒总是把现有的制度形式论证为"一种最终的结果"，陷入"对那个固有的、合意的完美状态的说教"[③]。

　　由于施穆勒没有在价值判断上保持必要的中立态度，"不时变换角度来看待一个特定问题"，所以他的论述偶尔会表现出某种逻辑上的不一致，表现出"一种奇怪的混乱"，出现"一种万花筒般千变万化的效果"[④]。凡勃伦对此充满惋惜："有理由相信，施穆勒原本可以把这一类工作做得比任何同行都好……他在心理学训练方面拥有必要的条件，具备文化发展中的因果效应的广泛知识，有能力提出一种科学的观点。但相反，他又回到了传统历史主义乏味的说教。"[⑤]不过，凡勃伦最后还是写下这样的结束语："在此也许并不需要画蛇添足地指出：对于这样一部极其重要的著作来说，以上这些缺陷相对来说毕竟只是微不足道的。"[⑥]

　　总的来说，凡勃伦对德国新历史学派领袖人物施穆勒的经济理论非常欣赏。这主要是因为，凡勃伦认为施穆勒在探索经济和制度演化的适当因果解释

　　① 凡勃伦. 古斯塔夫·施穆勒的经济学 [A]. 科学在现代文明中的地位 [C]. 张林，等，译. 北京：商务印书馆，2012：229.
　　② 凡勃伦. 古斯塔夫·施穆勒的经济学 [A]. 科学在现代文明中的地位 [C]. 张林，等，译. 北京：商务印书馆，2012：233.
　　③ 凡勃伦. 古斯塔夫·施穆勒的经济学 [A]. 科学在现代文明中的地位 [C]. 张林，等，译. 北京：商务印书馆，2012：231.
　　④ 凡勃伦. 古斯塔夫·施穆勒的经济学 [A]. 科学在现代文明中的地位 [C]. 张林，等，译. 北京：商务印书馆，2012：233.
　　⑤ 凡勃伦. 古斯塔夫·施穆勒的经济学 [A]. 科学在现代文明中的地位 [C]. 张林，等，译. 北京：商务印书馆，2012：233.
　　⑥ 凡勃伦. 古斯塔夫·施穆勒的经济学 [A]. 科学在现代文明中的地位 [C]. 张林，等，译. 北京：商务印书馆，2012：236.

上取得了重大理论进展。与新新历史学派韦伯等人的看法类似，凡勃伦也对施穆勒在理论构建中不能保持适当的价值中立而不满。凡勃伦以及他开创的美国老制度学派被认为是现代演化经济学的主要来源之一。他的经济学研究和理论构建有很多独特的地方。他关注经济生活变化发展的广泛的社会和文化原因以及引发的结果，在这个过程中自然而然会对理论的历史维度有充分的重视。这一点与德国历史学派的研究传统很契合。

6.4　熊彼特对德国历史学派的评价

约瑟夫·熊彼特（Joseph Schumpeter，1883—1950）出生于奥匈帝国（今捷克境内），曾先后师从于奥地利的庞巴维克和英国的马歇尔，20世纪30年代入美国籍，是为数不多能得到西方主流学界推崇的一位非主流经济学家，被誉为经济学界"最后一位博学多才的大师"。他的经济理论有四个重要的思想源泉：奥地利学派、边际主义、德国历史学派和马克思主义。

熊彼特是一名有德语教育背景的学者，德国和奥地利的经济思想都对他产生了巨大影响。熊彼特与新新历史学派诸人年龄相仿，清楚德国历史学派从出现到消失的全过程，因而能对其做出整体评论。这是之前的经济学大师们无法做到的。

6.4.1　熊彼特对德国历史学派评价的变化过程

熊彼特对德国历史学派的态度经历了一个"反对—支持—反对—支持"[①]的复杂过程，这一过程贯穿了他的整个学术生涯。

熊彼特一生都很推崇瓦尔拉斯，青年时更是一名纯粹的瓦尔拉斯崇拜者，"极其希望在经济学中运用数学方法"，相信"借助数学可以使经济学成为一门真正的科学"[②]。其1908年发表的《经济学原理和方法》表明，熊彼特当时的

---

① 支持是有保留的，但总体上是正面评价。
② 斯威德伯格. 熊彼特［M］. 安佳，译. 南京：江苏人民出版社，2005：33-36.

经济理论愿景是像瓦尔拉斯那样打造一个"纯粹"的、从社会科学中独立出来的经济学体系。这时的熊彼特是一个不折不扣的德国历史学派反对者，他坚决反对施穆勒及历史学派的理论。然而，这种激烈反对并没一直持续。1911年，熊彼特在其德文第一版《经济发展理论》的第七章深入探讨了经济与非经济领域互相影响的机制。①这表明此时他已开始接受德国历史学派主张的社会整体观念，不再一味追求"纯粹"经济学。

熊彼特对德国历史学派的态度第一次明确由反对转为支持是在1926年，以发表《古斯塔夫·冯·施穆勒与今日的问题》为标志。在这篇文章中，熊彼特谨真地评价了施穆勒等历史学派经济学家，以及美国制度学派代表韦斯利·米契尔。虽然他也提出了一些批评，但总体上对历史学派是支持的。对于当时很多针对施穆勒的批判，熊彼特是站在为施穆勒辩护的角度来论述的。熊彼特反复提及施穆勒的"伟大成就"、"全面成就"以及"成功"，努力澄清一些当时对施穆勒的流行误解。斯威德伯格指出，熊彼特"勾画出了他所看到的施穆勒对经济学的真正贡献，即施穆勒试图构建一个崭新的且内涵更丰富的经济学观。因此，这篇论文的重点是围绕施穆勒对'今天和明天的社会经济学'的潜在贡献展开的"②。熊彼特给了施穆勒很高的评价，他认为："施穆勒的毕生事业，在很大程度上可以视为是对（制度的）经济社会学的奠基与发展。"③

然而，四年之后，熊彼特对德国历史学派的态度又出现了一次大转弯。1930年，熊彼特在哈佛大学《经济学季刊》上尖刻攻击施穆勒和凡勃伦，认为"他们先天和后天学到的东西都存在严重的甚至是明显的缺陷"④。伴随这些赤裸裸的个人攻击的是对德国历史学派和美国制度学派的全盘否定。熊彼特认为"德国经济科学处于不令人满意的状态"⑤；凡勃伦的错误正在被美国的

---

① 在第二版之后第七章被删除了，中译本是按照第二版以后的英译本翻译的，所以也没有第七章。
② 斯威德伯格. 熊彼特 [M]. 安佳，译. 南京：江苏人民出版社，2005：126.
③ 斯威德伯格. 熊彼特 [M]. 安佳，译. 南京：江苏人民出版社，2005：131.
④ SCHUMPETER. Mitchell's Business Cycles [J]. Quarterly Journal of Economics, Nov.45（1）：150-172. Repr. in Clemence（1951）：158.
⑤ SCHUMPETER. Mitchell's Business Cycles [J]. Quarterly Journal of Economics, Nov.45（1）：150-172. Repr. in Clemence（1951）：159.

"大量称职的理论学家"所纠正。①1931年，熊彼特在日本的一次讲话中又强调了自己的看法。他严厉地指出"德国历史学者的方法论错误"，把制度学派视为"美国学术气氛中的一个黑点"②。

有趣的是，研究《经济分析史》等著作可以发现，晚年熊彼特对德国历史学派的态度又发生了转变，再一次给他们赋予了一个总体上比较正面的形象。此外，在他学术生涯末期的论文中，有一篇明确提出要用"历史的或制度的研究"和"详细的历史考察"来破除对日渐流行的计量经济学的迷信。③

熊彼特对德国历史学派的反复态度变化是耐人寻味的。其实通过对他经济理论的梳理可以发现，熊彼特受到了德国历史学派，尤其是新历史学派和新新历史学派的深刻影响。他的很多理论观点都可以追溯到德国历史学派的代表人物，如施穆勒、韦伯、桑巴特等。④他为什么在德国历史学派支持和反对之间来回切换，也许要跳出单纯学术视角来探寻原因。

1930年之后，熊彼特对德国历史学派猛烈开火（包含很多非学术的人身攻击）的深层动机，也许在很大程度上是为了迎合美国——尤其是哈佛大学当时的经济学潮流。大量对德国历史学派和美国制度学派的尖锐批评帮助他在1932年顺利获得了哈佛大学的终身教职。当然，这种动机很难得到有效证明。能确认的仅仅是行为事实：在努力融入哈佛大学学术圈子的过程中，熊彼特用很短的时间就改变了他关于德国历史学派的正面评价；而到了晚年，他的立场又回归到赴美之前。

6.4.2 对德国历史学派各阶段的具体评价

在熊彼特去世后，其遗孀整理出版了《经济分析史》。在这部著作中，熊彼特系统地评析了德国历史学派，总体上赋予了德国历史学派一个比较正面的形象。

---

① 但他没列举出具体的错误以及纠正之处，也没具体说"称职的理论学家"都有谁。
② SCHUMPETER. The Economics and Sociology of Capitalism [M]. Princeton：Princeton University Press，1991：292.
③ SCHUMPETER. The Historical Approach to the Analysis of Business Cycles [A]. Essays on Economic Topics of J.A.Schumpeter [C]. New York：Kennikat，1951：308-315.
④ 详见下一章"德国历史学派的深远影响"。

（1）评价旧历史学派

熊彼特很简单地评论了旧历史学派。熊彼特认为，严格来说，罗雪尔等人还没真正形成一个学派。也许是受马克思影响，熊彼特认为罗雪尔是"教授学究的化身"，其成就主要在历史哲学和经济思想史领域，单从理论工作上来看，罗雪尔贡献很小。"他辛勤地到处传播他那个时代的正统派（主要是英国的）学说，只不过用了许多史料去加以说明，他写了一些冗长的著作，作了许多次单调沉闷的演讲。然而，这些都不足以构成一个历史学派经济学家，如果按照这个词的确切含义来说的话。"①熊彼特觉得"希尔德布兰德是一位具有许多优点的活跃人物……他强调经济文化的进化型——但他并没有放弃对'自然规律'的信仰——他比大多数与他同时期的经济学家更强调史料的根本重要性"②。克尼斯在熊彼特眼里是旧历史学派中"最杰出的一个"，这主要是因为克尼斯在货币以及信用领域的理论造诣，而不是对历史主义经济学的贡献。克尼斯对历史学派的贡献是1853年出版的《采用历史方法的政治经济学》，"不但强调了政策的历史相对性，而且还强调了学说的历史相对性"③。

（2）评价以施穆勒为代表的新历史学派

熊彼特以肯定和辩护的口吻评论了以施穆勒为代表的新历史学派。他认为，施穆勒领导了一个名副其实的学派，"必须把注意力集中于他的著作和他的领导地位"，对布伦塔诺、毕歇尔等"第二流的领导人物"只要之后写个注释就可以了。④

熊彼特认为施穆勒"以身作则、言行一致地领导了……'新历史学派'"⑤。施穆勒非常重视历史在经济学研究中的重要性，他做过编辑普鲁士

---

① SCHUMPETER. The Historical Approach to the Analysis of Business Cycles [A]. Essays on Economic Topics of J.A.Schumpeter [C]. NY: Kennikat, 1951: 87.
② 熊彼特. 经济分析史（第三卷）[M]. 朱泱，等，译. 北京：商务印书馆，1995：87.
③ 熊彼特. 经济分析史（第三卷）[M]. 朱泱，等，译. 北京：商务印书馆，1995：88.
④ 熊彼特. 经济分析史（第三卷）[M]. 朱泱，等，译. 北京：商务印书馆，1995：88.（《经济分析史》是部未竟作品，这个注释没写出来）
⑤ 熊彼特. 经济分析史（第三卷）[M]. 朱泱，等，译. 北京：商务印书馆，1995：89.

行政管理历史文献等"不是以历史为专职的人一般不会去做的工作"①，掀起了德国经济学界深入研究历史的风潮。这种历史工作的规模"空前庞大"。与主流的嘲讽态度不同，熊彼特对此给出了一个辩护性的评价。他指出，这些工作是"在一种崭新的精神的支配下来进行的。对于那些觉得事情做得有些过了头以及对'历史主义'表示轻蔑的批评家们，可以公正地这样说：首先，人类的所有成就必然都是片面的；其次，尽管人们在各方面都取得了许多成就，但却指不出曾有哪个领域——至少我个人是指不出——在当时的工作已经达到了我们所期望的地步"②。"毫无疑问，这种研究工作的水平多数相当平庸。但是这种研究工作的总和却大大促进了对于社会进程的精确了解。"③

概括来说，熊彼特对施穆勒的经济理论作了四点评价。

第一，在认可社会改良策论成果有一定积极意义的基础上，熊彼特认为施穆勒及其追随者对德国经济学忽视理论的风气客观上负有一定责任。熊彼特觉得社会政策协会的大量策论虽然"离开了通向科学征服的崎岖小路"，但"在经济学的历史上是最重大的成就之一"。④社会政策协会的策论研究积累了大量实际资料，使经济学者对现实经济生活的了解"得到了无可估量的扩展"。而且这些文献中很多质量相当高，如始于1910年的广泛的价格研究，"不但在观察的细密方面可资楷模，而且在分析上，由于考虑了科学性与现实性方面的迫切要求，也具有重大意义与启发性"⑤。然而，熊彼特对社会政策协会造成的消极影响也含蓄地提出了批评。

首先，高校经济学的教学功能被损害。熊彼特作了一个形象的比喻："如果内科医学教师不去开导学生的分析能力，却整天沉湎于浮夸治病救人的荣誉，那么，内科医学将会变成个什么样子"。由于"讲坛社会主义者"总体在教学上对培养理论构建能力的忽视，使"越来越多的大学生离开了学校，凭着极其可怜的教养，去参加本来是为经济学家而设的实际业务工作。有一些最优

① 熊彼特. 经济分析史（第三卷）[M]. 朱泱，等，译. 北京：商务印书馆，1995：89.
② 熊彼特. 经济分析史（第三卷）[M]. 朱泱，等，译. 北京：商务印书馆，1995：89.
③ 熊彼特. 经济分析史（第三卷）[M]. 朱泱，等，译. 北京：商务印书馆，1995：89.
④ 熊彼特. 经济分析史（第三卷）[M]. 朱泱，等，译. 北京：商务印书馆，1995：75-77.
⑤ 熊彼特. 经济分析史（第三卷）[M]. 朱泱，等，译. 北京：商务印书馆，1995：79.

秀的学生是带着极端厌恶的心情离开学校的"①。

其次，教学的缺失也造成研究上的肤浅。很多研究者"几乎不知道经济理论究竟是什么：很多人认为它是一种经济生活的哲学，要不，就只不过是一种方法论"②。虽然社会政策协会的文献有不少精品，但总体来说缺乏理论素养，多数撰写者"很少注意分析工作的严格要求……直接根据他们从实际情况所获得的印象来提出各种建议，这就与不以经济学为专业的工作者的研究没有什么两样了……经济学的分析工具，在他们手中，不但没有得到完善，反倒被败坏了"③。

批评之后，熊彼特又为历史学派进行了辩护，认为这不能全怪历史学派。"尽管历史学派是在培养另一种纯粹的科学兴趣，它到底是在培养科学兴趣。不应当硬要历史学派来承担以崇信代替务实的责任。"④

第二，熊彼特对施穆勒表现出的"真挚的科学批判精神"表示拥护，肯定其对"那些属于历史哲学性质的广泛概括"的怀疑态度。熊彼特指出："施穆勒当然也知道，作为阐述问题的假说的理论是不可缺少的，他在提出此种前提方面，比起一般的专业历史学家来，确实要更大胆一些，但是，他绝不想把历史的整个过程简单地归结为一两个因素作用的结果，他甚至不想把孔德-布克尔-马克思式的那种单一假说作为最终目标——在他看来，要建立一种历史进化的绝对理论的想法是错误的，事实上是不科学的。"⑤

熊彼特把施穆勒和孔德的思想体系进行了区分，他认为："在施穆勒看来，孔德的见解完全是'自然主义者的错误'的化身，孔德主义者的历史规律都是捏造。事实上，在施穆勒的著作中找不到他受过孔德主义影响的任何迹象。"⑥熊彼特把施穆勒的经济思想完全归于德国人的传统思维："史料学的高水平，对历史事实的普遍尊重，理论经济学的低水平，对理论经济学的价值缺

① 熊彼特. 经济分析史（第三卷）[M]. 朱泱，等，译. 北京：商务印书馆，1995：78.
② 熊彼特. 经济分析史（第三卷）[M]. 朱泱，等，译. 北京：商务印书馆，1995：81.
③ 熊彼特. 经济分析史（第三卷）[M]. 朱泱，等，译. 北京：商务印书馆，1995：80.
④ 熊彼特. 经济分析史（第三卷）[M]. 朱泱，等，译. 北京：商务印书馆，1995：81.
⑤ 熊彼特. 经济分析史（第三卷）[M]. 朱泱，等，译. 北京：商务印书馆，1995：91.（马克思把历史简单归结于一两个因素？建立了一种历史进化的绝对理论？不敢苟同！）
⑥ 熊彼特. 经济分析史（第三卷）[M]. 朱泱，等，译. 北京：商务印书馆，1995：92.

乏尊重，把国家置于最崇高的地位，而此外的事物则重要性较小……无论就其优点来说还是就其弱点来说，全都是德国型的。"①

第三，熊彼特对施穆勒把视野扩展到几乎所有社会领域的经济学研究方法持保留态度。施穆勒反对用"隔离方法"对经济现象进行理论提炼，熊彼特认为这限制了施穆勒经济思想的理论高度，抛弃"隔离方法"意味着"分析题材的几乎无边无际的扩展""举凡社会治乱兴衰中的一切因素，在施穆勒的经济学中，都要加以处理"。②熊彼特指出，施穆勒及其追随者强调应该"研究经济现象的所有一切方面；因此应研究经济行为的所有一切方面，而不仅仅研究它的经济逻辑；因此应研究历史上展现出来的人类动机的总和，而对特有的经济动机的研究不应超过对其他动机的研究，之所以用'伦理的'一词概括其他动机，看来似乎是想强调超个人的因素的重要性"③。熊彼特认为这样的方法论对于经济学研究是一个无法真正实现的纲领。"在这一层次，要想写出像样的著作就得实行专业化。资料也将使分工成为势所必至，就像中世纪史学家与（譬如说）古罗马史学家之间必然存在着分工一样。"④基于这种认识，熊彼特把施穆勒及其追随者界定为"具有历史头脑的社会学家"⑤。

第四，熊彼特对施穆勒把理论和历史以不成熟的方式融合在一起得到的理论成果不太满意，但敏锐觉察到其中蕴含着潜在的巨大思想张力。他批评施穆勒，说他"希望只消整理一下历史专题研究的成果，无须借助人们在专题研究以外还须花费的思维活动，就可以把历史专题研究成果与'普通经济学'熔焊在一起，这当然只是一种妄想"⑥。熊彼特对施穆勒晚年的巨著《一般国民经济学大纲》给出的总体评价是："想想约翰·斯图尔特·穆勒的论著，再设想另有一人，他特别强调制度方面的因素并下大力气研究，就像穆勒强调传统意义上的理论并下大力气研究那样，同时相应地减少在理论方面的探索以及所占

---

① 熊彼特. 经济分析史（第三卷）[M]. 朱泱，等，译. 北京：商务印书馆，1995：92.
② 熊彼特. 经济分析史（第三卷）[M]. 朱泱，等，译. 北京：商务印书馆，1995：93.
③ 熊彼特. 经济分析史（第三卷）[M]. 朱泱，等，译. 北京：商务印书馆，1995：93.
④ 熊彼特. 经济分析史（第三卷）[M]. 朱泱，等，译. 北京：商务印书馆，1995：93.
⑤ 熊彼特. 经济分析史（第三卷）[M]. 朱泱，等，译. 北京：商务印书馆，1995：93.
⑥ 熊彼特. 经济分析史（第三卷）[M]. 朱泱，等，译. 北京：商务印书馆，1995：93.

的比重，你所看到的，就是施穆勒的《大纲》。"①熊彼特认为，施穆勒在《大纲》中已经摆脱了天真经验主义，在制度的历史演进方面做了出色论述，在理论工作上并非毫无可取，但总体上乏善可陈。然而，熊彼特直觉感受到了施穆勒理论中潜藏的思想金矿。他在表达这种直觉的时候明显感觉到语言不给力。

"但是有一点不容忽视，尽管这种研究加上对其成果的整理将绝不会产生确当的定理，可是它却可能在适当制约过的头脑中产生某些别的更加有价值的东西，可能从中透露微妙的信息，可能传达对于社会过程，特别是经济过程的深切理解，可能传达对历史远景的某种感觉，或者，如果你希望得到的话，也可能传达关于事物的有机结合的某种意识，这种感觉或这种意识，是非常难于表述的，说不定就不可能表述。也许用内科医生的临床经验——或其中的一部分——来加以比拟，将有所帮助，不致引起什么误解。"②

（3）评价新新历史学派的三位代表

在论述过由门格尔和施穆勒挑起的经济学方法论大论战之后，熊彼特把视线投向了施穆勒之后德国历史学派的杰出代表：斯皮索夫、桑巴特和韦伯。他把这三位既坚持施穆勒的基本原则又在研究方法上有所不同的新一代学者称为"最新的"历史学派。

斯皮索夫是熊彼特1925—1932年在波恩大学执教期间的同事与好友。他认为斯皮索夫不是一个像其他德国学者那样忘情在历史领域徜徉的经济学家，但是毫无疑问仍然属于德国历史学派，因为斯皮索夫的理论构建充分注重历史以及伦理维度，深受"施穆勒的基本教条的影响"③。然而，斯皮索夫的科学信条"非常让人感兴趣"，熊彼特用尊敬的口吻概括了斯皮索夫的方法论。他说，斯皮索夫提出经济生活存在很多历史"范型"，"要认识这些范型，除了属于'普遍理论'的概念与命题的共同依据之外，还需要分别针对每种范型的理

① 熊彼特. 经济分析史（第三卷）[M]. 朱泱，等，译. 北京：商务印书馆，1995：95.
② 熊彼特. 经济分析史（第三卷）[M]. 朱泱，等，译. 北京：商务印书馆，1995：93-94.
③ 熊彼特. 经济分析史（第三卷）[M]. 朱泱，等，译. 北京：商务印书馆，1995：99.

论"①。熊彼特充分肯定了斯皮索夫在理论构建过程中体现出的"程序之严谨，各个步骤之间层次之分明，以及对各个步骤之同等重视"，认为他"成功地发展了某种类型的'现实主义理论'"②，在理论构建的具体方法上实际已超越了施穆勒的立场，虽然他本人"说的好像是在某个方面发展了它"③。熊彼特还对斯皮索夫没有步施穆勒后尘——"把经济学融入包罗万象的社会学中"表示赞许，赞扬他作为"一个学识渊博的人物"的同时"始终是一个恪守经济学传统疆界的研究工作者"。④

熊彼特对桑巴特明显欠缺好感，在脚注里提到，"魏尔纳·桑巴特（1863—1941），无论作为一个人还是作为一个学者，在各方面都与斯皮索夫正好相反"⑤。在学术上与斯皮索夫"相反"，主要是指桑巴特的经济学分析视野非常开阔。"桑巴特的理论并非全部属于，甚至不是主要属于经济的。他所做的那种尝试完全蔑视了分门别类的研究。所有一切在历史过程的整体中起过作用的因素，都一股脑儿进入研究，而且必然一股脑儿进入：战争与犹太人问题的比重和储蓄或黄金发现的因素不相上下。"⑥熊彼特认为桑巴特"丝毫不考虑专业职能的界限，他甚至比施穆勒还施穆勒"⑦。

熊彼特重点评论了桑巴特的代表作《现代资本主义》。首先，熊彼特给了一个有趣的总体评价——"诡异"。"经常显示出不得要领的诡异色彩，使许多专业历史学家为之震惊……这部书中所用的材料事实上全是第二手的。"不过，尽管如此，熊彼特还是承认这本书有巨大的学术价值，认为它能够代表"历史学派的最高成就"，"就连它所包含的那些错误，也是极富刺激性的"。⑧

接着，熊彼特对《现代资本主义》的理论特征进行了总结。他认为其研

---

① 熊彼特. 经济分析史（第三卷）[M]. 朱泱，等，译. 北京：商务印书馆，1995：99.
② 熊彼特. 经济分析史（第三卷）[M]. 朱泱，等，译. 北京：商务印书馆，1995：100.
③ 熊彼特. 经济分析史（第三卷）[M]. 朱泱，等，译. 北京：商务印书馆，1995：99.
④ 熊彼特. 经济分析史（第三卷）[M]. 朱泱，等，译. 北京：商务印书馆，1995：100.
⑤ 熊彼特. 经济分析史（第三卷）[M]. 朱泱，等，译. 北京：商务印书馆，1995：99（脚注）.
⑥ 熊彼特. 经济分析史（第三卷）[M]. 朱泱，等，译. 北京：商务印书馆，1995：101.
⑦ 熊彼特. 经济分析史（第三卷）[M]. 朱泱，等，译. 北京：商务印书馆，1995：100.
⑧ 熊彼特. 经济分析史（第三卷）[M]. 朱泱，等，译. 北京：商务印书馆，1995：99（脚注）.

究路径既不同于经济史学，也不同于施穆勒等人的历史主义经济学，代表着"第三种类型的历史学派的综合研究"。桑巴特的著作"……是理论化的历史，重点在于推理，同时又是系统化的历史，强调体系，有如社会形态的连环画的那种体系"。桑巴特的目的是"既要有艺术性，又要由于史实丰富而得以进入科学领域，同时还要能利用基本的分析图示去加以表述"。因此，熊彼特把桑巴特的书概括为一句话——"全是从事实联想出来的一些解释性的假说"。①

为了不把桑巴特的成就归功于他的研究路径及方法，熊彼特采取的办法是强调桑巴特本人的"特殊性"。他认为："桑巴特的成就与他个人的各种才能的齐备是分不开的，一般说来，要具备这些才能，又要具备这些才能的不可少的高度，是少见的，而且这样的才能，也并不是想具备就能具备的——鉴于桑巴特的著作具有广泛国际影响，强调一下这一点也是应该的。"②

最后，熊彼特对桑巴特的方法论表示了轻蔑，认为"桑巴特在'方法论上的'表现过于追随时髦，因此没有什么令人感兴趣的地方"③。桑巴特一开始跟随德国主流极力反对以方法论个人主义为基础构建演绎理论，后来又在施穆勒把演绎和归纳比喻为人行走的两条腿之后对演绎理论表现出很大热情，"急欲挤入理论家之列，把在某些方面应用了'演绎法'的功劳写在自己名下"④。这些过往在熊彼特心中留下了很不好的印象。

熊彼特对韦伯做出了非常积极的评价。他把韦伯看作"历来登上学术舞台的角色中最有影响的一个"⑤，认为韦伯作为一位历史学派领袖人物的影响力已经超出了学术活动的范围，深刻影响了社会环境的发展。熊彼特对韦伯身上表现出的严谨学术风范给予了充分认可，而且还借此又暗损了

① 熊彼特. 经济分析史（第三卷）[M]. 朱泱，等，译. 北京：商务印书馆，1995：100-101.
② 熊彼特. 经济分析史（第三卷）[M]. 朱泱，等，译. 北京：商务印书馆，1995：101.
③ 熊彼特. 经济分析史（第三卷）[M]. 朱泱，等，译. 北京：商务印书馆，1995：101.
④ 熊彼特. 经济分析史（第三卷）[M]. 朱泱，等，译. 北京：商务印书馆，1995：101.
⑤ 熊彼特. 经济分析史（第三卷）[M]. 朱泱，等，译. 北京：商务印书馆，1995：99（脚注）.

一下桑巴特①，指出"韦伯关于社会科学的逻辑过程的性质的观点也更加有意义得多"②。

熊彼特对韦伯的理论著作没有投入太多笔墨，只是在脚注里列举了五部他认为重要的作品。其中除《经济通史》只说明英文译者是弗兰克·奈特外，对其余四部都给出了简单评语。熊彼特认为《新教伦理与资本主义精神》"提出了影响深远的著名理论"，比此后的相关研究引起了更为广泛的注意，"并引起了所有国家的社会学家都投入其中的一场辩论"。《论罗雪尔和克尼斯与历史的国民经济学的逻辑问题》是韦伯方法论研究成果中"最为重要的一本著作"。《经济与社会》被熊彼特认为是韦伯倡议并于1914年编辑出版了第一卷的《社会经济学大纲》的一部分，熊彼特盛赞它是"德国经济学发展道路上的重要里程碑"。《劳动力中的适应与淘汰》是由韦伯倡议并亲自带头搞的一个社会政策协会的调查报告，熊彼特觉得从中可以看出韦伯思想的"独出心裁并独具一格"。③

熊彼特的评论主要针对韦伯的方法论，他认为韦伯"踏实地对这个问题进行了研究"，"并不局限于以泛泛的言辞来表达……信念"，并提出了"明确的学说"。④熊彼特指出，同时代的哲学家——尤其是里克特和文德尔班的著作对韦伯的方法论研究有非常突出的影响。他对韦伯方法论的两个核心概念——"理念型"和"内在含义"进行了简明扼要的解释分析。

自然科学和社会科学不同，社会科学的解释性理论中必然包含对文化等"内在含义"的理解和诠释。为了理解"内在含义"，研究者必须创造出"理念型"，这是一种"抽象了的……逻辑的假想的典型"，"只具有本质的特性，而没有非本质的特性"。⑤

熊彼特对韦伯的方法论表现出强烈赞同，主要是因为他从中看到了所谓

---

① 熊彼特. 经济分析史（第三卷）[M]. 朱泱，等，译. 北京：商务印书馆，1995：100.脚注："他早期的某些研究成果，例如他的《罗马农业史》（1891年），就是以内行的眼光来看，也是多少有成绩的，这和桑巴特可不一样。"
② 熊彼特. 经济分析史（第三卷）[M]. 朱泱，等，译. 北京：商务印书馆，1995：102.
③ 熊彼特. 经济分析史（第三卷）[M]. 朱泱，等，译. 北京：商务印书馆，1995：100（脚注）.
④ 熊彼特. 经济分析史（第三卷）[M]. 朱泱，等，译. 北京：商务印书馆，1995：102.
⑤ 熊彼特. 经济分析史（第三卷）[M]. 朱泱，等，译. 北京：商务印书馆，1995：102.

"传统意义上的"理论方法被纳入历史学派经济学家研究工作的现实途径。熊彼特非常欣赏这种"中立的"方法论。在他看来，"经济人"也是一个"理念型"。由此可以看出韦伯并不敌视或排斥"理论"。

"我们力图了解这样一个典型的言行及感受，不是要细究这些言行及感受对我们观察者意味着什么，而是要细究这些言行及感受对研究中的这个典型意味着什么，或者换个说法，我们力图发现这些典型想要赋予它们自身及其行为以什么样的意义。如果读者对此多少能够体会，他就将看到，这个关于社会科学的逻辑的理论——且不去管这个理论有什么价值或局限性以及它在哲学上的渊源如何——对各种分析活动来说，是完全中立的。它特别不排斥传统意义上的经济理论。"①

进而，在认定韦伯原则上"并不反对经济理论家们实际上所应用的方法"②的前提下，熊彼特把韦伯的方法论同传统理论家的实际工作统一起来。他认为，理解理念型的内在含义与"理论家们"宣称的探索规律没有什么本质不同。"对于一个理论家的实际工作来说，不管名唤方法论者的那位老兄对他说，他在考察获得最大利润的条件时，主要是在细究一个'理念型'的'内在含义'，还是主要在探索'规律'或'定理'，全属一回事，没什么两样。"③不过，熊彼特也注意到了韦伯对以"经济人"为出发点的方法论的异议，"……他并不同意这些理论家对他们自己的工作做法的看法，也就是说并不同意这些理论家对他们的研究程序所作的认识论的解释"④。

最后，在充分表达对韦伯的支持之后，熊彼特说："韦伯根本不是真正的经济学家……显然应该称其为社会学家。"⑤熊彼特认为韦伯的整体理论思想应该属于"经济社会学"这样一个独特的研究领域。

总的来说，熊彼特总体上还是肯定了德国历史学派的成就，对新历史学派

---

① 熊彼特. 经济分析史（第三卷）[M]. 朱泱，等，译. 北京：商务印书馆，1995：102-103.
② 熊彼特. 经济分析史（第三卷）[M]. 朱泱，等，译. 北京：商务印书馆，1995：103.
③ 熊彼特. 经济分析史（第三卷）[M]. 朱泱，等，译. 北京：商务印书馆，1995：103.
④ 熊彼特. 经济分析史（第三卷）[M]. 朱泱，等，译. 北京：商务印书馆，1995：103.
⑤ 熊彼特. 经济分析史（第三卷）[M]. 朱泱，等，译. 北京：商务印书馆，1995：103.

和新新历史学派都是褒多于贬。可以明显感觉到，熊彼特支持理论和历史的融合，不过不希望这种融合危及英法经济理论的主流地位。熊彼特在评论德国历史学派的过程中表现出在社会科学领域"格物致知"的强大信念。他对经济学的定义很严格——甚至有些狭隘，明确把"对经济制度的分析"归入"经济社会学"，这样一来，韦伯、桑巴特，甚至施穆勒等人就都算不上是经济学家了。也许这就是他既要认可德国历史学派，又要维护主流理论地位的独特手法。通过对经济学的严格定位，把德国历史学派的主要部分从"经济学"圣殿流放到"社会学"的蛮荒之地去，从而在根本上避免争端发生的可能。这是个很聪明的做法。然而，尽管熊彼特从未直接表达过，但历史维度在他本人的理论中得到了明显的表现。

[7]

德国历史学派的深远影响

德国历史学派的经济学在经济思想史中独具一格，无论是从理论层面还是从政策实践层面来看，德国历史学派都产生了非常深远的影响。

7.1 德国历史学派的理论影响

7.1.1 对演化经济学的影响

演化经济学研究竞争的变化发展以及与之相应的市场过程，观察在时间上不可逆的经济现象，在非均衡的、有路径依赖的竞争过程中关注开放性经济系统的学习、创造、变革等特征，与推崇静态均衡的西方主流经济学形成了鲜明对比。虽然"演化"一词源自生物领域，但经济演化的思想要先于——而且启发了生物学里的进化论。达尔文明确表示过，马尔萨斯的人口论是其竞争选择思想的直接来源。再向前追溯，斯密推测的交换倾向和人类社会发展的关系就已隐含了"演化"的思考方式。

演化经济学问世的号角是由凡勃伦吹响的。现代演化经济学包含两大理论传统：凡勃伦创立的美国老制度学派①和对熊彼特经济学深入研究形成的新熊彼特学派。20世纪80年代以来，熊彼特传统已经大大超越凡勃伦传统在演化经济学中的影响力。

德国历史学派——尤其是施穆勒之后的经济思想重视社会各领域间的复杂联系，强调基于多因素分析的、包含历史和伦理维度的理论导向。②经济运行制度一直是德国历史学派经济理论的基本研究对象之一。第一，德国历史学派提出了制度分析的概念工具，如"交易""集体主义""规则"等。毕歇尔提出了"交易成本"概念。③第二，德国历史学派对人类非理性在经济行为中的地位做出了初步的研究。熊彼特敏锐地察觉到了这一点，并在《经济分析史》中加以点明。第三，制度分析是德国历史学派的传统。李斯特论述生产力时就提及很多制度因素。之后，有人注重考察制度的一般演进，如罗雪尔和希尔德布兰德；有人分析制度的具体形态，如施穆勒和毕歇尔；有人深入地分析制度与经济组织、经济生活的互相影响，如桑巴特和韦伯。由此可见，德国学者实质上开创了一种比较原始的制度主义经济学。

无论是凡勃伦的制度经济学还是熊彼特的创新经济学，都受到了这股原始的制度主义思潮的深刻影响。首先，德国历史学派对制度变迁及经济动机多样性的关注，很直接地影响了美国老制度学派，如毕歇尔的《工业进步》就直接影响了康芒斯的思想形成④；其次，通过新新历史学派得以发展的施穆勒纲领，在熊彼特的经济理论中也留下了明显痕迹。

（1）美国老制度学派的德国渊源

美国老制度学派深受德国历史学派的影响，有人认为老制度学派就是德国历史学派在美国的变种。这种有些极端的说法也许有待商榷，但不可否认的

---

① 新制度主义与老制度主义都强调经济中的制度，但本质上不同。新制度主义不注重制度的历史演化，仍以新古典的、非历史的"经济人"和均衡为理论的基本面。
② 用现在说法就是：坚持跨学科研究。
③ 他认为，如果交换过程很复杂、麻烦，不仅从事此交易的商人会很少，而且交易本身也会变成罕见的行为。（BÜCHER.Industrial Evolution［M］. Toronto：University of Toronto Press，1901：108.）
④ SELIGMAN.Main Currents in Modern Economics：The Revolt against Formalism［M］. Chicago：Quadrangle Paperbooks，1971：33.

是，美国老制度学派确实有很深的德国渊源。

美国的经济学高等教育水平并非最初就达到世界顶尖的程度。如美国资格最老的大学之一——哈佛大学，到1876年还没有研究生院，也没有完善的研究生课程体系。美国的现代化高等教育是从19世纪80年代到第一次世界大战期间才逐步形成的。与之相比，德国由于洪堡教育改革成为19世纪世界学术的圣地。直至第一次世界大战为止，德国高校都是世界上最具吸引力的经济研究中心。

在20世纪30年代之前，不懂德语是很难深入进行经济研究的，事实上，直到第二次世界大战为止，阅读德语文献一直是美国经济学博士的硬性要求。德国的丰厚学术资源对各国经济学人都是很大的诱惑。"从1820年到1920年，近9 000名美国学生远赴欧洲，投入到德国各大学的研讨会、讲座和实验室中去。"①

六部分19世纪的美国著名经济学家都是在德国完成研究生阶段学业的。其中包括19世纪末20世纪初美国经济学界的一批领军人物，如亚当斯（Henry Carter Adams，1851—1921）、克拉克（John Bates Clark，1847—1938）、伊利（Richard T.Ely，1854—1943）、塞利格曼（Edwin R.A.Seligman，1861—1939）、盖伊（Edwin Francis Gay，1867—1946）等。1885年，美国经济学者仿照德国的"社会政策协会"成立了"美国经济学会"，其早期主题是反对自由放任的经济政策，强调国家在福利社会建设中的主导作用——与德国人的做法非常相似。这些美国早期经济学家以及他们的学生为老制度学派的建立与发展奠定了基础，如伊利和他那更加有名的学生康芒斯。

德国历史学派和美国老制度学派间的相似性或传承性，在凡勃伦、康芒斯等人的著作中总是或多或少地有所体现。

凡勃伦精通德语，但他没有德语的教育背景，其经济思想在很大程度上表现出自成体系的独特性。不过，特立独行的凡勃伦与德国历史学派的经济思想

---

① HERBST.The German Historical School in American Scholarship：A Study in the Transfer of Culture [M]．NY：Cornell University Press，1965：1.

还是有很多契合之处。

首先，凡勃伦认同德国历史学派关于经济社会及制度的原始演化思想。他高度评价了施穆勒的《一般国民经济学大纲》，认为它的理论愿景具有"达尔文主义"的特征。这表明，凡勃伦对德国历史学派关于经济制度的演化观高度认同。

其次，凡勃伦和德国历史学派一样否定古典政治经济学的人性自利假设。他认为享乐主义人性观是"被动的""呆滞的"。凡勃伦坚持多样性的人类动机，这与德国历史学派在之前几十年就已提出的观点基本相符。

再次，凡勃伦和德国历史学派都反对经济学普适性。正如美国老制度学派当代学者霍奇逊所说，在这个问题上，凡勃伦站在历史学派一边。凡勃伦的立场与德国历史学派对"世界主义"经济学的否定是一致的。

最后，也是最重要的，凡勃伦的理论逻辑与施穆勒之后的德国历史学派在很大程度上相似。施穆勒认为人类社会是一个伦理共同体，个人在以历史、心理、文化和传统习俗为基础的经济制度框架下生产和分享价值与利益。在他的叙述中，"制度与组织被称为'器官'，构成了施穆勒制度主义的非常原始的综合，他将制度和组织做如下定义：'政治、法律和经济制度是社群生活的独特秩序……每一项制度都代表了道德、习俗和法律的惯例和规则的总和，它具有共同的中心或目的，彼此之间相互依赖，构成了一个体系'"[1]。韦伯、桑巴特都继承了施穆勒的思想内核，用"精神"这一概念划分出不同特征或阶段的经济体系。他们笔下的"精神"包括社会的主导性心理基础、文化特征以及伦理规范。精神左右人的行为与习惯，塑造了制度，制度又反过来影响精神的演变。在凡勃伦的制度主义理论思想中，"制度实质上就是个人或社会对有关的某些关系或某些作用的一般思想习惯"[2]。对此霍奇逊认为："制度主义的核心思想涉及制度、习惯、规则以及它们的演化……这些思想对于特定的、置身于

① EBNER. Schumpeter and the "Schmollerprogramm": Integrating Theory and History in the Analysis [J]. Journal of Evolutionary Economics, 2000, 10.
② 凡勃伦. 有闲阶级论 [M]. 蔡受百，译. 北京：商务印书馆，1964：139.

历史环境的分析方法产生了一种强有力的推动力。"①由此可见，凡勃伦的基本逻辑与德国历史学派具有很大相似性。就像厄伯纳曾指出的："施穆勒的研究并非孤掌难鸣，施穆勒的演化与制度经济学计划的影响或许超越了凡勃伦主义的影响，因为后者也根植于德国历史学派的施穆勒纲领的传统之中，虽然两者之间存在着明显的差异。"②

康芒斯是美国老制度学派的另一位开拓者。他是伊利的学生，即德国历史学派的间接传人，深得德国经济学传统的真传。虽然康芒斯也是美国老制度学派的重要代表，但他和创始人凡勃伦之间没有太大的关联。和凡勃伦相比，德国历史学派更深刻地影响了康芒斯。

首先，康芒斯对"进化"的理解与德国历史学派的多数人一样是斯宾塞主义的。康芒斯不像凡勃伦那样狂热追随达尔文。在他笔下，社会组织的演化更像是一个有意识地按部就班的法定程序，而非自身内生的复杂因果力量综合作用的结果。相对于达尔文的"自然选择"，康芒斯更倾向于认为社会经济的演化是"人工选择"实现的。③不过，需要注意的是，康芒斯在其学术生涯末期彻底否定了斯宾塞的社会有机体类比。

其次，康芒斯像德国历史学派一样着重强调经济学的历史维度。康芒斯对历史的强调比凡勃伦要明确得多。他正确地指出，不一样的历史人文基础和地理环境造就了不一样的经济制度——即使同为资本主义的国家也有不同具体形式的制度。④他在《美国劳工史》中论证了美国独特的劳工组织是美国独特历史环境的产物。

再次，与德国历史学派早期的工作相似，康芒斯致力于建立资本主义法律的制度框架，他把很大精力都放在对美国工商业系统法律和案例的经验研究和理论分析上。他像德国历史学派的沃伊特（Voigt）和安蒙（Amonn）一样把交

---

① 霍奇逊. 制度经济学的方法 [A]. 制度与演化经济学现代观点：关键性概念 [C]. 贾根良，等，译. 北京：高等教育出版社，2005：294.

② EBNER.Schumpeter and the "Schmollerprogramm"：Integrating Theory and History in the Analysis [J]. Journal of Evolutionary Economics，2000，10.

③ COMMONS.Natural Selection，Social Selection，and Heredity [J]. The Foundations of Evolutionary Economics：1890-1973（2 vols）[C]. Cheltenham：Edward Elgar，1998：90.

④ COMMONS.The Distribution of Wealth [M]. NY：Augustus Kelley，1893：59.

易作为基本分析单位，像很早以前的劳（Rau）一样坚持交换在本质上包括产权的转移。①他的《资本主义法律基础》与早期德国历史学派的部分研究可谓一脉相承。

最后，康芒斯努力把韦伯提出的"理念型"与制度主义方法相调和。虽然得到的评价不高，但康芒斯对社会经济体系类型的划分方式明显基于韦伯和桑巴特的方法论。他就韦伯对门格尔的个人主义的反对表达了明确赞许，坚持在社会科学里不能"把各部分孤立"，强调"理念型"必须是一种"历史的概念"。②康芒斯对韦伯和桑巴特的"理念型"进行了一些改造，弱化了其对"精神"的强调，把分析的起点从不可预期的个体意志变为可预期的社会习俗能力，这样，就把制度主义化的实用主义部分纳入了"理念型"方法中。③不过，康芒斯在该方法具体运用于理论构建过程中的表现差强人意。而且实证主义和行为主义自20世纪二三十年代兴起，大大冲淡了学界对于康芒斯给"理念型"所作的实用主义改变的反应。

除了凡勃伦和康芒斯，还有很多其他美国老制度学派的重要代表表现出了对德国历史学派经济学思想的靠近或继承发展，如霍克西（Robert Hoxie，1868—1916）、费特（Frank A.Fetter，1863—1949）、斯里克特（Sumner Slichter，1892—1959），以及自称制度学派一员的奈特（Frank Knight，1885—1972）等。

确切地说，美国老制度学派在美国真正兴起是在第一次世界大战之后。1918年——第一次世界大战结束的同年年末，"制度经济学"这个名词才出现在美国经济学会的年会论文里。而且，伴随着战争和老制度学派的兴起，美国经济学与德国经济学的无数学术上或私人关系上的紧密联系也走向终结。虽然第一次世界大战后德国经济学对美国经济学的影响仍持续了一段时间，但去德

---

① SCHNEIDER.Historicism and Business Ethics［J］. The Theory of Ethical Economy in the Historical School：Wilhelm Roscher，Lorenz von Stein，Gustav Schmoller，Wilhelm Dilthey and Contemporary Theory［C］. Berlin：Springer，1995：178.

② COMMONS. Institutional Economics-Its Place in Political Economy［M］. NY：Macmillan，1934：722.

③ COMMONS R.Institutional Economics-Its Place in Political Economy［M］. NY：Macmillan，1934：740-741.

国求学的人数明显越来越少。不久，德语文献就从美国经济学专业的必读目录中被删除了。

（2）熊彼特经济学对德国历史学派的继承

继凡勃伦开创的制度主义之后，熊彼特的经济思想为现代演化经济学注入了新的发展活力。第二次世界大战结束后，不断涌现的技术和管理创新对经济生活的变革作用日益突出。此时，德国历史学派的相关成果大部分已经随第二次世界大战被埋没，经济学领域普遍缺乏深入分析创新驱动的理论。在这样的背景下，经济学界对既亲近主流传统又包含演化观念的熊彼特经济学给予了重大关注，逐渐形成了"新熊彼特学派"。从20世纪80年代开始，熊彼特传统已经取代凡勃伦传统，成为现代演化经济学的主导性研究思路。

然而，熊彼特的经济学是一个复杂的思想体系，大部分学者都有意无意地忽视了其理论的多元特征——尤其是忽视了德国历史学派对熊彼特的深刻影响：作为一名德语教育背景的经济学家，德国历史学派必然会在熊彼特的思想中留下痕迹。新历史学派及新新历史学派的理论思想都在熊彼特的经济学中有所体现。

第一，施穆勒影响了熊彼特经济学的研究目标和方法论。施穆勒的研究主题是"经济与社会文化的演化"，寻求一个分析解释经济现象的更广泛的框架。熊彼特把施穆勒提出的融合历史、伦理、制度的经济学理论蓝图归纳为"施穆勒纲领"，他把施穆勒纲领引申为如何处理理论分析同历史或经验分析之间关系的问题。这个问题是全面理解熊彼特经济学方法论的关键所在。

熊彼特从经济学中单列出的"经济社会学"走的就是施穆勒的研究路径。他认为："经济分析所讨论的问题是人们在任何时候怎样行为以及产生什么经济效果；经济社会学处理的问题是他们怎么会这样行为的。"①进而，熊彼特说："我们试图理解的是历史时期的经济变化……最终的目标就是一个合乎逻辑的历史，不是危机，也不是周期或波动，而是经济过程的方方面面，理论为

---

① 熊彼特. 经济分析史（第三卷）[M]. 朱泱，等，译. 北京：商务印书馆，1995：43-44.

此提供的仅是一些工具和图示，统计提供的只是对部分数据材料的处理。显然只有详细的历史知识才能确切地回答大部分关于个体行为原因和机制的问题，否则在时间序列分析里必然只会剩下无效的理论分析空洞。"①他提出"用生活的事实来填充没有血液的理论图示和统计线型"②，与施穆勒的说法③相呼应。

第二，熊彼特的"创新"理论与德国历史学派的学术成果是一脉相承的。"创新"是熊彼特经济理论的核心思想，他的"创新"理论是与关于企业家的论述紧密相联的。熊彼特总结的几个关于企业家才能的观点可以从谢夫莱的论著中找到最初的表述。④而且，熊彼特的企业家理论与桑巴特和韦伯的基本一致，其"创新"思想甚至可以再向前追溯到施穆勒关于杰出人物⑤创造性内生作用的论述。

"创造性毁灭"如今已经成为熊彼特经济学的标签。熊彼特在论述企业家精神的时候明显把尼采哲学的"超人"思想融汇其中，充满热情地描述了人的主观意志和智慧能力对经济生活的巨大作用，用"创造性毁灭"描画了一个基于创新和企业家精神的资本主义经济发展图景。然而，在经济学领域引入"超人"的第一人不是熊彼特，而是桑巴特。"创造性毁灭"也是在桑巴特的著作中最早得以表述的，他曾列举大量事实证明短缺和毁灭如何激发经济的创造性活力，并明确指出，"又一次，由于毁灭，一个新的创造精神兴起了"⑥。现在已极少有人了解桑巴特的原创性贡献。

此外，熊彼特认为资本主义经济发展会把包括创新在内的经济生活日益"程式化"，创新及企业家才能都会逐渐沦为垄断企业制度下的惯例性活动，而资本主义最终会随着创新枯竭而走向灭亡。这与桑巴特总结的"经济精神的物

---

① SCHUMPETER.Business Cycles［M］. Cambridge：Harvard University Press，1939：220.
② SCHUMPETER.Business Cycles［M］. Cambridge：Harvard University Press，1939：222.
③ 施穆勒说，"对孤立化的抽象给予反复的正当补充，使以前褪色的抽象、死板的图示获得血液和生命"。(施穆勒. 国民经济、国民经济学及其方法（日文）［M］. 户田武雄，译. 东京：有斐阁，昭和13年（1938）：101.)
④ BALABKINS.Schumpeter's "Creatively Adapted" Innovator［A］. Paper Prepared for the 13th Heilbronn Conference on Schumpeter's German Works［C］. June 23-25 2000，unpublished mimeo.
⑤ 其主要指具有开创性、风险承受力和领导能力的企业家。
⑥ SOMBART.Krieg und Kapitalismus［M］. München und Leipzig：Duncker und Humblot，1913：207.

化"以及韦伯论述的"理性化"非常相似，逻辑上几乎毫无不同。因此，赖纳特认为熊彼特经济学很多内容直接来源于德国的学术土壤。而阿佩尔则更加尖锐，"熊彼特完全遵循在桑巴特时代就已经发展的思想。熊彼特的分析绝不是原创的"①。

德国历史学派对社会生活的整体观和对发展的关注对熊彼特颇有影响。"对于熊彼特而言，对历史过程的观察将此两个视角结合起来，使得经济社会学成为一门真正的演化科学。"②熊彼特的经济社会学实质上就是继承了德国传统的制度经济学，是"借助制度的分析，对经济史进行一般化、典型化和类型化"③。正如斯威德伯格所言："通常熊彼特在说到经济社会学时，想到的就是制度。借助于这一术语，他意指通常用制度这一概念所理解的东西。"④这种制度概念更接近于美国老制度学派所定义的制度，是一种演化的观察视角。

经济社会学没成为新熊彼特学派的主要研究范围，作为现代演化经济学主力的新熊彼特学派虽对技术的演化取得了一定成就，但因忽视制度有着内在缺陷。纳尔逊注意到了这个不足，"熊彼特的著作为现代演化经济学的发展提供了起始点，但却极少被自称为制度主义者的学者所引用，尽管存在着这种事实：他是非常关心经济制度问题的。在引用熊彼特的观点作为其灵感来源的早期演化经济学家们的著作中，熊彼特的制度取向被忽视了……国家创新体系……就是一个极好的制度概念"⑤。

总之，可以肯定地说，德国历史学派对现代演化经济学的两大理论来源——美国老制度学派和熊彼特经济学都产生了极为重要的影响。从某种意义上来看，德国历史学派是现代演化经济学更为深远的思想发源。完全可以把施穆勒、韦伯、桑巴特等称为演化经济学的先驱。值得注意的是，近些年新熊

---

① SOMBART. Historiker und theoretiker des modernen kapitalismus ［M］. Marburg：Metropolis，1992：260-262.
② 熊彼特. 经济分析史（第三卷）［M］. 朱泱，等，译. 北京：商务印书馆，1995：140.
③ SHIONOYA. Joseph Schumpeter on the Relationship between Economics and Sociology from the Perspective of Doctrinal History ［A］. The German Historical School：the Historical and Ethical Approach to Economics ［C］. Routledge，2001：139.
④ 斯威德伯格. 熊彼特［M］. 安佳，译. 南京：江苏人民出版社，2005：138.
⑤ 纳尔逊. 作为经济增长驱动力的技术与制度的协同演化［A］. 福斯特，梅特卡夫. 演化经济学前沿：竞争、自组织与创新政策［C］. 贾根良，刘刚，译. 北京：高等教育出版社，2005：21.

彼特学派与美国老制度学派之间的交流不断加强，对制度演化研究的方向共识逐渐得以明确，对于德国历史学派思想贡献的继续深入挖掘也在加速进行中。

7.1.2　对发展经济学的影响

发展经济学是研究发展中国家如何实现经济健康快速发展、脱贫致富的经济学。第二次世界大战后，亚非拉地区国家纷纷独立，世界上的发展中国家越来越多。为适应时代的需要，发展经济学渐渐成为一门独立的学科。一般认为，发展经济学最早萌芽于斯密、李嘉图等人的经济思想，但在约翰·穆勒后被忽视了近一个世纪，从20世纪40年代后期又开始逐渐兴起。经济发展思想被忽视的这段时间，被经济思想史学界称为"静态插曲"。在此期间，西方主流经济学的理论旨趣经历了一个逐渐转变的过程，由对财富增长和分配的关注转变为主要致力于诠释既定资源状况下的静态配置问题。在这100年左右的时间里，经济发展——尤其是不同地域、人群的经济发展问题几乎在主流理论中消失了。这个现象是边际主义出现以来西方主流经济学发展的基本趋势。然而，在"静态插曲"中也存在着另外的旋律，这个旋律中的底音以及最强音就是德国历史学派。

（1）提出了一系列经济发展机制和发展阶段论

李斯特虽然没有明确论及经济发展机制，但生产力论已经集中反映出他的机制理论。罗雪尔明确表示要把经济发展规律作为经济学研究的目标。施穆勒把经济发展机制归纳为团体利己、制度演进、道德完善三个基础性动因。桑巴特和韦伯则进一步把经济发展的机制最终归结到"精神"或"文化"上。

李斯特从产业发展角度把经济发展划分为五阶段。罗雪尔把经济发展与生物进行类比并分为四段。希尔德布兰德从交易方式的角度把经济发展分为物物交换、货币和信用经济三个阶段。毕歇尔和施穆勒都从制度的视角划分经济阶段，毕歇尔相对笼统地划分了家庭、城市和国民经济，施穆勒则更细致地划分了经济六阶段，包括带有未来展望性质的"世界经济"。桑巴特把视线集中于资本主义，把8世纪以来的经济发展分为前资本主义和资本主义，再进一步把资本主义细分为三个阶段。

在这些经济发展机制论和阶段论中，总是包含着对国家干预合理性的理论分析。李斯特指出了私人经济的一些弊端，提出国家要有意识地干预经济发展。但是，他并不主张国家干预经济发展的一切，而是要做"比国民个人知道得更清楚、更加擅长的那些事"，或"即使个人有所了解，单靠他自己力量也无法进行的那些事"。①罗雪尔认为法律、国家和经济三者不可分离，其根本原因在于"人类在精神和体魄上的不完善"，由此展开，论证了国家干预经济的正当性。施穆勒极其强调"国家经济"及其作用，他以及他领导的社会政策协会还以此为基础发展出一系列具体的改良主义策论。桑巴特也对国家在资本主义经济发展过程中的重要地位进行了系统总结，他对国家作用的推崇甚至让人觉得有些夸张。

（2）提出并发展了发展经济学的重要理论观点

李斯特既是德国历史学派的先驱，也是发展经济学的先驱。他极其强调工业的巨大作用，被视为最早提出"唯工业论"的代表之一。在李斯特的经济发展阶段论中探讨了农业人口向城市工业转移的问题，这是最早对农业过剩人口的系统分析。李斯特还提出要发挥政府作用促进国内物质资本形成和由农业国向工业国转变，这成为第二次世界大战后很多发展中国家经济政策实践的原则。李斯特提出并分析了"精神资本"，比当时强调物质的古典理论和后来很长一段时间忽视人力资本的新古典理论要高明。李斯特阐发的生产力"协作与综合"以及"均衡与协调"被评价为对平衡增长理论的明晰阐述。②后人把李斯特和美国的汉密尔顿并称为"保护贸易理论之父"，他提出的适度贸易保护主张是发展经济学中保护幼稚工业论和有效保护率论的思想源泉。发展经济学

---

① LIST. Das Nationale System der Politischen Ökonomie [M]. Stuttgart und Tübingen：J.G.Cotta，1959：169-170.
② STREETEN.Unbalanced Growth（1959）[A]. Accelerating Investment in Developing Countries [C]. Oxford：Oxford University Press，1969：12.
③ MYINT.International Trade and Developing Countries [A]. Economic Theory and the Underdeveloped Countries [C]. Oxford：Oxford University Press，1971：177.

中保护过程能带来"教育效应"的观点也最早来自李斯特。[③]

罗雪尔为发展经济学做出的贡献主要有三点：第一，提出了接近现代观点的经济发展评价标准；第二，从更加学理性的角度论证了发展过程中国家干预的必要性，进一步完善了保护贸易论；第三，在很大程度上为经济学理论加入了动态要素。

在罗雪尔关注经济发展的心理和伦理因素的基础上，施穆勒进一步把道德伦理上升为经济发展的潜在机制。他把人类的心理、道德、风俗、法律等视为经济发展和制度演进的驱动力。"集体主义"概念是发展经济学的重要基础之一，而施穆勒是在经济学分析中最早对"集体主义"进行系统理论论述的经济学家。古典经济学和新古典经济学理论中都没有涉及真正系统论视角的"集体"概念，而施穆勒提出了针对性的"团体利己主义"。在施穆勒的著作中体现出鲜明的"集体主义"倾向，人口、土地、技术等要素都是被视为"集体现象"进行论述的。比如在对人口的论述中，劳动力在数学意义上的数量问题根本不是分析重点。施穆勒关注的是，多样化的种群禀赋和特征对经济制度演进以及经济增长意味着什么。

韦伯和桑巴特对施穆勒把心理、伦理因素作为经济发展驱动力的思想又进一步作了引申和完善。他们把"精神"解读为在一个经济体制中隐含的、对整个经济生活起引导和激励作用的强大力量，强调心理、价值观等对经济发展的重要影响。新新历史学派这对双子星对发展经济学理论的突出贡献主要体现为两点：第一，比李斯特更明确、更深入地分析了"农业剩余人口"；第二，把"企业家"概念带入了经济学的视野。

总之，德国历史学派的几乎所有主要理论都可以和发展经济学联系在一起。有趣的是，"静脉插曲"的时段也是德国历史学派在历史舞台上演出的时段。现代主流学者大都对是否存在过历史主义的经济学表示出不屑，但大量的文献资料表明，在当时，德国人完全可以和英国人分庭抗礼。至少19世纪后

---

③　MYINT.International Trade and Developing Countries［A］. Economic Theory and the Underdeveloped Countries［C］. Oxford：Oxford University Press，1971：177.

期到20世纪初不是盎格鲁-撒克逊传统一统经济学天下的时代，德国历史学派不像如今的非主流经济学那样在主流权威的缝隙中挣扎求存，而是当时名副其实的主流之一。德国人始终拒斥"静脉插曲"的理论趋势，把经济发展问题摆在经济学研究的中心位置。这是坚持经济理论包含历史维度的一个必然结果。德国历史学派从历史和现实出发，在批评英国经济学的同时对后进国赶超先进国等经济发展问题进行了深入的理论探讨和有效的政策实践。国民财富增长始终是德国历史学派理论研究的一大主题。因此，可以说，德国历史学派对于第二次世界大战后发展经济学的形成有着重要贡献。其实，把发展经济学认定为第二次世界大战后产物，这个说法本身就是主流学界刻意遗忘德国历史学派的一种方式。德国人的大部分经济理论实质上就是最初的发展经济学。在德国历史学派的理论贡献中，首当其冲的就是经济发展理论。

7.1.3　对计量经济学的影响

计量经济学最早由挪威经济学家弗里希在1926年提出。现代计量经济学是以经济理论和统计资料为基础，综合运用统计学、数学方法以及计算机技术建立计量模型，分析经济变量关系的学科。虽然计量经济学不能被简单地说成是统计方法在经济学研究中的具体应用，但统计与经济学研究的结合无疑是计量经济学产生的重要基础。而统计方法被赋予经济学研究中重要地位的思想源头，毫无疑问要追溯到德国历史学派，尤其是以施穆勒为代表的新历史学派。因此，德国历史学派的经济思想不仅直接催生了美国老制度学派，也间接影响了后来在美国蓬勃发展起来的计量经济学。

（1）美国经济学统计传统的早期发展

施穆勒认为："国民经济中力量作用的一个最终的统一法则，那到底是没有的，也是不可能有的。人们能够认识的仅仅是'经验的法则'，而这些法则只是时常重演的现象系列而已，并不反映因果关系。"[①]对一个国家或民族群体的每个具有历史阶段代表性的经济制度与现象进行专门深入考察，是研究国民

---

① 转引自：季陶达. 资产阶级庸俗政治经济学选辑［C］. 北京：商务印书馆，1963：359.

经济学首要的方法。只有通过对现实资料的搜集、分类与归纳，才可以得出有意义的"经济法则"。

"国民经济学这一门科学，要求认清国民经济的整个图景，要求根据时间与空间、尺度与历史次序来揭发与解释国民经济的现象。为了达到此目的，需要将感性的认识置于理性的比较与检验下，需要将感性认识到的东西加以验证，以及将正确观察到的东西根据其同一性与不同性整理成一个概念体系，然后将整理出来的结果就其典型的规律性与普遍的因果关系加以充分的把握。所以，严格的科学的主要任务就是这样：首先是正确地观察；其次是善于树立界说分类；最后是找出典型的范例，从因果的关系上对其加以说明。"[1]

因此，施穆勒非常重视当时已有很大发展的统计方法，依靠统计工具建立经济理论是施穆勒研究经济学的基本特点之一。他坚信，经济学的真正进步必然来自于扎根于历史与现实的统计材料，不可能从已蒸馏过100次的古典教条中再行蒸馏而来。要想开辟经济学的崭新时代，就必须运用统计方法大规模研究历史与现实的各种资料。施穆勒称自己的研究方法为"历史统计法"，以便同旧历史学派的"历史的生理方法"相区别。施穆勒本人身体力行，数十年如一日地埋头于具体经济材料的搜集和整理，对不同时代、不同国别、不同民族的经济发展史实进行系统化和数量化的统计考察，从中努力归纳出"经验法则"。在施穆勒的引领下，德国历史学派进行了大量经济统计研究。著名的恩格尔系数，就是当时留下来的代表性成果之一。

美国经济学界早期著名学者大多有德国教育背景，深受德国历史学派的影响。1870—1900年，在美国28所大学任教过的76名经济学者中，多达53人曾留学德国；美国经济学会前十任主席有八位都是德国历史学派经济学家的弟子。[2]很多经济学教师同时也教历史，如弗朗西斯·沃尔克、J.B.克拉克等。自然而然地，这些美国早期学者中很大一部分都把历史统计方法看作经济学研

---

[1] 转引自：季陶达. 资产阶级庸俗政治经济学选辑［C］. 北京：商务印书馆，1963：359.
[2] PARRISH.Rise of economics as an academic discipline［J］. Southern Economic Journal，1967，1：1-16.

究的基础方法，如亚当斯、邓巴、伊利等，特别是伊利。

师从克尼斯并在海德堡大学获博士学位的伊利曾任 1900—1901 年度美国经济学会的会长，著有《工业社会演进研究》《近代法国和德国的社会主义》等作品。伊利遵循德国历史学派的思路，认为经济学不可能同现实的社会关系和价值判断相分离，经济学研究必须从事实出发，注重运用历史的、统计的方法。①1892 年，伊利在威斯康星大学创建了经济、政治和历史学院，把德国历史学派的理论和方法贯彻到教学中，开设了经济与社会史方面的系统课程，培养出了以康芒斯为代表的一批制度主义经济学者。

因此，统计方法在美国老制度学派的著作中起着重要的作用，如康芒斯和米契尔的一些专著。此外，施穆勒的学生、开创了哈佛大学商学院的埃德温·盖伊乜培养了阿瑟·寇尔、切斯特·怀特、诺曼·格拉斯、阿伯特·厄什、约翰·奈夫以及安妮·贝赞森等一批著名学者。所以，"历史统计法"从美国经济学发展的初期就成为主流研究方法。对于统计方法在经济学研究中的应用，美国经济学家从一开始就广泛接受。

1920 年，米契尔、康芒斯和盖伊一起创建了美国国民经济研究局，在该机构的工作中贯彻历史统计方法，对大量历史数据进行统计，但与现代计量经济学不同的是，米契尔等人拒绝把新古典范式作为研究框架。他们依据的主要是历史和现实资料，而不是从理论模型出发选取样本和构建指标，即坚持在历史背景下解释统计数据，不太重视数据之间纯粹的相关性分析。米契尔认为，虽然英国的经济理论有一定价值，但主要依靠逻辑推理获得的理论往往会脱离实际，所以应该立足于历史统计方法，以现实资料作为基础，从对历史资料的统计归纳中得出结论，而不是让号称具有普遍意义的已有理论统摄数据。②这些研究取得了一系列影响广泛的成果。如由米契尔和其学生阿瑟·伯恩斯一起完成的经济周期的系列研究、米契尔和另一个学生西蒙·库兹涅茨一起做的国

---

① 参见他为英格拉姆的《政治经济学史》写的序言。(INGRAM, KELLS.A History of Political Economy [M]. BH Blackwell Ltd, 1915.)
② MITCHELL.Quantitative analysis in economic theory [J]. The American Economic Review, 1925, 1: 1-12.

民收入波动和经济长期增长的研究、盖伊负责的分国别的世界物价史研究、安娜·施瓦茨和米尔顿·弗里德曼一起进行的美国货币史研究等。美国国民经济研究局以及后来在1940年组建的美国经济史协会，为促进经济学和其他社会科学的合作以及推动实证研究在社会科学领域的发展做出了重大贡献。

（2）美国经济学统计传统向计量经济学的转变

随着新古典理论的广泛传播，以及统计方法在经济研究中的大规模应用，不同于制度主义的、现代意义上的计量经济学开始出现。1930年国际计量经济学学会在美国克利夫兰成立。计量经济学接受新古典理论作为构建统计模型的理论框架，把最早由德国历史学派应用于经济学的方法纳入了新古典理论的麾下。第二次世界大战期间，美国考尔斯委员会①得到了洛克菲勒、古根汉姆等基金的资助，吸纳了大批因战争逃离欧洲的擅长数理统计的经济学者加入。考尔斯委员会还积极参与政府和军方战争统筹，把计量方法大规模应用于战时资源配置、物资运输和战争规划等领域。②于是，计量经济学的影响力迅速扩大，吸引了大批美国青年学者投身其中。

1947年，考尔斯委员会的佳林·库普曼斯发文批评米切尔以及美国国民经济研究局。他指责米切尔等人的研究只是一种"没有理论的度量"，严重限制了经济学的实证研究；主张统计回归要以新古典理论为基础，使经济学研究走上一条更快捷的道路。③

库普斯曼的指责并不属实。就像弗里德曼所说，米切尔的研究不是缺乏理论，而只是没采用新古典或其他一成不变的单一理论，在叙述历史或编排统计数据的过程中他已经阐明了自己的理论。就像其他不愿把新古典理论作为经济统计分析基础框架的美国学者一样，米切尔认为新古典理论并不像其自我感觉的那么具有普适性。经济问题有其特定历史条件，把它们投入新的统计数据和

① 美国商人阿尔弗莱德·考尔斯为促进以数学方法研究市场波动问题，在1932年创办考尔斯委员会，1955年改名为考尔斯基金会。该机构是美国计量经济学会和《计量经济学》期刊的重要资助来源。
② BERSTEIN. A Perilous Progress：Economists and Public Purpose in Twentieth-Century America [M]. Princeton：Princeton University Press，2004.
③ KOOPMANS.Measurement Without Theory [J]. The Review of Economics and Statistics，1947，3：161-172.

具体历史背景中考察，不仅可能改变经济学的理论形式，甚至可能改变理论的构成要件。如果只是按照僵化的理论来设定统计指标并进行统计研究，会导致循着单一的逻辑为指标赋值，从而找不到那些被既有理论忽略的、可能在现实中很重要的关联。米切尔还指出了所谓计量方法的具体技术缺陷，如概率误差和抽样方式的问题、简单回归抹杀长期趋势中不规则波动的问题、周期性时滞问题等。[①]

米切尔1948年去世后，争论仍然继续进行。库普曼斯在争论中强调新古典经济学的普适性和稳定性，认为以此作为研究出发点能更好地选择统计变量及理解统计指标；使用回归和联立方程组等方法，可以更好地解释宏观问题。[②]国民经济研究局的拉特里奇·韦宁在1949年对库普曼斯的回应中重申米切尔的主张，指出现实中不存在抽象个体，任何个体都是总体的一员，受到制度影响，宏观指标不可能简单地从个体推导而来。[③]以新古典理论为基础的计量经济学必然把研究限制在已被设定好的待解释变量中，不可能发现和拓展新的理论假设；所谓计量回归实际上只是一种有偏估计，它算出的置信区间只是由样本统计量塑造的总体参数的估计范围，不足以代表通过回归模型预测未来的取值可信度，也无法表示从计量模型出发制定的经济政策可达效果的可能区间。[④]

其实在更早之前，英国经济学大师约翰·梅纳德·凯恩斯就批评过计量经济学。他在评价丁伯根（库普斯曼的老师）的计量方法时认为，新古典理论是思考经济问题的工具之一，不是普适性真理。如果把新古典理论变成自然科学一样的定量方程，"那就等于是毁了它作为思想工具的价值"[⑤]。凯恩斯进一步指出，满足多元回归分析所需的前提条件，如变量可定量化、彼此不相关、无时滞问题等，在现实中全都不具备，尤其是变量所处的制度环境不可能一直不

---

① WESLEY.Business Cycles ［M］. New York：NBER，1913：262-264.
② TJALLIN.A Reply ［J］. The Review of Economics and Statistics，1949，2：86-91.
③ VINING.A rejoinder ［J］. The Review of Economics and Statistics，1949，2：91-94.
④ VINING.Koopmans on the Choice of Variables tobe Studies and the Methods of Measurement ［J］. The Review of Economics and Statistics，1949，2：77-86.
⑤ KEYNES.The Collected Writings of John Maynard Keynes（14 vols.）［C］. London：Macmillan，1973：299-300.

变，所以对历史数据的计量研究不可能保证一个变量的经济含义在历史发展中始终一致。因此，凯恩斯把丁伯根的计量经济学视为一种"炼金术"。①

然而，这种"炼金术"却在考尔斯基金会与美国国民经济研究局争论后短短几年就风靡美国经济学界。新古典经济学也随之统治了美国，老制度学派被排挤到学术边缘。之所以出现这么迅速的转变，除了学术团体积极推动和官方支持②等直接原因外，逻辑实证主义以及布尔巴基主义的影响是非常重要的深层原因。20世纪30—50年代兴起的逻辑实证主义认为科学是一个意义关联的命题集和逻辑自洽的公理体系。第二次世界大战后形成的布尔巴基主义认为数学是一门抽象的独立科学，其真理性通过逻辑无碍的结构得以完美表达。这两者引导着经济学努力把自身打造成一套完全由数理演绎组成的严密公理化系统，而这个公理化系统的经验检验则被交给了在推崇新古典前提下继承经济研究统计传统的计量经济学。

总之，回顾美国经济学统计传统的形成、发展和转变过程可以发现，在经济学研究中使用统计方法源于德国历史学派，由老制度学派在美国发扬光大。第二次世界大战后，引入新古典理论的计量经济学逐渐取得了主流地位。然而，20世纪50年代以来在美国乃至世界都占据着越来越重要地位的计量经济学，也遭到了越来越激烈的批评。

反对者认为，以新古典理论为基础被大量应用的所谓计量方法导致经济统计失去了对经济学的启发意义。对历史和现实的过度抽象，以及对新古典理论的过分依赖，导致计量经济学忽略了统计数据所赖以产生的特定的历史和制度环境，抹杀了通过历史和制度视角探求理论进步的机会，把理论构建完全局限于从逻辑自洽性出发的数学推理。对数据考释的忽视必然使很多无法定量化的历史和制度因素被忽略，在很大程度上让数学意义的相关性取代了真实的历史因果联系，甚至会造成剪裁历史与现实以迎合经济理论的情况。而且，计量经

---

① KEYNES. Professor Tinbergen's Method [J]. Economic Journal，1939，195：558–568.
KEYNES. Comment [J]. Economic Journal，1940，197：154–156.
② 美国老制度学派和德国历史学派的很多主张，不如新古典经济学更能适应二战以后美国的全球霸主地位，就像李斯特所说的，登上顶点的人总是倾向于踢掉助他攀登的梯子。

济学的所谓理论检验功能形同虚设，只是在回敬给理论经济学家们"同样的一碗粥"①。诺斯指出，大部分以计量方法进行的研究只是把新古典经济学简单应用，"这种做法的收益很快就会出现递减"②，需要重温老制度学派乃至德国历史学派的工作，开拓统计方法在经济学研究中更有意义的方向。

7.2　德国历史学派的实践影响

7.2.1　对德国的影响

第一次世界大战之前，德国的崛起是通过两个步骤实现的：首先是全德意志的统一，然后才是统一后的发展。统一是德国崛起的先决条件。德国历史学派的早期代表，李斯特、罗雪尔等人都是不遗余力地呼吁推动德国统一的倡导者，因为只有统一才能形成有效的国内市场，发展民族工业。从19世纪中叶开始，德国出现了统一的曙光。1840年，李斯特参与建立的普鲁士关税同盟为30年后的德国统一奠定了良好的基础。1860年，普鲁士威廉一世登基。1862年9月末，刚出任普鲁士首相不久的俾斯麦发表了名垂史册的"铁血演说"，获得了"铁血首相"的称号。1864—1871年，俾斯麦通过高超的外交手腕和三次成功的王朝战争，终于完成国家统一，结束了德国四分五裂的割据局面。在约40年的发展后，德国一跃成为一个强盛的欧洲新兴大国。

在统一之前，德国历史学派的经济思想就已经在德国深入人心，在关税、工业化等方面都有一定程度的实践。在统一后德国经济大发展的过程中，德国历史学派的思想、理论和行动更是起到了极大的推动作用。李斯特的《政治经济学的国民体系》成为俾斯麦办公桌上的案头书；施穆勒领导的社会政策协会

---

① SOLOW.Economic History and Economics［J］. The American Economic Review，1985，2：328-331.
② NORTH，DOUGLASS C.Comment on MaCloskey，Cohen，and Forster Papers［J］. The Journal of Economic History，1978，1：78.

为德国政府提供了强大的智力支持，为国家干预经济和实行贸易保护等经济和社会政策提供了坚实的理论指导和具体有效的政策建议。

在1871年统一以前，德国的一些先进地区已经效法英法等国，在军事、教育、财政、税收等方面进行了很多改革。如在19世纪中叶，德国的主要区域已经基本完成了农奴制改革。在不深度改变土地所有制的前提下以赎买改良的方式向资本主义过渡，传统的容克贵族逐渐变身为资产阶级。这就是后来被俄罗斯效仿的（列宁定义的）"普鲁士道路"。在改革的过程中，各地注重根据本身现实情况进行灵活创新，而不是简单模仿。这种做法在德国统一后表现得更加明显。德国的崛起路径由此表现出不同于英法等国的特点。

从19世纪70年代末开始，德国外贸政策全面转向了德国历史学派倡导的贸易保护。1879年，俾斯麦着手进行关税改革，对钢铁、纺织、化工等工业品进口征收高额关税，且在之后与法、奥、俄等国进行竞争的过程中还多次提高税率。1898年，德国对关税法进行再次修正，成为一个相比于欧洲其他国家高度贸易保护的经济体。

因为接受德国历史学派的理论指导和政策建议，所以德国在自上而下改革的过程中不断强化政府在国民经济中的作用。政府出资创办和扶助各类企业，大量经济活动在政府主导下进行。在19世纪末20世纪初的德国，国家的"保护"和"干预"是德国现代化的重要助力。德意志人民的组织纪律性使这些做法实行得非常顺畅，德国政府也表现出了非常善于利用行政权威把国民的各种创造力凝聚起来引向正确目标的能力。

德国历史学派主张工农业经济发展并重，工业发展不能以牺牲农业为代价。其中固然有顾及容克贵族利益的考量，但农业和工业平衡发展确实是德国现代化过程中的优点。德国工业化不像英国那样在一定程度上牺牲了农业发展，相反，依靠政府的强大干预作用，在工业发展的同时实现了对农业的保护，使两者在工业革命进程中相互促进。

德国垄断组织的形成也是与政府作用密不可分的。政府采取一些特别举措，如修订专门法律，给予出口津贴，签订高利润的军工订货单等，大力扶持垄断组织的形成。可以说，德国的垄断组织本质上是国家垄断资本主义的一种表现。德国政府通过这种方式引导或控制着经济活动，把央行、铁路、邮政、电力等牢牢抓在手中，掌握着全国的经济命脉，凝成国家的巨大竞争合力，在世界范围内进行争夺和扩张。

德国银行成立的高潮时期是19世纪五六十年代，与英法银行不同的是，从最初其"生产信贷"业务就超过"货币信贷"业务。统一后，按照全能银行的设想，商业银行、投资银行等机构以央行为后盾都融为一体，直接投资建立工业企业，银行直接参与企业的经营管理，银行代表进入企业的董事会的现象非常普遍。这种金融同工业的紧密融合，客观上促进了德国的工业化。19世纪90年代以后，德国的金融资本和工业资本结合在一起迅速集中，形成了金融寡头。至此，德国银行由单纯的融资渠道进化为几乎无所不能的垄断者。

社会政策协会的一系列改良主义主张在德国的崛起路径上扮演了重要的角色，促使德国成为世界上第一个建立社会保障制度的国家。德国的现代化进程伴随着很多妥协，包括中央与地方权力分配的妥协、开明专制与服从的妥协等。其中，资产阶级与工人阶级的妥协贯穿始终，这些妥协导致了独具德国特色的社会立法。社会主义思潮在这个过程中发挥了重要影响，施穆勒等人就被称为"讲坛社会主义者"，他们对俾斯麦时期的社会立法产生了很大影响。为缓和阶级矛盾，从1871年德国统一时起，俾斯麦政府就开始倡导为工人提供社会保障。之后10年，政府不断实行多种保护妇女儿童、为失业者和工伤者提供保障的举措。1881年，"大保险法"出台，为工人提供全面的社会保障。第一次世界大战前，德国的社会保障体系已经比较完备，远远领先于其他资本主义国家。英国在1907年开始建立社会保障体系时，德国是其效仿的榜样。

统一高效的国内市场的形成和各种行之有效的经济政策，使德国经济实力迅速壮大。1880年，德国的净出口额已占国民生产总值的16%。1889年德国外贸总额占世界外贸总额的11%，位居英国之下的世界第二位。这一排名一直保持到第一次世界大战期间。1870—1880年，德国工业年均增长率为4.1%，1880—1890年达到6.4%。这样的发展速度在当时只有美国可与之相比。1880年，德国工业在世界工业总产值中占比已达到16%，超过法国成为仅次于英、美的世界第三大工业国，到1910年又超过英国成为仅次于美国的世界第二大工业国。

把19世纪末20世纪初的德国与英国对比来看，可以更直观地感受到德国崛起之迅猛。19世纪70年代，英国煤炭产量约为德国的4倍，但到第一次世界大战前夕，德国煤炭产量已经大致与英国持平。1880年，德国的钢铁产量还不及英国的一半，到1900年，德国钢铁总产量就超过了英国，到第一次世界大战前夕，德国钢铁产量已达到英国的174%。20世纪初，德国在世界经济中占比已经超过英国跃居第二。1913年，德国国民收入为435亿马克，人均645马克，已迈入当时世界的富裕国家行列。因此，列宁在《帝国主义是资本主义的最高阶段》中把德国称为和美国并列的"最先进的新兴资本主义国家"。

7.2.2　对美国的影响

（1）德国历史学派和美国学派的紧密联系

谈到德国历史学派对美国崛起的影响，首先要提及美国本土产生的一个在经济思想史中更不引人注目的派别——美国学派。美国学派在美国建国之初就已萌芽，主要是由政治家、理论家、实业家们发展起来的。美国第一任财政部长亚历山大·汉密尔顿是该学派的先驱，他的《关于制造业的报告》最早提出了美国学派的原始思想。该学派代表人物主要有亨利·克莱、威廉·凯利、亨利·凯里、帕申·史密斯、马修·凯里、丹尼尔·雷蒙德、约瑟夫·沃顿等。他们反对英国古典理论，提出了一套以"美国制度"概念为核心的经济学说。

美国学派和德国历史学派的联系非常紧密。德国历史学派的先驱——李斯特曾经是第一代美国学派的代表人物之一。他1825—1830年在美生活期间全程参加了当时的贸易自由与贸易保护的报刊论战，在1827年还出版了《美国政治经济学大纲》（美国体系）。李斯特的学说直接地——以及通过第二代美国学派的亨利·凯里间接地——深刻影响了美国的经济政策，李斯特在1841年曾经写道："看上去在我们孙子一辈的时代，（美国）这个国家将上升到世界第一等海军与商业强国的地位。"①这是一个准确得令人惊叹的预言。李斯特返回欧洲并在1841年发表《政治经济学的国民体系》后，以亨利·凯里②和帕申·史密斯③为代表的第二代美国学派也构建了更加系统的经济理论。第三代美国学派则是指之前提到过的以伊利等人为代表的深受德国历史学派影响的那批学者，他们模仿德国的社会政策协会创建了美国经济学会。

（2）美国崛起的道路选择

美国在建国初期没什么像样的工业，美国当时的工业经济主要依靠依附于英国的原料供给加工，国家整体实力远不及欧洲列强，根本无法与英法等强国在全球争夺殖民地以及海外市场。所以，起初美国工业化采取的思路是内向发展，以开拓国内市场为主，同时国家要发挥其强有力的干预和调控经济能力，为企业的资金原始积累与技术增长提供帮助。这种政策思路主要来自汉密尔顿。

美国建国之初，正是亚当·斯密的《国富论》风行欧洲之时，当然它也传入了美国。但在当时及后来相当长的时期里，斯密的学说无论在理论还是实践上都没得到美国人的重视和支持。④汉密尔顿无疑是熟悉《国富论》的，但他没像后来拉美的考迪罗一样应用斯密的理论，而是从美国现实需要出发进行了取舍和创新。亚当·斯密认为政府不应干预经济，而汉密尔顿等人强调政府必须主动干预经济，否则不会有本国工业的健康发展。汉密尔顿在《关于制造业的报告》中既对政府干预经济进行了系统的理论表述，也提出了一整套可行的政策建议，如财政补贴、优惠贷款、提供奖金、吸引外资、吸引移民、引进设备和技术、保护贸易等，大力扶助发展国内制造业。这份报告当时虽未被国会

① 李斯特. 政治经济学的国民体系 [M]. 陈万煦，译. 北京：商务印书馆，1983：87.
② 亚伯拉罕·林肯的经济顾问，马克思称其为"北美唯一的有创见的经济学家"（马克思. 巴师夏和凯里 [A]. 马克思恩格斯全集（第46卷上）[C]，北京：人民出版社，1979：4）。马克思在文中还提到，"凯里（完全撇开他的研究的科学价值不谈）至少有这样的功劳，即他以抽象的形式表述了庞大的美国关系"；"凯里在经济科学方面，如关于信贷、地租等等方面，是富于可以说是真诚的研究的"（同前，8~9页）。
③ 曾担任林肯与约翰逊总统两届政府国务卿的苏厄德的追随者和顾问，曾一度在苏厄德国务卿任期内的国务院中是排名第三的人物。
④ 李世安. 一只看得见的手：美国政府对于国家经济的干预 [M]. 北京：当代中国出版社，1996：30~31.

批准，但其中的思想和政策主张仍然被广泛接纳并逐步付诸实践。

贸易保护在很长时间里一直是美国的基本经济政策。1816年之前，美国政府主要把关税当作增加财政收入的"提款机"。1789—1808年，美国政府先后出台12个关税法规，把税额提高了约3倍。1816年之后，政府开始有意识地用关税来保护国内的幼稚工业。1816年颁布的新关税法对此目的有明确表述。此后美国一直保持着高过所有欧洲国家的保护性关税税率。直到1934年《互惠贸易协定法》出台之前，美国外贸领域一直是贸易保护主义一统天下，根本没有自由派的落脚之地。其间，在1890年通过的《麦金利关税法案》堪称保护贸易的顶峰，把美国的整体关税率从本已不低的38%一举提高到49.5%，达到了美国内战以后的最高水平。①

美国贸易保护的力度之所以这么大，主要是出于扶持本国工业形成强大国际竞争力的目的。特别是19世纪70—90年代，借助第二次产业革命兴起这个难得的历史机遇，后发工业国都大力发展工业经济，贸易保护是普遍的发展手段之一。美国当时既在棉纺织等传统产业上面临英法等更先进的工业化强国的巨大压力，又在化工、电气、机械等新兴产业上受到几乎与它同时起步的德国的强力竞争。如果失去贸易保护，美国的这些产业肯定会遇到很大困难，甚至会遭受灭顶之灾。

南北战争之后，美国政治经济真正走上了独立发展的道路。"美国制度"的政策实践也有了更多方面的发展。"美国制度"的政策可简要概括为两点：关税保护和国内改进。关税保护不难理解。所谓国内改进，主要是指建立完善的国内基础设施，促进形成统一、高效的国内市场。伴随着黑奴的解放，林肯政府出台了广大农民多年梦寐以求的《宅地法》，为美国农业此后的快速发展提供了稳固的政治和法律基础。《宅地法》颁布后，美国的家庭式农场制度得以真正建立并迅速发展完善。规模化、集约化经营的农业资本主义大生产很快在全美蔓延开来，使美国整体资本主义经济的发展和工农业生产能力的提高比

---

① 许国林. 论高关税政策与近代美国的崛起［J］. 京商学院学报：社会科学版，2001（3）：69.

过去任何时代都广泛和迅速得多，由此加快了美国西部大开发的进程。这些发展从根本上保证了美国的粮食和工业原料供应，从此美国的工业经济发展进入了一个狂飙突进的时代。此外，《国民银行法》的出台，结束了美国金融业管理的混乱局面，从此逐渐形成完善了联邦和州两级管理共存的双线平行管理体制。

经过一段狂飙突进的飞速发展，到19世纪80年代，美国工业占世界工业的比重超越了"日不落"的大英帝国，跃升为世界第一。到19世纪末，美国已经成为名副其实的世界上经济规模最大的国家。此后，受到德国历史学派深刻影响的第三代美国学派以及制度主义经济学继续为美国政府提供理论指导和政策建议。经过两次世界大战所提供的历史机遇，美国成为资本主义世界的政治和经济霸主。

7.2.3 对日本的影响

日本的崛起，始于19世纪60年代末出现的"明治维新"。之后，日本就以十分迅猛的速度构建起一个现代化的民族国家。在这个崛起过程中，德国历史学派（以及美国学派）的经济思想对日本经济和社会发展起到了强有力的助推作用。

（1）德国历史学派经济思想被日本精英广泛接受

明治维新开始不久，日本当时的国家精英，如大久保利通、伊藤博文等人，就完全接受了德国历史学派（当时主要是李斯特）以及美国学派的经济思想，并不遗余力地把这些思想贯彻于日本的各项国家政策。

1870年，日本明治政府大藏省官员若山则一出版了宣传德国及美国经济政策主张的《保护税说》。这是德国历史学派经济理论在日本最早的传播。在书中他明确建议日本采用贸易保护政策。这本书得到当时日本政府实权人物大久保利通的赞赏和推广。时任日本政府大藏省少辅的伊藤博文曾在1870年末赴美考察财政金融，深受"美国制度"启发的他在1871年2月给日本政府的意见书中提出，保护主义才是最适合日本的政策取向。英国当年走上富强之路也是起于贸易保护，现在英国人到处宣扬自由贸易，"并谋诱导我国亦行此法"，

"此乃彼国谋求自利之术，对我国有大害；我国应如同美国设置关税保护，以发展我国内之生产"①。这完全是一副李斯特的口吻。此后，伊藤博文一直是这种思想在日本的坚定执行者。他的经济政策主张可概括为三个主要方面：贸易保护、国家银行制度、国内市场和社会完善。

第二代美国学派的代表人物帕申·史密斯，曾从1871年起连续六年担任日本天皇的国际法律顾问。他在日本期间努力向日本的上流社会宣传李斯特以及美国学派的经济思想和政策主张。当1877年他离日返美时，"美国的保护主义经济理论体系已经在政治家、政府官员以及学者中达成了普遍共识"②。

1871年末，时任日本右大臣岩仓具视率领包括大久保利通、木户孝允、伊藤博文等重要官员在内的大规模使节团出访欧美，考察世界列强的经济发展战略。这次出访考察的重点是美国和德国，历时一年零九个月，直到1873年9月才回到日本。出访期间，他们积极学习李斯特等德国历史学派经济学家的著作。在德国柏林，他们与俾斯麦进行了面对面的交流。俾斯麦在会谈中明言当时国际社会弱肉强食的残酷现实，叙述了普鲁士以及刚刚统一的德意志如何在英法等国的欺凌下艰难成长的历史。这次会面给日本精英们留下了难忘的印象，深刻地影响了日本发展路径的选择。

由此可见，19世纪后半段，日本的国家精英深刻认识到了美、德等国现代化崛起的奥秘，深入领会了历史主义经济思想的精髓。这是明治维新取得成功的主要原因之一。李斯特等德国历史学派的经济思想在日本崛起的过程中扮演了重要角色。日本著名的经济思想史学家泰萨·莫里斯–铃木指出，"在国家对倡导和保护工商企业扮演重要角色的社会，自由放任的经济理论不如德国历史学派的以国家为中心的经济理论具有吸引力是毫不奇怪的"③，"在李斯特去世至其思想在日本普及的40余年里，历史学派的理论在德国经历了长足的

---

① 信夫清三郎. 日本外交史（1853——1972）[M]. 天津社会科学院日本问题研究所，译. 北京：商务印书馆，1980：134.
② 赫德森. 保护主义：美国经济崛起的秘诀（1815——1914）[M]. 贾根良，等，译. 北京：中国人民大学出版社，2010：157.
③ 莫里斯–铃木. 日本经济思想史 [M]. 厉江，译. 北京：商务印书馆，2000：70.

发展"①。铃木的话表明，德国的历史主义经济思想在那时的日本是被官方推崇的主流。

（2）日本崛起的道路选择

从明治维新开始，日本一直尽一切努力保护国内幼稚产业的成长。最初，日本在外贸领域面临着和晚清时期的中国一样的处境——没有关税自主权。两国都被迫只能征收5%的关税。然而日本政府相对于我国清朝政府来说更加积极地应对挑战。日本从被迫开放的最初就坚持把允许外国商人销售工业制成品的范围限定在日本通商口岸，之后也一直不懈努力，在取消不平等条约的问题上进行了长期不屈不挠的斗争，终于在1911年获得了关税自主权。在争取关税独立的同时，日本对进入国内的外资采取了强力抵制。在经济民族主义很强的日本始终没有形成像中国那样的买办利益阶层，政府利用各种倾斜政策帮助本土企业排挤外资企业。如邮使汽船三菱会社就是在政府的扶助下战胜了美国太平洋邮船公司、英国大海运公司等外国航运企业，把外资彻底赶出了日本的沿海航线。日本明治政府接受李斯特等人的理论，想尽办法促进本国的生产力增长。到中日甲午战争的时候，日本已经在有限程度上实现了以纺织业为重点的轻工业化。甲午战争获胜获得赔款和殖民地后，日本开始进行以钢铁和机械为重点的重工业化。到1937年全面侵华的时候，日本已经具备大规模生产汽车、大炮、坦克、舰船和飞机的能力。

运用国家权力扶植资本主义生产，对于日本的发展具有重大意义。资本主义企业制度在日本最早是通过国营企业的民营化确立起来的。为了促进国内工业的进步，日本曾经办了大量的国营企业。在对待国营企业的态度上，明治政府同德国政府很相近。在"殖产兴业"政策的引领下，日本开始以国家直接投资为主导，以扶植民间企业为目的的产业移植和振兴运动。民营化政策的实施，极大地调动起了日本国内投资办企的积极性，通过引导封建领主家禄、地主商人资本向银行金融资本的转化，使民间的商业高利贷资本迅速转化为现代

---

① 莫里斯-铃木. 日本经济思想史 [M]. 厉江，译. 北京：商务印书馆，2000：5.

工业资本，掀起了日本工业革命的高潮。封建意识浓厚的日本首先是由政府在管理市场秩序、建立金融财税体制等方面打下牢固基础，然后再通过创建示范性企业，引进先进技术和管理等手段，自上而下地建立起合乎现代化标准的经济制度。在具体的企业经营管理上，日本人还创造性地把儒家思想同近代西方经营理念融合在一起，建立起一个完整的、兼具东方观念特色的现代化经营管理制度。

日本在明治维新期间还建立起了独立自主的国家银行体系，为国家财政和工业化进程提供了有力的资金保障。国家银行制度的要点在于中央政府牢牢控制国家的货币发行权。货币发行权不仅可以保障本国工业化融资所需的信贷创造功能，还可以为国家财政提供铸币税。帕申·史密斯在19世纪70年代以天皇顾问的身份建议日本创建基于国家银行制度的中央银行，赴美考察归来的伊藤博文极力支持这个建议并推动落实。除中央银行，日本还设立了横滨正金银行，一举夺回了外贸领域的融资和产品定价权。这些重要的举措使日本拥有了独立自主的国家银行体系。尽管之前已进入日本的外国银行的资金实力远超当时日本本土银行体系，但经过明治维新之后，外国银行始终在日本难以打开市场局面。到20世纪初，最初进入日本的六大外国银行已有五家退出了日本，仅剩的一家也被牢牢压制在国际汇兑等有限的领域。

在明治维新的后期，日本走上了依靠战争掠夺周边国家，建立殖民地的道路。德国历史学派的李斯特、罗雪尔，以及后来的施穆勒、桑巴特等人都曾论及依靠国家力量建立殖民地来发展本国经济。德国在崛起阶段也经常动用军事力量。日本人本来正苦于不能像美国、德国那样拥有贸易关税自主权，在保护国内新兴产业方面力度有限，而德国人的理论思想和实践经验让他们茅塞顿开。在岩仓访问团与俾斯麦会谈之后，这些明治政府的精英们为找到了贸易保护政策的有效替代战略而兴奋不已。这个战略就是军事掠夺加殖民统治。①大久保利通在给西乡隆盛的信中写道：在德国最有意义的事就是与俾斯麦的会

① 他们认为，自被迫开放以来，日本一直被列强强加各种不平等条约，只有通过侵略更落后的邻国来补回这些损失并强大起来，才有可能追赶甚至超越西方列强。当时的大清帝国还半睡半醒，完全可以先把其藩属国——琉球和朝鲜——吃进嘴里，再进一步，中国也可以征服。这些肥肉怎可放过！

谈，听过他的话后，我开始对日本的前途有信心了。[1]其实在明治维新之前，日本早有侵略邻国的打算，但那时的想法充其量不过是封建侵略思想。德国的理论和实践赋予了这些侵略想法新的意义。伊藤博文曾明确指出，以前日本发动战争"仅仅为了侵吞国土和荣誉"，从中日甲午战争开始，战争的目的"在于消除向国外扩充工商业利益时的外来障碍，或主动向世界扩张工商业，即必须带来资本主义利益"[2]。

　　日本从19世纪60年代末发起明治维新，到第一次世界大战前，国家整体实力飞速发展。当然，实事求是地说，日本在世界上的地位虽然在这期间有显著提高，但它在世界工业总产值中占比仍然较小，其经济总量与美国、德国仍不可同日而语。然而，日本人只用了几十年就获得了西方国家用二百多年才实现的产业革命和国家崛起的成功。通过对西方政治制度和价值观念的全面学习，同时奉行历史主义经济思想的经济体制和政策主张，日本迅速成为东亚地区最早的现代化强国。这些成就的取得不得不让人刮目相看。之后日本在掠夺邻国的基础上继续这种快速的发展势头，直到第二次世界大战被打败。第二次世界大战后，日本的经济再次迅速崛起。在这次崛起中，仍然能够从其保护主义的贸易和产业政策上看到鲜明的德国历史学派经济思想的影子。

　　① 姚传德. "用俾斯麦的强权，创英国式的富强"——评大久保利通的近代化思想 [J]. 学术界，1994（3）：54.
　　② 井上清. 日本帝国主义的形成 [M]. 宿久高，等，译. 北京：人民出版社，1984：131.

[8]

结　论

通过对德国经济学历史学派的思想基础、主要理论、理论逻辑、方法论发展、主要评价和理论及实践影响这六个方面进行比较深入的探讨，我们已经可以摆脱历史幻像，真正认识一个既非"反理论"，也非"无理论"的德国历史学派。一个理所当然的结论已经呼之欲出：德国历史学派在经济思想史中本应占据重要地位，目前的被忽视遗忘状态很不合理。此外，对德国历史学派经济思想的研究引发了一个经济学方法论中被忽视——但极重要的核心问题：经济理论的历史维度。而且，德国历史学派对构建中国特色社会主义政治经济学很有借鉴意义。

8.1　德国历史学派在经济思想史上的重要地位

8.1.1　合理的研究传统

从19世纪40年代起的约一百年是一个百家争鸣的时期，历史学派、马克思主义经济学、边际学派、奥地利学派、美国老制度学派纷纷登场。其中边际学派以及由此发展出的新古典经济学在第二次世界大战后成为主流，虽然凯恩斯掀起过不小的革命浪潮，但整体来看还是被萨缪尔森等的"新古典综合"所平息。尽管之后主流理论出现了微观和宏观之分①，但"新古典"仍然是主流的标签。

熊彼特指出："分析工作必然要以一种分析前的认识行为作先导，借以提供分析工作所需的素材……这种分析前的认识行为被称为想象。有意思的是，这种想象不仅必须在历史上先于任何领域中分析努力的出现，而且每当有人告诉我们，从某一角度观察事物，而这个角度的来源不能从这门科学原有水平的事实、方法与结果中找到时，那么，这种想象也许会重新进入每一门已经确立的科学发展历史之中。"②这句话里提到的"想象"其实就是世界观。世界观决定了"世界的图式"，即世界反映在人的意识中的样子，世界观通过科学或文化传统传承，形成劳丹所定义的"科学研究传统"③。

经济思想上的分道扬镳，归根结底是由于两种不同的世界观衍生出了两种不同的研究传统。一种世界观是有机、系统、动态的，另一种则是呆滞、机械、静态的。前者的研究传统由重商主义、德国历史学派、马克思主义经济学等非主流经济学所代表，后者的研究传统则由重农主义、李嘉图、"庸俗经济学"、边际学派以及新古典等主流经济学所代表。

尼古拉斯·乔治斯库-罗根曾一针见血地指出："正当杰文斯和瓦尔拉斯开始为现代经济学奠基时，物理学一场惊人的革命扫荡了自然科学和哲学中的机械论教条。奇怪的是，效用和自私自利的力学的建筑师，甚至是晚近的模型设计师，看来都没有及时地觉察到这种没落。"④目前西方主流经济学走入困境，根本原因就在于其机械的世界观。而与之相比，非主流经济学的世界观与现代自然科学明显更一致，所以有理由相信，目前的非主流研究传统不会永远

---

① 这种综合并不使人信服，微观和宏观体系两者有着明显的逻辑鸿沟。
② 熊彼特. 经济分析史（第1卷）[M]. 朱泱，等，译. 北京：商务印书馆，1995：74.
③ 劳丹（Larry Laudan，1941—）是美国科学哲学家，在批判继承库恩的"范式"和拉卡托斯的"科学研究纲领"的基础上提出了"科学研究传统"概念。科学研究传统就是指导具体理论发展的一套准则。这些准则构成了一种本体论，这种本体论详细说明了存在于有关领域内的基本实体类型。研究传统内的理论的功用就是解释相关领域内所有经验问题。一般来说，研究传统应包括如下内容：（1）每一个研究都是由若干专门理论构成，一些理论是同时出现的，另一些理论则是前后相继的。（2）每一个研究传统都体现了某种形而上学的承诺和方法论的特征，因此不同的研究传统可以相互区别开来。（3）每一个研究传统都经历了一段很长的有意义的历史时期，以及公式化与形式化的过程。
④ GEORGESCU-ROEGEN.The Entropy Law and the Economic Process [M]. Cambridge: Harvard University Press，1971：2-3.

是非主流，长远来看，其对经济学未来发展的价值要大于主流传统。我们有必要跳出西方主流经济学在经济思想史领域人为设置的藩篱[①]，恢复有机、系统、动态的经济学研究传统在经济思想史中的重要地位。

8.1.2 对经济学的深远影响

德国经济学是非主流经济学研究传统的重要代表，德国历史学派则是德国经济学传统的正宗继承者。德国经济学传统与英法的盎格鲁–撒克逊传统不同，始终坚持融汇历史视角的方法论，对历史性和动态性的强调是德国哲学和经济学共同的标志。[②]

首先，德国历史学派经济学和马克思主义经济学的渊源颇深。马克思主义有三大来源：德国古典哲学、英国古典政治经济学、空想社会主义，其中哲学的作用是基础性、决定性的。在扬弃德国古典哲学的基础上形成了唯物史观，通过唯物史观，英国古典政治经济学有价值的要素被马克思主义经济学所吸纳，而德国历史学派遵循的历史主义传统本身也是德国古典哲学的产物和重要组成部分。虽然秉持唯物史观的马克思对继承德国古典哲学唯心传统的德国历史学派多有批判，但正如霍奇逊所说："卡尔·马克思、弗里德里希·恩格斯和德国历史学派是同一哲学文化的产物。"[③]马克思主义经济学和德国历史学派有一定程度的相似性，这种相似性带有重大的理论意义和实践意义。当代中国的马克思主义经济学与当年的德国历史学派面临着很多类似的问题，如经济赶超、社会保障、产业升级等。研究德国历史学派，对解决当代中国的理论和现实问题非常有借鉴价值。

其次，德国历史学派对后来的（非马克思主义的）非主流经济学流派有着深远的影响。第一，德国历史学派是演化经济学的先驱。在现代演化经济学的两大主要来源中，美国老制度学派明显受到德国人的全方位影响，熊彼

---

① 主流的教科书都忽略了非主流经济学研究传统对经济思想发展的重要影响，偶尔提到德国历史学派等非主流派别，也都语焉不详，评价很低。在这种情况下，经济思想史基本上成了主流经济学的家谱。

② 赖纳特. 作为发展经济学的德国经济学：从"三十年战争"到第二次世界大战 [A]. 赖纳特. 穷国的国富论——演化发展经济学论文选（下）[C]. 贾根良，译. 北京：高等教育出版社，2007：4.

③ 霍奇逊. 经济学是如何忘记历史的 [M]. 高伟，等，译. 北京：中国人民大学出版社，2008：65.

特更是本来就具有德国历史学派主导的教育背景。无论是制度经济学还是熊彼特的经济学，都大大受益于德国历史学派这股原始的制度主义思潮。德国历史学派对制度变迁和经济动机的多样性十分关注，通过新新历史学派的理论实践得以发展的施穆勒纲领，在演化经济学的理论体系中留下了明显的痕迹。第二，德国历史学派对于发展经济学的形成有着重要的贡献。德国人的大部分经济理论实质上就是最初的发展经济学。在德国历史学派的理论贡献中，首当其冲的就是经济发展理论。第三，德国历史学派间接影响了后来在美国蓬勃发展起来的计量经济学。统计方法被赋予经济学研究中重要地位的思想源头，毫无疑问最早要追溯到德国历史学派，尤其是以施穆勒为代表的新历史学派。

8.1.3　对经济崛起的有效促进

德国历史学派代表了发达国家走上发家致富道路的理论旨趣和政策取向。目前的主流经济思想史教科书几乎是新古典经济学的家谱，从中根本无法理解发达国家找到脱贫致富道路的"思想闪电"，无法把握其理论和政策走向的历史。"欧洲和北美的工业化强国现在似乎都对它们自己的过去形成了错误的看法，忘记了国家在带领它们走上脱离贫困之路上所发挥的作用。"对此，韩裔英国经济学家张夏准一针见血地指出："富裕国家在过去并不是在他们现在所推荐的，并常常强加给发展中国家的政策和制度基础之上发展起来的。不幸的是，这种事实目前鲜为人知，因为资本主义的'官方历史学家们'已经非常成功地改写了他们自己国家的历史。"①发达国家的主流学者总是刻意地遗忘、低估甚至差评曾经引领他们发家致富的经济思想，最典型的莫过于他们对待重商主义、美国学派和德国历史学派的做法。

以贸易保护主义、政府重要作用以及技术创新重要性为特征的美国学派是美国经济崛起时期美国经济学的主流意识形态，如今已几乎被完全遗忘（境况还不如德国历史学派）。"（美国）这个直到第二次世界大战时为止实施了百余

---

① 张夏准. 踢掉梯子：新自由主义怎样改写了经济政策史［A］. 霍奇逊. 制度与演化经济学现代文选：关键性概念［C］. 贾根良，等，译. 北京：高等教育出版社，2005：213.

年贸易保护主义的'头子'确实令人震惊，因为它后来一直被认为是自由贸易的化身。"①

重商主义现在大约已经成了"坏"经济思想的代名词，（部分）赞成重商主义的德国历史学派当然也"好"不了——这是所有主流教科书的潜在立场。但历史确凿地证明，重商主义是英国崛起的重要原因，从1485年亨利七世登基到1830年工业革命基本完成，英国一直在搞重商主义。

实际上，重商主义、美国学派和德国历史学派分别是英国、美国和德国崛起阶段国内经济思想的主流，日本崛起虽没出现什么有理论价值的学派，但德国历史学派和美国学派对日本有显而易见的影响。"在明治维新时期的日本，偏爱德国模式的学派——德意志学派——对日本社会的建设产生了最大的影响，这种影响至少一直延续到1945年。日本人接受了支配德国历史学派的独立自主的观点。"事实正如李斯特曾指出的那样，国家一旦攀上高点，就要踢掉爬上来的梯子。现在，发达国家给发展中国家推荐的经济思想，与它们崛起时奉行的完全不是一回事，而对德国历史学派等经济思想，则遗忘、低估，甚至差评。

8.2 历史维度在经济理论构建中的必要性

8.2.1 经济理论"普适性"的误区

现代经济学的全部研究可以被概括为一个方法论主题：对更具有普适性的理论的追求。其中潜伏着一个误区：为追求普适性而消除历史维度。这种经济学理论的"普适性"，是指对社会经济系统（包括其所有的结构与变迁）的解释具有充分的一般性。它可以在极广阔的应用范围内解释任何经济现象，所有的历史和现实情况都仅仅是这个程序中待输入的数据而已。一个单一理论框架

---

① 沃尔夫. 自由贸易抑或贸易保护：基于张夏准和赖纳特新书的争论［J］. 康健，王晓蓉，摘译. 经济社会体制比较，2008（5）：39.

足以囊括古往今来的所有可能性，在如此巨大的诱惑面前，历史维度成了不言自明的多余。

这种研究导向最早要追溯到古典政治经济学的全盛时期。虽然亚当·斯密的著作体现出演绎和归纳并重的意图，但李嘉图和西尼尔等人从中只吸取了追求公理化的演绎主义方法，为经济学通向非历史的"普适性"的道路敞开了大门。马尔萨斯反对这种过于强调演绎和理论一般化的李嘉图倾向，他非常敏锐地意识到李嘉图引领的不是一条康庄大道。早在1819年马尔萨斯就指出："依我之见，现存于政治经济学研究中的错误和分歧的主要原因是近于鲁莽的简化和概括。"①凯恩斯曾为此感叹："如果在19世纪是马尔萨斯，而不是李嘉图成为经济学前进的起点，那么可以想象，今天的世界会比现实的更加丰富多彩。"②之后逐渐兴起的、扎根于深厚历史主义土壤的德国历史学派曾经是抵制这种漠视历史的普适化导向的主力，而且在近一个世纪的时间里确实做到了分庭抗礼，但随着战争等不幸悲剧性地毁于一旦，如今已被刻意遗忘。第二次世界大战之后的很长一段时间里，"一般均衡"成了经济学的时尚，直到20世纪七八十年代，学者们描绘市场均衡存在与稳定的一般条件的热情，才在遇到难以克服的分析困难，以及博弈论迅速崛起的背景下逐渐消退下去。今天，虽然一般均衡已不是经济学最热门的研究领域，但主流经济学家仍在孜孜追求非历史的普适性理论。

追求普适性理论的意义无论如何都不应被低估，这一点毋庸置疑。这种追求方向是受到自然科学启发的结果。在自然科学进步的历史中确实贯穿着这样的努力：用更普适性的理论来解释各种现象。这种努力促成了诸多成就的取得。科学哲学家们在这个问题上也并无多大异议，普遍认同对统一性解释的追求推动了自然科学的进步。

然而，问题是，经济学真的可以像物理学那样建立起一个强有力的超历史

---

① MALTHUS.Principles of Political Economy [M]. London：Pickering（1836）. NY：Augustus Kelley，1986：4.
② KEYNES.The Collected Writings of John Maynard Keynes [M]. London：Macmillan，1972：100-101.

解释框架吗？经济生活在过去几千年发生了显著的变化，而物质世界的规律也许自大爆炸之后就没变过。理论普适性当然不应被低估，但不能以忽视特定性解释为代价。自然科学在很大程度上可以追求更精确的统一性解释，是因为它在价值判断层面是稳定的、统一的，所以在追求普适性或一般性的过程中并未消解特殊的具体情况所具有的价值和本质。但是，在经济学这种涉及人类自身的社会科学研究领域，绝大部分情况下是做不到这一点的。追求大一统经济解释的努力会忽略掉在特定性解释中才能保存的事物本身的价值和本质。这其实与"解释"这个行为或意愿的内涵是相悖的，"解释"本身必然含有揭示本质和价值的含义。这样做的结果不外乎得到一些好像有普适性的理论（如每时每刻都力求效用最大化的经济人）似乎可以解释一切或作为解释一切的基础，但这种解释的意义有多大呢？[①]不在乎"解释"本身的内涵得出统一性解释的另一个典型是"神创世界"的说法。从这个角度来看，以经济人为基础的经济学倒是和神学体系有异曲同工之妙。

其实认识这个问题的关键就在于经济学是不是可以成为足够"硬"的科学，或者换种说法：经济学会不会成为在方法论意义上与物理学相同的学科。对这个问题的回答必然存在分歧，因为答案明显依赖于世界观。如果不是坚定信奉机械决定论的人，不可能轻易给出肯定答案。在这种情况下，经济学研究是否应该更实事求是、脚踏实地一些呢？

无论未来如何，至少目前经济学与物理学之间尚存在着无法消弭的巨大差异。经济现象和物理学意义上的现象（在现存人类认知范围和模式下）是以不同的方式存在和变化的。这个基本的、关键的事实判断很容易得出。而无视历史维度向普适性前进，即时下西方主流经济学界已经形成的根深蒂固的观念，使研究者们对此视而不见。

8.2.2 经济理论"普适性"的局限

第一，现实在实体层次上的区分限制了普适性的范围。

---

① 具体见下一小节。

现实并不是一个单一层次的概念。人类面对的现实世界是多层次的。通常我们提到"现实"这个词时，要表达的都是有特定层次的现实或实体。相应地，用来解释和认识现实世界的科学理论也是与现实的不同层次相关联的。物理学研究相关物质的现实，化学针对的现实层次主要是分子级别，生物学的关注对象是生命器官的现实，等等。这些现实层次还有再细分的可能，于是就随之出现更加细分的子学科，如量子物理，面对的就是更加细分的层次。

经济理论面对的现实是人类的经济生活，这个研究对象的自身特点在很大程度上阻碍了"普适性"的前进。在经济学领域，由于涉及的实体层次非常复杂，总是会涉及不同实体层次的特殊情形或细节，所以大一统的普适性很难找到立足之地。也就是说，一系列理论解释的目的之间总是存在层次上的差别，这就限制了理论"普适性"的范围。即使强行把普适性"抽象"出来，其应用性也必然微乎其微。因为在理论的一般性和内容之间本身就存在一个此消彼长的关系，就如韦伯所说，"最一般性的法律"其"价值也最小"①。即使是在自然科学领域，这一原则仍然适用。结合了广义相对论和量子论的GUT（统一宏大理论）可谓包罗万象，但正是这一点使它毫无用处。在价值判断层面内部统一的自然科学领域尚且如此，更遑论达不到这一点的经济学了。可以断言，不可能一劳永逸地找到一个普适性经济理论对所有不同实体层次的特定情况提供充分解释。

第二，获得统一性解释的方式限制了普适性的实际效果。

经济学不能形成有效的普适性理论的原因不仅仅在于现实层次的多样性，其进行统一性解释的方式也对普适性的实际效果施加了限制。西方主流经济学是在极力模仿经典物理学的过程中发展起来的，但是如果仔细比较两者进行统一性解释的方式就会发现：经济学对普适性的追求太过莽撞，甚至可以说是肆无忌惮。

---

① WEBER. Max weber on the Methodology of the Social Sciences [C]. Glencoe IL: Free Press, 1949: 72-80.

也许是出于对复杂现实的逃避，西方主流经济学获得的"解释"统一性，缺乏对现实的关注和探索。其造成的结果是：理论与现实各自为政，理论自说自话，现实我行我素。与牛顿和爱因斯坦提出的达到了高度本体统一性的理论相比，经济学明显相形见绌。

在目前西方主流经济理论体系里存在的统一性解释中，最基础、最典型的莫过于效用最大化原则，即个人的行为源于个人效用最大化的追求。这就是一个肆无忌惮的典型。它不可证伪，可以应用于人类的任何行为，甚至可以解释动物、植物乃至一切有机体的任何行为——所有活体的行为都可以解释为追求效用最大化。与之相比，物理学理论从来没有这么鲁莽地向普适性迈进过，其对已存在定律可以容纳的补充性理论类型总是有一定限制的，绝不可能出现类似于效用最大化这种可无限扩展解释范围的统一性解释。

效用最大化理论的提倡者只是简单地使用这个统一性解释去适合任何现象，为了统一而统一，却从不愿深入现实去认真研究相似性背后的潜在因果机制和结构。可以说，主流经济学理论目前所达到的统一，主要是基于逻辑的派生性统一，而不是像物理学那样的、主要基于现实的本体性统一。因此，其理论普适性的实际效果大打折扣。

第三，对复杂性进行计算的局限限制了普适性的现实可行程度。

即使经济学克服了对现实层次的区分难题（当然这是不可能的），并找到了进行统一性解释的恰当方式（可能性也很渺茫），仍然有一个无法跨越的障碍阻止我们得到梦寐以求的普适性大一统理论，那就是计算的局限性。

我们可以从具体数例中直接感受一下这种局限性。例一：假设一个空间有 1 000 个节点，要建立一个能描述任意两点间连接情形的数学模型，可能的连接数约为 50 万个。每个连接都有存在与否两种情况，即都可以表示为一个二进制值（以便可以使用计算设备）。在这个简单的模型中，可能的结构的数量将超过 10^{150000}。一般我们会把超过 10^{80} 的数量界定为"超宇宙的"[①]——因为据

---

① 这个形容词最早出现在1987年，由美国哲学家威拉德·范·奥曼·奎因（Willard Van Orman Quine）首创。

估计这是宇宙中所有原子的数量。一个简单的1 000节点网络二进制模型，其可能结构数量就达到了不可描述的超宇宙的多样性规模。例二：国际象棋规则是固定的，但是任何人或设备都不可能做出一个对国际象棋战略的普适性分析，任何相应的努力都会被可能性组合爆炸[1]的问题阻挡，因为一局中棋子移动可能性的总数也是"超宇宙的"。规则相对简单的棋类游戏尚且如此，人类经济生活的博弈又如何能全部纳入演绎推理的链条呢？

所以可以断言，在经济学领域建立一个结构丰满的普适性大一统理论来有效解释现实是没有可行性的，或者说其可行性随着理论范围的扩大越来越小。强行"抽象"的过程无外乎是对现实进行激进鲁莽的简化，得到的结论要么远远脱离现实，要么局限于最广泛性的陈述。

8.2.3　历史维度是经济学方法论的核心问题

有必要认真界定一下"历史维度"这个概念。它表达的是，在经济理论构建中应与一般性追求一样被重视的，对历史、地域、文化、制度等特性的体现。也就是说，经济理论必须能够体现出历史时间、地理空间和人类精神差异性。之所以在经济学中要强调历史维度，最直接的原因在于对经济生活的解释面临着相比于自然现象大得多的进行统一性解释的困难。在不同的历史时间和地理空间中存在着不同的社会经济系统类型，表现出不同的经济现象。这在经济学中就造成这样的结果：适合某个作为研究对象的现实情形的概念和理论框架，很可能不适合另外一个研究对象。不同的社会经济系统之间可能存在重要的潜在差异，所以对一般性或普适性的追求必须受到严格的限制，不会有一个可有效解释所有经济现实的大一统理论。

当然，历史上社会经济系统的共同特性是可能存在的，例如资源稀缺性。强调历史维度，不意味着以忽视一般性追求为代价。相似性当然会存在，但是重要的、不能忽略的差异也一定存在。这种差异是不能仅通过对一个一般性理论进行特殊应用来实现的，仅用不同的参数值来捕捉这种差异也是远远不够

---

① 　用结构丰富的一般性模型描述复杂现象，在变量增多的过程中因组合爆炸而失败。

的。所有科学都需要面对如何处理普遍性和特殊性的问题。事物性质具有一定程度普遍意义的相似性使科学有可能出现，而事物自身蕴含的特殊性则使科学更有必要出现。经济学也不外如是，而且比之自然科学应该更为关注特殊性——这是由研究对象特征所决定的。

例如，一个能充分解释封建经济的理论体系对于解释资本主义经济来说很可能是无法胜任的。虽然封建经济理论和资本主义经济理论可能有某些共同的特征，但是共享理论框架不意味着必然形成一个充分有效的普适理论，制度等因素间的本质差异同时为两者进行统一性解释的范围设置了难以逾越的障碍。《资本论》可谓博大精深，但是用其原理去揭示封建社会的经济生活肯定是不充分的，所以马克思这位重视历史维度的大师言明，《资本论》只针对资本主义经济。然而，现代西方主流经济学已经明显在追求普适性的道路上走得太远了，绝大部分主流学者都过分强调相似性，而忽视了差异性，试图用一个神谕般的普适性理论遮蔽本应有一席之地的历史维度。

再进一步说明一下。L代表一个经济学的理论性解释，X代表L所解释的社会经济现象集合。L不是X的简单反射，由X到L必然要经历抽象和简化过程，而能抽象到什么程度则由X的性质决定。L要达到充分有效，就必须研究X所包含现象的潜在因果机制和结构。经济学的目的，简单来说就是要找到能涵盖尽可能大范围X的L。然而，在这个过程中必须明确一个原则：在任何单一的L领域内，X的扩展必然是有限的。经济生活不断变化的复杂性规定了这种限制，盲目追求使L覆盖所有可能的X，其结果往往只是毁掉了L的充分性。并不是涵盖的X越广泛，L就越优秀。现代主流经济学似乎就有可以涵盖无限集合X的L，但是这样的L既无法证伪，又对X几乎不加限制。对这样的L，我们不得不对其所宣称的统一性解释的充分有效性提出严肃质疑。现代西方主流经济学的一个缺陷，就是总在刻意忽略这个问题，肆无忌惮地追求普适性，其代价是放弃了对潜在因果机制和结构的探究。当然，这不是说经济学不应追求一般性理论，而是表明不存在全由一般性特征组成的充分有效理论。在经济学领域中，普遍性和特殊性、统一性和复杂性、公理方式和历史维度必须融合在一起。

历史维度正是把包括经济学在内的社会科学与自然科学区分开的最重要特征。经济学追寻着不断变迁的研究对象，自然科学一般不会如此[①]，不过有一个明显的例外是生物学。生物学中一般性和特殊性探寻的结合比其他自然科学要更为平衡和紧密，既有分类标准和进化论这样的一般性原则，又包括对特定机制和现象的特定解释。这就是马歇尔指出经济学的"麦加"不在物理学而在生物学的原因所在——生物学理论架构包含一定程度的历史维度。

历史维度这个主题绝对堪称是经济学方法论的核心问题，无论是演绎归纳论战，还是价值判断之争，无非都是历史维度问题的衍生物。对这个核心问题的探讨曾是经济学和社会学分析的中心，在约100年的时间里始终占据了当时经济学领域最伟大思想家们头脑的前沿地带。马克思、马歇尔、历史学派、奥地利学派、制度学派……都不同程度研究这个问题，可是如今，不论是主流经济学者，还是马克思主义者或制度主义者，都不关注它，甚至没人理解它的存在。重要的问题就这样被遗忘了。曾作为普适性追求者主力对手的德国历史学派，也早已至少在表面上沉默地退入了历史帷幕。然而，即使被刻意遗忘，即使几乎从没作为主要问题在20世纪以来的非德文经济学文献中出现过，历史维度问题的重要地位也仍旧不会改变。只要经济学还有朝着最适合自身的正确方向前进的意图和命运，历史维度就必须被研讨。它永不会因为被忽视而变得渺小。

8.3　德国历史学派对构建中国特色社会主义政治经济学的启发

中国的发展早已突破了西方理论的解释范式，在西方主流经济学理论影响力出现衰弱的时刻，正需要我们发出中国声音、提出中国方案、展现中国担

---

① 量子物理学也面临相似的情况：研究对象超乎寻常的复杂多变。

当，构建中国特色社会主义政治经济学理论体系正当其时。

德国历史学派是成功打造本土政治经济学理论并在实践中成就斐然的典范，对于构建中国特色社会主义政治经济学有重要的借鉴意义。首先，其研究传统秉承有机、动态、系统的世界观，这一点与中国传统文化的世界观很相似，不同于机械、静态的西方主流经济学。其次，马克思主义政治经济学与德国历史学派有着相同的思想背景和文化渊源，存在借鉴促进的基础。

8.3.1　必须重视理论的历史维度

在经济学中强调历史维度，是追求"真理性"的必然要求。马克思主义政治经济学本身就包含着历史维度。德国历史学派和马克思的经济研究有着共同的德国文化传统基础。马克思、恩格斯都强调过其理论的"一般性"限度，《资本论》并不是超历史的绝对抽象真理。马克思和德国历史学派都认为，非历史的普遍性范畴不能抓住经济社会的实质特征，经济理论必须具备历史维度。

马克思主义政治经济学在中国已实现了一定程度的发展，基本奠定了中国特色社会主义政治经济学的基础。然而，目前中国特色社会主义政治经济学的理论构建仍处于起步阶段，还有很多工作亟待完成。这项理论工程的建设必须注重从历史中吸收营养，其理论体系构建必须在追求"一般性"的同时体现历史维度。"中国特色"，某种意义上就是指中国的历史文化传统，打造中国的本土经济学，一定要扎根于中国的历史文化之中。中国特色社会主义政治经济学是马克思主义政治经济学基本原理与中国具体实践结合的成果，其所体现的历史维度要比马克思主义政治经济学基本原理更加具体和深入。

8.3.2　必须坚持中国主体性

经济学既是科学，也是人文。人类在物理现象上基本可以做到价值判断的统一，但在经济现象上（至少现在及今后很长一段时间）不可能。因此，不同的经济理论体系都隐含各自的利益诉求和价值取向，即"道义"基础。现阶段，"国家"是人类社会的主要组织形式，所以，经济理论的价值取向往往集中体现出国家利益。

目前的经济学研究普遍忽视理论隐含的国家立场。《国富论》蕴含着强烈的英国主体性，只是很巧妙地把英国主体性包装成了可以放之四海而皆准的"世界主义"。斯密时代的英国，目前的美国，都是在自由贸易中处于最优势的地位。所以，把自由主义包装成一种普世价值观输出全球，就是实现其国家利益最大化的基本手段。在这一点上，德国历史学派始终保持着清醒的头脑，重视国家主体性在理论构建中的地位。

马克思主义政治经济学隐含的价值立场不是出于国家利益，而是基于对"人的自由和全面发展"的追求。150多年来，这个价值取向一直占据着"道义"的制高点。作为马克思主义政治经济学的延伸，中国特色社会主义政治经济学当然要在根本立场上做到"不忘初心"。然而，一方面必须继承发扬马克思主义高屋建瓴的价值诉求，另一方面还要实事求是，充分考虑中国现阶段所处的现实环境。

从目前的全球发展来看，国家将长期存在，国家间的合作与竞争也将长期存在。政治经济学理论在这种竞合关系的笼罩下必然蕴涵自身的利益立场，这种立场一般集中表现为国家主体性。中国特色社会主义政治经济学区别于其他政治经济学的根本特点在于"中国"，名称本身就旗帜鲜明地体现出中国主体性。中国特色社会主义政治经济学在价值立场上一定要保持头脑清醒，要在坚持中国主体性的基础上去坚守"道义"制高点。

8 3.3　中国特色社会主义政治经济学兼顾价值性和工具性

马克思主义政治经济学是构建中国特色社会主义政治经济学的价值性出发点。意识形态性可以说是社会科学不能回避的一个天然属性，必须正视它，必须在构建中国特色社会主义政治经济学时明确并坚持属于我们自己的价值判断。在韦伯与施穆勒进行"价值判断"论战的过程中，韦伯从坚持"客观性"到保持"伦理中立"的调整，体现出了一个人类无法挣脱的现实：经济学必然陷于价值判断，我们能做到的最多就是明辨理论含有的价值观念并在研究过程中尽量保持中立态度。换句话说，研究者构建理论时要尽力向"中立"靠拢，但同时也要正视自己的观念和立场。

马克思主义政治经济学在我们稳健发展中国特色社会主义市场经济的过程中起着重要的指南作用，构建中国特色社会主义政治经济学必须深入地从马克思主义政治经济学中吸收思想养分。在这个过程中，既不能搞教条主义的生搬硬套和照抄照写，也不能搞实用主义的断章取义和曲解滥用。必须做到"两个不能"：不能一味用理论剪裁现实；不能一味用理论逢迎现实。

所谓价值性出发点，具体来说就是劳动价值论。"价值"这个概念，必然是经济学研究的核心和基础。英国古典政治经济学的发展与"价值"概念的变迁息息相关。古典政治经济学创始人亚当·斯密——甚至斯密之前的经济学先驱，如威廉·配第等，提出劳动价值论，但因为他们没有区分出抽象劳动和具体劳动这种劳动的"二重性"，所以不能一以贯之地坚持劳动价值论。到了约翰·穆勒的时代，劳动价值论被他修改成了生产要素价值论。马克思主义政治经济学批判继承了英国古典政治经济学的科学成分。马克思创造性地剖析了劳动二重性，首次提出科学的劳动价值论。在肯定劳动作为价值创造源泉的基础上，马克思主义政治经济学研究的就是价值的生产、流通（实现）和分配，以及这一系列过程中价值向价格的转化。

马克思用40年时间研究经济学，穷毕生精力深刻地揭示出了"资本"运行的基本逻辑和必然路径。资本的本质、目的和动机从来就是剩余价值，价值创造和价值分配上的矛盾状态必然使社会经济走向危机。从创造价值到分配价值，马克思把经济学的研究视角进一步开阔和深入，推向了所有制领域，指出私有制下的剩余价值被资本家独占，只有生产资料公有的社会主义生产关系才能更好地克服生产与分配上的矛盾。社会主义公有制充分体现了对劳动创造价值的尊重，彻底否定价值分配的不平等，尝试建构价值创造与价值分配的公平形式，进而实现每个人自由而全面的发展。

西方经济学经过200多年的发展，尤其是经过边际革命和数学化浪潮的洗礼之后，已经逐渐形成一套复杂的（经常内部自相矛盾的）经济理论大杂烩，其中包含许多各式各样的"主义"，然而，无论是凯恩斯主义还是新自由主义，无论是货币主义还是供给学派，都是从不同角度致力于为资本主义制度的合理性作注脚，是预设资本主义制度为永恒、借助理论政策工具优化实践的西方主流话语。

中国特色社会主义政治经济学必须有实践中的使用价值，其构建需要体现出工具性，在这个意义上需要借鉴西方主流经济学。我们要做的是"扬弃"，在破除西方中心主义的基础上，积极吸收其有营养的成分，通过理论与实践紧密的良性互动，开创出一条中国经济学理论的康庄大道。这就要求我们必须认清两个问题。第一，认清西方主流经济学的意识形态属性，西方主流经济学所有的理论工具都是为资本主义的一统世界和万古长青作合理性解释的。我们自己头脑一定要保持清醒，坚持马克思主义的价值性出发点不动摇。第二，认清西方主流经济学作为分析工具的使用价值。任何经济学理论都有潜在的意识形态属性，但同时也都存在理论与实践相契合的应用合理性。因此，只要西方主流经济学的描述性内容符合市场机制规律，那它就一样有资格参与构建中国特色社会主义政治经济学。

8.3.4　构建中国特色社会主义政治经济学的突破点

构建中国特色社会主义政治经济学理论体系是一个宏大的学术工程，一定要在具体生动的历史现实背景和丰富深邃的理论思想相结合的过程中找出一个关键性的突破点。这个突破点的关键意义就在于，能否回答中国特色社会主义政治经济学何以可能，能否准确点明中国特色社会主义政治经济学的世界意义和时代价值。我们看习近平总书记归纳的当代中国马克思主义政治经济学的八大主要内容，其中就有一个贯穿纵横的命题能够体现出这种关键意义，那就是如何正确处理政府与市场关系。

自1978年改革开放以来，中国一直在通过实验性改革来探索规律，希望找到实现政府与市场两种手段辩证统一的平衡点或平衡原则。以党的十四大明确提出以建立社会主义市场经济体制为改革目标为起点，中国共产党对政府与市场关系的定位经历了长时间的摸索，从党的十五大提出"使市场在国家宏观调控下对资源配置起基础性作用"，到党的十九大明确"使市场在资源配置中起决定性作用，更好发挥政府作用"。可以说，正确处理政府与市场关系问题贯穿了改革开放以来经济体制改革的全过程。

以处理好政府和市场关系为目的进行体制改革，其实质就是制度创新，更深层次来说就是国家治理体系和治理能力创新。中国能够在改革开放后的40年里屡创经济奇迹，能够在世界经济危机中不断攻坚克难、逆势发展，说到底就是因为我们能够在治理体系和治理能力上不断与时俱进，更好地处理了政府与市场之间的关系。

德国历史学派能够成为助力德国、美国、日本等相继崛起的思想闪电，也同样是因为如此：德国学者们找到了与他们时代背景相适应的、更好处理二者关系的原则或政策取向。德国历史学派在国家治理体系和治理能力创新方面的优势在当时非常明显，各种经济发展阶段论及相应的政策形式（后发国家的保护主义政策是其中一个方面）、施穆勒对"国家"作用的深入论述、社会政策协会的大量策论研究成果……无不体现出这种优势。

正确处理政府和市场的关系，或者说国家治理体系和治理能力创新，就是中国特色社会主义政治经济学理论构建的重点突破方向，是"中国话语"要诠释的重点内容。

在西方主流经济学的传统理论中，政府和市场之间主要是"零和关系"，互相替代、此消彼长，西方学者们总是考虑如何在市场和政府间取舍。西方主流经济学尤其强调市场，把政府作为"守夜人"或不得已状态下的补充。中国的改革开放和奇迹般的经济发展实践早已冲破了西方话语体系设定的这种政府与市场关系，充分表明了两者可以打破"零和"。

从近代中西命运大分流的历史视野中，我们可以总结出中国在学习西方的先进性（国家现代化）时久久不能成功的最根本性合理解释：中国人在学习西方的过程中一直不能有效探索出适合于中国现实国情的国家治理体系，没有发展出相应的治理能力。如果国家不能实现有效的社会治理，处理好政府与市场这两种手段的关系，不能把握正确的价值导向并创新发展，那衰弱落后就是必然。直到中国共产党诞生之后，中国才真正开始走上实现有效国家治理的道路，中国的面貌从此才开始焕然一新，越来越好。

　　"中国奇迹"的发生，根本原因就在于中国相比于西方国家更好地处理了政府与市场的关系，在建设国家治理体系和治理能力上更好地适应了现实的发展。对这一点的明确认识是中国特色社会主义政治经济学何以可能、何以成功的关键所在，正是中国在国家治理体系构建和治理能力发展上相对于西方国家的优越性，使中国特色社会主义政治经济学有了坚实的实践立足点。

　　中国有效的国家治理体系和卓越的治理能力，彰显了中国特色社会主义政治经济学的世界意义和时代价值。

　　中国特色社会主义政治经济学的时代价值在于能够有效回答中国的现代化之问。中国特色社会主义政治经济学既厚植于中国历史文化土壤，又创新于中国当代仍在继续进展的政治经济实践，为中国从传统文明通达现代文明提供了有效治理方案或找到有效治理方案的合理原则。

　　中国特色社会主义政治经济学的世界意义在于给出了一套非西方路径的国家现代化方案。中国特色社会主义国家治理体系的突出特点就在于坚持走社会主义道路，强调社会财富的公平分配，克服资本主义在价值创造与价值占有间的矛盾，纠正社会片面发展造成的人的畸形发展状态。通往现代文明的路肯定不只有西方话语体系鼓吹的"普世"道路，任何道路都既蕴含普遍性又蕴含特殊性，只要是适合本国现实国情的发展道路，就是最好的道路。

参考文献

［1］马克思，恩格斯. 马克思恩格斯全集（第2卷）［C］. 北京：人民出版社，1972.

［2］马克思，恩格斯. 马克思恩格斯全集（第23卷）［C］. 北京：人民出版社，1972.

［3］马克思，恩格斯. 马克思恩格斯全集（第30卷）［C］. 北京：人民出版社，1979.

［4］马克思，恩格斯. 马克思恩格斯全集（第31卷）［C］. 北京：人民出版社，1972.

［5］马克思，恩格斯. 马克思恩格斯全集（第42卷）［C］. 北京：人民出版社，1979.

［6］马克思，恩格斯. 马克思恩格斯全集（第46卷上）［C］. 北京：人民出版社，1979.

［7］马克思，恩格斯. 马克思恩格斯选集（第3卷）［C］. 北京：人民出版社，1995.

［8］马克思. 资本论［M］. 北京：人民出版社，2004.

［9］梅尼克. 历史主义的兴起［M］. 南京：译林出版社，2010.

［10］梅尼克. 马基雅维利主义［M］. 北京：商务印书馆，2008.

［11］伊格尔斯. 德国的历史观［M］. 南京：译林出版社，2006.

［12］李斯特. 政治经济学的国民体系［M］. 陈万煦，译. 北京：商务印书馆，1983.

［13］罗雪尔. 历史方法的国民经济学讲义大纲［M］. 朱绍文，译. 北京：商务印书馆，1981.

［14］施穆勒. 重商制度及其历史意义［M］，郑学稼，译. 北京：商务印

书馆，1936.

　　［15］施穆勒. 国民经济、国民经济学及其方法［M］. 户田武雄，译（日文）. 东京：有斐阁，昭和13年（1938）.

　　［16］韦伯. 罗雪尔与克尼斯：历史经济学的逻辑问题［M］. 李荣山，译. 上海：上海人民出版社，2009.

　　［17］韦伯. 社会经济史［M］. 郑太朴，译. 台北：台湾商务印书馆，1991.

　　［18］桑巴特. 经济学解［M］. 王毓瑚，译. 北京：商务印书馆，1937.

　　［19］马歇尔. 经济学原理［M］. 陈良璧，译. 北京：商务印书馆，1983.

　　［20］凡勃伦. 科学在现代文明中的地位［C］. 张林，等，译. 北京：商务印书馆，2012.

　　［21］凡勃伦. 有闲阶级论［M］. 蔡受百，译. 北京：商务印书馆，1964.

　　［22］熊彼特. 经济分析史（第三卷）［M］. 朱泱，等，译. 北京：商务印书馆，1995.

　　［23］季陶达. 资产阶级庸俗政治经济学选辑［C］. 北京：商务印书馆，1963.

　　［24］刘秉麟. 李士特经济学说与传记［M］. 上海：商务印书馆，1925.

　　［25］安绍芸. 经济学说史纲要［M］. 上海：世界书局，1929.

　　［26］唐庆增. 西洋五大经济学家［M］. 上海：黎明书局，1930.

　　［27］漆树棻. 经济侵略下之中国［M］. 上海：光华书局，1931.

　　［28］朱谦之. 历史学派经济学［M］. 北京：商务印书馆，1933.

　　［29］黄曦峰. 经济学史大纲［M］. 上海：开明书店，1933.

　　［30］刘及辰. 近代资本主义经济思潮批判［M］. 上海：生活书店，1939.

　　［31］朱伯康. 经济学纲要［M］. 上海：中国文化服务社，1946.

［32］金天锡. 经济思想发展史［M］. 上海：正中书局，1947.

［33］沈志远. 近代经济学说史纲［M］. 上海：生活书店，1947.

［34］周宪文. 比较经济学总论［M］. 上海：中华书局，1948.

［35］马寅初. 马寅初全集［C］. 杭州：浙江人民出版社，1999.

［36］赵迺抟. 欧美经济学史［M］. 上海：东方出版社，2007.

［37］凯恩斯. 政治经济学的范围与方法［M］. 党国英，刘惠，译，北京：华夏出版社，2001.

［38］霍奇逊. 经济学是如何忘记历史的［M］，高伟，等，译，北京：中国人民大学出版社，2008.

［39］朱绍文. 经典经济学与现代经济学［M］. 北京：北京大学出版社，1999.

［40］陶永谊. 旷日持久的论战［M］. 西安：陕西人民教育出版社，1992.

［41］季德，李斯特. 经济学说史［M］. 徐卓英，等，译. 北京：商务印书馆，1986.

［42］斯威德伯格. 马克斯·韦伯与经济社会学思想［M］. 何蓉，译. 北京：商务印书馆，2007.

［43］何蓉. 经济学与社会学：马克斯·韦伯与社会科学基本问题［M］. 上海：格致出版社，2009.

［44］苏国勋. 理性化及其限制［M］. 上海：上海人民出版社，1988.

［45］斯威德伯格. 熊彼特［M］. 安佳，译. 南京：江苏人民出版社，2005.

［46］培根. 新工具［M］. 许宝骙，译. 北京：商务印书馆，1986.

［47］康德. 历史理性批判文集［M］. 何兆武，译. 北京：商务印书馆，1990.

［48］维柯. 新科学［M］. 朱光潜，译. 北京：人民文学出版社，1997.

［49］黑格尔. 小逻辑［M］. 贺麟，译. 北京：商务印书馆，1980.

[50] 黑格尔.《历史哲学》绪论 [M]. 王造时，译. 上海：上海书店出版社，2001.

[51] 黑格尔. 逻辑学（上）[M]. 杨一之，译. 北京：商务印书馆，1996.

[52] 卡西尔. 启蒙哲学 [M]. 济南：山东人民出版社，1988.

[53] 哈贝马斯. 交往行为理论（第1卷）[M]. 曹卫东，译. 上海：上海人民出版社，2004.

[54] 何兆武. 历史理论与史学理论 [C]. 北京：商务印书馆，1999.

[55] 古奇. 19世纪历史学与历史学家 [M]. 耿淡如，译. 北京：商务印书馆. 1989.

[56] 张一兵. 回到马克思 [M]. 南京：江苏人民出版社，1999.

[57] 李世安. 一只看得见的手：美国政府对于国家经济的干预 [M]. 北京：当代中国出版社，1996.

[58] 赫德森. 保护主义：美国经济崛起的秘诀（1815—1914）[M]. 贾根良，等，译. 北京：中国人民大学出版社，2010.

[59] 信夫清三郎. 日本外交史 1853—1972 [M]. 天津社会科学院日本问题研究所，译. 北京：商务印书馆，1980.

[60] 井上清. 日本帝国主义的形成 [M]. 宿久高，等，译. 北京：人民出版社，1984.

[61] 莫里斯-铃木. 日本经济思想史 [M]. 厉江，译. 北京：商务印书馆，2000.

[62] 马颖，李斯特经济发展思想述评 [J]，经济评论，1993（02）.

[63] 马颖. 论古斯塔夫·施穆勒的经济发展思想 [J]. 经济评论，1994（02）.

[64] 马颖. 简论威廉·罗雪尔的经济发展理论 [J]. 经济评论，1995（01）.

[65] 马颖. 论桑巴特对资本主义发展史的研究 [J]. 经济评论，

1998（05）.

［66］马颖. 19世纪德国经济实现跨越式发展的发展经济学解释［J］. 世界近现代史研究，2007，（00）.

［67］马颖. 论德国历史学派对经济发展理论的贡献［J］. 发展经济学研究，2009（00）.

［68］贾根良，崔学锋. 经济学中的主流与非主流：历史考察与中国情境［J］. 湖北经济学院学报，2006（02）.

［69］贾根良，黄阳华. 德国历史学派再认识与中国经济学的自主创新［J］. 南开学报，2006（04）.

［70］贾根良，黄阳华. 施穆勒纲领与演化经济学的起源. 南开学报［J］. 2007（04）.

［71］贾根良，束克东. 19世纪的美国学派：经济思想史所遗忘的学派［J］. 经济理论与经济管理，2008（09）.

［72］贾根良，姚开建. 中国经济学的自主创新与"新经济思想史"研究［J］. 社会科学战线，2008（12）.

［73］贾根良. "新经济思想史"刍议［J］. 社会科学战线，2010（01）.

［74］贾根良. 政治经济学的美国学派与大国崛起的经济学逻辑［J］. 政治经济学评论，2010（03）.

［75］贾根良. 美国学派：推进美国经济崛起的国民经济学说［J］. 中国社会科学，2011（04）.

［76］贾根良. 新李斯特主义：替代新自由主义全球化的新学说［J］. 学习与探索，2012（03）.

［77］贾根良. 重新认识经济学说史中"方法论之争"［N］. 中国社会科学报，2013-07-15.

［78］贾根良，陈国涛. 经济民族主义与马克思主义：比较与启示［J］. 马克思主义研究，2013（09）.

［79］贾根良. 李斯特经济学的历史地位、性质与重大现实意义［J］. 学

习与探索，2015（01）.

［80］焦佩锋. "历史主义"的五种含义及其评价［A］. 当代国外马克思主义评论（第7辑）［C］. 北京：人民出版社，2009.

［81］李工真. 德意志"历史学派"传统与纳粹主义［J］. 世界历史，2002（04）.

［82］赖纳特. 国家在经济增长中的作用［A］. 制度与演化经济学现代文选：关键性概念［C］. 霍奇逊. 贾根良，等，译. 北京：高等教育出版社，2005.

［83］沃尔夫. 自由贸易抑或贸易保护：基于张夏准和赖纳特新书的争论［J］. 康健，王晓蓉，译. 经济社会体制比较，2008（05）.

［84］姚传德. "用俾斯麦的强权，创英国式的富强"——评大久保利通的近代化思想［J］. 学术界，1994（03）.

［85］许国林. 论高关税政策与近代美国的崛起［J］. 京商学院学报：社会科学版，2001（03）.

［86］AKERMEN. Economic Progress and Economic Crises［M］. London：Macmillan，1932.

［87］APPEL. Werner Sombart：Historiker und Theoretiker des modernen Kapitalismus［M］. Marburg：Metropolis，1992.

［88］BACKHAUS.（ed.）. Werner Sombart（1863-1941）-Social Scientist（3 Vols）［C］. Marburg：Metropolis-Verlag，1996.

［89］BALABKINS. Not by Theory Alone The Economics of Gustav von Schmoller and its Legacy to America［M］. Berlin：Duncker and Humblot，1988.

［90］BALABKINS. Schumpeter's "Creatively Adapted" Innovator［A］. Paper Prepared for the 13th Heilbronn Conference on Schumpeter's German Works［C］. unpublished mimeo.June 2000：23-25.

［91］BERSTEIN. A Perilous Progress：Economists and Public Purpose in Twentieth-Century America［M］. Princeton：Princeton University Press，2004.

［92］ BETZ. From Schmoller to Sombart ［J］. History of Economic Ideas, 1993, 1（3）: 331-356.

［93］ BIDDLE, SAMUELS. The Historicism of John R. Commons's Legal Foundations of Capitalism ［A］. Methodology of the Social Sciences, Ethic, and Economics in the Newer Historical School: From Max Weber and Rickert to Sombart and Rothacker ［C］. Berlin: Springer, 1997.

［94］ BÖHM-BAWERK.The Historical versus the Deductive Method in Political Economy ［J］. Annals of the American Academy of Political and Social Science, 1890, 1, October.

［95］ BOSTAPH. The Methodological Debate Between Carl Menger and the German Historicists ［J］. Atlantic Economic Journal, 1978, 6（3）: 3-16.

［96］ BROCKE.Werner Sombart 1863-1941. Capitalism - Socialism. His Life, Works and Influence ［A］. in Backhaus（1996）［C］. 1996: 19-102.

［97］ BÜCHER.Industrial Evolution ［M］. Toronto: University of Toronto Press, 1901.

［98］ BURGER.Max Weber's Theory of Concept Formation ［M］. Durham NC: Duke University Press, 1987.

［99］ CHALOUPEK. Long - Term Economic Perspectives Compared: Joseph Schumpeter and Werner Sombart ［J］. European Journal of the History of Economic Thought, 1995, 2（1）: 127-149.

［100］ CHERNIAK.Minimal Rationality ［M］. Cambridge MA: MIT Press, 1986.

［101］ COATS. The Sociology and Professionalization of Economics: British and American Economic Essays（Volume II）［M］. London: Routledge, 1993.

［102］ COMMONS. The Distribution of Wealth ［M］. NY: Augustus Kelley, 1893（repr.1963）.

［103］ COMMONS. Institutional Economics – Its Place in Political Economy

［M］．NY：Macmillan，1934．

　　［104］COMMONS.Natural Selection，Social Selection，and Heredity［J］．The Foundations of Evolutionary Economics：1890-1973（2 vols）［C］．Cheltenham：Edward Elgar，1998．

　　［105］DIEHL．Americans and German Scholarship 1770-1870［M］．New Haven CT：Yale University Press，1978．

　　［106］DOPFER．How Historical is Schmoller's Economic Theory? ［J］．Journal of Institutional and Theoretical Economics，1988，144（3）：552-569．

　　［107］DOPFER．On the Significance of Gustav Schmoller's Contribution to Modern Economics［J］．History of Economic Ideas，1993，1（3）：143-178．

　　［108］DORFMAN．The Role of the German Historical School in American Economic Thought［J］．American Economic Review（Papers and Proceedings），May1955，45（2）：17-28．

　　［109］EBNER．Schumpeter and the "Schmollerprogramm"：Integrating Theory and History in the Analysis［J］．Journal of Evolutionary Economics，2000，10（3）：355-372．

　　［110］ELY.Studies in the Evolution of Industrial Society［M］．NY：Macmillan，1903．

　　［111］FISCHER.Gustav Schmoller［A］．International Encyclopedia of Social Sciences［C］．New York：The Macmillan Company and The Free Press，1968．

　　［112］FRIEDMAN.Wesley C.Mitchell as an Economic Theorist［J］．Journal of Political Economy，1950，6．

　　［113］GEORGESCU‐ROEGEN.The Entropy Law and the Economic Process［M］．Cambridge：Harvard University Press，1971．

　　［114］GIOIA.Causality and Economic Analysis in Gustav Schmoller's Thought［J］．History of Economic Ideas，1993，1（3）：197-223．

　　［115］GLORIA‐PALERMO.The Evolution of Austrian Economics：From

Menger to Lachmann [M]. London: Routledge, 1999.

[116] HARRIS.Sombart and German (National) Socialism [J]. Journal of Political Economy, December 1942, 50 (6): 805-835.

[117] HENNIS. WEBER: Essaysin Reconstruction [M]. London: George Allen and Unwin, 1988.

[118] HERBST.The German Historical School in American Scholarship: A Study in the Transfer of Culture [M]. NY: Cornell University Press, 1965.

[119] HINDESS.Philosophy and Methodology in the Social Sciences [M]. Brighton: Harvester, 1977.

[120] HODGSON.Evolution and Institutions: On Evolutionary Economics and the Evolution of Economics [M]. Cheltenham: Edward Elgar, 1999.

[121] HOLTON, TURNER. Max Weber on Economy and Society [M]. London: Routledge, 1989.

[122] HUTCHISON.Some Themes from Investigations into Method [A]. Carl Menger and the Austrian School of Economics [C]. Oxford: Clarendon Press, 1973: 15-37.

[123] HUTCHISON. Gustav Schmoller and the Problems of Today [J]. Journal of Institutional and Theoretical Economics, 1988, 144 (3): 527-531.

[124] HUTTER.Historicist Biologism and Contemporary Evolutionism: Where is the Difference? [J]. History of Economic Ideas, 1993, 1 (3): 179-196.

[125] INGRAM.A History of Political Economy [M]. Oxford: BH Blackwell Ltd, 1915.

[126] JONES.Early Development of the Philosophy of Marketing Thought [J]. Journal of Marketin, 1990, 54: 102-113.

[127] KADISH. The Market for Political Economy: The Advent of Economics in British University Culture, 1850-1905 [M]. London: Routledge, 1993.

[128] KALBERG. Max Weber's Comparative - Historical Sociology [M].

Chicago： University of Chicago Press， 1994.

［129］ KALVERAM.Die Theorien von den Wirtschaftsstuffen ［M］. Leipzig：Hans Buske， 1933.

［130］ KEYNES.Professor Tinbergen's Method ［J］. Economic Journal， 1939，195.

［131］ KEYNES.Comment ［J］. Economic Journal， 1940， 197.

［132］ KEYNES.The Collected Writings of John Maynard Keynes （Vol.X）［M］. Essays in Biography.London： Macmillan， 1972.

［133］ KEYNES.The Collected Writings of John Maynard Keynes （14 vols.）［C］. London： Macmillan， 1973.

［134］ KOOPMANS. Measurement Without Theory ［J］. The Review of Economics and Statistics， 1947， 3.

［135］ KOOPMANS.A Reply ［J］. The Review of Economics and Statistics，1949， 2.

［136］ KOSLOWSKI. The Theory of Ethical Economy in the Historical School：Wilhelm Roscher， Lorenz von Stein， Gustav Schmoller， Wilhelm Dilthey and Contemporary Theory ［C］. Berlin： Springer， 1995.

［137］ KRABBE.Historicism and Organicism in Economics： The Evolution of Thought ［M］. Dordrecht： Kluwer， 1996.

［138］ LACHMANN.The Legacy of Max Weber ［M］. Berkeley： Glendessary Press， 1971.

［139］ LAWSON.Realism， Theory， and Individualism in the Work of Carl Menger ［J］. Review of Social Economy， Winter 1996， 54 （4）： 445-464.

［140］ LIST.Das Nationale System der Politischen Ökonomie ［M］. Stuttgart und Tübingen： J.G.Cotta， 1959.

［141］ LOADER. German Historiscism and Its Crisis ［J］. The Journal of Morden History， Sep.1976， Vol.48， No.3， On Demand Supplement.

[142] MACHLUP.Schumpeter's Economic Methodology [J]. Review of Economics and Statistics, May 1951, 33 (2): 145-151.

[143] MACHLUP.Methodology of Economics and Other Social Sciences [M]. London: Academic Press, 1978.

[144] MÄKI.Mengerian Economics in Realist Perspective [A]. Carl Menger and his Legacy in Economics [C]. Durham NC: Duke University Press, 1990.

[145] MÄKI.Universals and the Methodenstreit: A Re-examination of Carl Menger's Conception of Economics as an Exact Science [J]. Studies in the History and Philosophy of Science, 1997, 28 (3): 475-495.

[146] MALTHUS.Principles of Political Economy [M]. NY: Augustus Kelley, 1986.

[147] MARSHALL.The Present Position of Ecomonic [A]. Memorials of Alfred Marshall [C]. London: Macmillan, 1925.

[148] MARSHALL.The Principles of Economics [M]. London: Macmillan, 1949.

[149] MEINECKE.Historism: the Rise of a New Historical Outlook [M]. London: Routledge&Kegan Paul Ltd, 1972.

[150] MENGER.Problems of Economics and Sociology [M]. Urbana: University of Illinois Press, 1963.

[151] MENGER.Die Irrtümer des Historismus in der deutschen Nationalökonomie [M]. Vienna: Hölder, 1884.

[152] MERCHANT.The Death of Nature: Women, Ecology, and the Scientific Revolution [M]. San Francisco: Harper and Row, 1983.

[153] MEYER.Schmoller's Research Programme, His Psychology, and the Autonomy of the Social Sciences [J]. Journal of Institutional and Theoretical Economics, 1988, 144: 570-580.

[154] MILFORD.Menger's Methodology [A]. Carl Menger and his Legacy in

Economics ［C］. Durham NC：Duke University Press，1990.

［155］MILL.A System of Logic ［M］. London：Longman，1843.

［156］MILL.On the definition of Political Economy，and On the Method of Investigation Proper To it ［A］. Essays on Some Unsettled Questions of Political Economy ［C］. Aldwych：John W.Parker，West Strand，1948.

［157］MITCHELL.Business Cycles ［M］. New York：NBER，1913.

［158］MITCHELL.Quantitative Analysis in Economic Theory ［J］. The American Economic Review，1925，1.

［159］MOMMSEN. Max Weber and his Contemporaries ［M］. London：Allen and Unwin，1987.

［160］MOTE.Werner Sombart and the Narrative of Economics ［A］. The State of the History of Economics：Proceedings on the History of Economic Thought ［C］. London：Routledge，1997.

［161］MÜSSIGANG.Die Soziale Frage in der historischen Schule der deutschen Nationalökonomie ［M］. Tubingen：J.C.B.Mohr，1968.

［162］MYINT.International Trade and Developing Countries ［A］. Economic Theory and the Underdeveloped Countries ［C］. Oxford University Press，1971.

［163］NARDINELLI，Meiners.Schmoller，the Methodenstreit，and the Development of Economic History ［J］. Journal of Institutional and Theoretical Economics，June1988，144（3）：543-551.

［164］NORTH.Comment on MaCloskey，Cohen，and Forster Papers ［J］. The Journal of Economic History，1978，1.

［165］O'BRIEN. The Social Economics of Hugo Eisenhart Gustav von Schmoller ［J］. International Journal of Social Economics，1987，14：26-47.

［166］O'BRIEN. Gustav von Schmoller：Social Economist ［J］. International Journal of Social Economics，1989，16：17-46.

［167］PARRISH.Rise of Economics as an Academic Discipline ［J］. Southern

Economic Journal, 1967, 1.

[168] PARSONS.Review of Max Webers Wissenschaftslehre by Alexander von Schelting [J]. American Sociological Review, 1936, 1: 675-681.

[169] PARSONS. The Structure of Social Action (2vols) [M]. NY: McGraw-hill, 1937.

[170] PEARSON.Origins of Law and Economics: The Economists' New Science of Law, 1830-1930 [M]. Cambridge: Cambridge University Press, 1997.

[171] PEARSON.Was There Really a German Historical School of Economics? [J]. History of Political Economy, Summer 1999, 31 (2): 547-562.

[172] POLANYI.The Livelihood of Man [M]. NY: Academic Press, 1977.

[173] PRIBRAM.A History of Economic Reasoning [M]. Bamtimore MD: Johns Hopkins University Press, 1983.

[174] PRIDDAT. Intention and Failure of W.Roscher's Historical Method of National Economics [A]. in Koslowski (1995). 1995: 15-34.

[175] PRIDDAT. Theory of Subjective Value in German National Economics [J]. International Journal of Social Economics, 1998, 25 (9): 1509-1519.

[176] PRISCHING.Schmoller's Theory of Society [J]. History of Economic Ideas, 1993, 1 (3): 117-142.

[177] REHEIS.Return to the Grace of God: Werner Sombart's Compromise with National Socialism [A]. in Backhaus (1996). 1996: 173-179.

[178] REINERT.Karl Bücher and the Geographical Dimensions of Techno-Economic Change: Production-Based Economic Theory and the Stages of Economic Development [A]. Karl Bücher: Theory-History-Non Market Economics [C]. Marburg: Metropolis-Verlag, 2000.

[179] REINERT. Daastøl. Exploring Genesis of Economic Innovations: The Religious Gestalt-Switch and the Duty to Invent as Preconditions for Economic Growth [J]. European Journal of Law and Economics, 1997, 4: 233-283.

［180］RINGER. Max Weber's Methodology: The Unification of the Cultural and Social Sciences［M］. Cambridge MA: Harvard University Press, 1997.

［181］ROBBINS. A History of Economic Thought: The LSE Lectures［M］. NJ: Princeton University Press, 1998.

［182］ROSCHER. Der gegenwartige Zustand der wissenschaftlichen Nationalokonomie und die notwendige Reform desselben［J］. Deutsche Vierteljahres Schrift, 1849, 45.

［183］ROSCHER. Principles of Political Economy（1）［M］. Henry Holt & Company, Inc., 1878.

［184］RUNCIMAN. A Critique of Max Weber's Philosophy of Social Science［M］. Cambridge: Cambridge University Press, 1972.

［185］RUTHERFORD. Institutionalism as "Scientific Economics"［A］. From Classical Economics to the Theory of the Firm: Essays in Honour of D. p. O' Brien［C］. Cheltenham: Edward Elgar, 1999.

［186］RUTHERFORD. Institutionalism Between the Wars［J］. Journal of Economic Issues, June2000, 34（2）: 291-303.

［187］SCHÄFFLE. Encyclopädischer Entwurfeiner realen Anatomie［A］. Physiologie und Psychologie der menschlichen Gesellschaft mit besonderer Rücksicht auf die Volkswirtschaft als sozialen Stoffwechsel［A］. Bau Und Leben Des Socialen Körpers（Volume 4）［C］. Tübingen: Laupp, 1881.

［188］SCHMOLLER. Grundriβ Der Allgemeinen Volkswirtschaftslehre（Erster, Größerer Teil）［M］. Leipzig: Duncker und Humblot, 1901.

［189］SCHNEIDER. Schmoller and the Theory of the Corporation and of Corporate Control［J］. History of Economic Ideas, 1993, 1（3）: 357-377.

［190］SCHNEIDER. Historicism and Business Ethics［J］. in Koslowski（1995）. 1995: 173-202.

［191］SCHUMPETER. Business Cycles［M］. Cambridge: Harvard

University Press，1939.

[192] SCHUMPETER. Mitchell's Business Cycles [J]. Quarterly Journal of Economics，Nov.1930，45（1）：150-172.

[193] SCHUMPETER. The Historical Approach to the Analysis of Business Cycles [A]. Essays on Economic Topics of J.A.Schumpeter [C]. NY：Kennikat，1951：308-315.

[194] SCHUMPETER. The Economics and Sociology of Capitalism [M]. Princeton：Princeton University Press，1991.

[195] SCHUTZ. The Phenomenology of the Social World [M]. Evanston：Northwestern University Press，1967.

[196] SEAGER. Economics at Berlin and Vienna [J]. Journal of Politicl Economy，1893，1（2）：236-262.

[197] SELIGMAN. Main Currents in Modern Economics：The Revolt against Formalism [M]. Chicago：Quadrangle Paperbooks，1971.

[198] SENED. The Political Institution of Private Property [M]. Cambridge：Cambridge University Press，1997.

[199] SHIONOYA. Instrumentalism in Schumpeter's Economic Methodology [J]. History of Political Economy，Summer1990，22（2）：187-222.

[200] SHIONOYA. Schumpeter on Schmoller and Weber：A Methodology of Economic Sociology [J]. History of Political Economy，Summer1991，23（2）：193-219.

[201] SHIONOYA. A Methodological Appraisal of Schmoller's Research Program. in Koslowski（1995）. 1995：57-78.

[202] SHIONOYA. Schumpeter and the Idea of Social Science：A Metatheoretical Study [M]. Cambridge and New York：Cambridge University Press，1997.

[203] SHIONOYA. Joseph Schumpeter on the Relationship between Economics and Sociology from the Perspective of Doctrinal History [A]. The German

Historical School: the Historical and Ethical Approach to Economics [C]. London: Routledge, 2001.

[204] SHOVE. The Place of Marshall's Principles in the Development of Economic Theory [J]. Economic Journal, December1942, 52 (4): 294-329.

[205] SKIDELSKY. John Maynard Keynes: Volume One: Hopes Betrayed, 1883-1920 [M]. London: Macmillan, 1983.

[206] SMITH. Aristotle, Menger, Mises: An Essay in the Metaphysics of Economics [A]. Carl Menger and his Legacy in Economics [C]. Durham NC: Duke University Press, 1990.

[207] SOLOW. Economic History and Economics [J]. The American Economic Review, 1985, 2.

[208] SOMBART. Krieg und Kapitalismus [M]. München und Leipzig: Duncker und Humblot, 1913.

[209] SOMBART. Der moderne Kapitalismus [M]. München und Leipzig: Duncker und Humblot, 1922.

[210] SOMBART. Capitalism [A]. Encyclopedia of the Social Sciences (vol.3) [C]. New York: Macmillan, 1930.

[211] STEINER. Economic Sociology: A Historical Perspective [J]. The European Journal of the History of Economic Thought, Spring 1995, 2 (1): 175-195.

[212] STREETEN. Unbalanced Growth [A]. Accelerating Investment in Developing Countries [C]. Oxford: Oxford University Press, 1969.

[213] STREISSLER. Menger, Böhm-Bawerk and Wieser: The Origin of the Austrian School [A]. Neoclassical Economic Theory, 1870 to 1930 [C]. Boston: Kluwer, 1990: 151-189.

[214] STREISSLER. The Influence of German and Austrian Economics on Joseph A. Schumpeter [A]. Schumpeter in the History of Ideas [C]. Ann Arbor

MI： University of Michigan Press， 1994.

［215］ SWEDBERG. Joseph A. Schumpeter and the Tradition of Economic Sociology ［J］. Journal of Institutional and Theoretical Economics， 1989， 145： 508-524.

［216］ SWEDBERG. Max Weber and the Idea of Economic Sociology ［M］. Princeton NJ： Princeton University Press， 1998.

［217］ TRIBE. Governing the Economy： The Reformation of German Economic Discourse， 1750-1840 ［M］. Cambridge： Cambridge University Press， 1988.

［218］ VINING. A rejoinder ［J］. The Review of Economics and Statistics， 1949， 2.

［219］ VINING. Koopmans on the Choice of Variables tobe Studies and the Methods of Measurement ［J］. The Review of Economics and Statistics， 1949， 2.

［220］ WEBER. Max weber on the Methodology of the Social Sciences ［C］. Glencoe IL： Free Press， 1949.

［221］ WEBER. Economy and Society ［M］. trans. by Roth， Guenther and Claus Wittich. N.Y.： Bedminster， 1968.

［222］ WHITAKER. The Correspondence of Alfred Marshall （vol. 2） ［M］. Cambridge： Cambridge University Press， 1996.

［223］ YONAY. The Struggle Over the Soul of Economics： Institutionalist and Neoclassical Economists in America Between the Wars ［M］. Princeton NJ： Princeton University Press， 1998.

［224］ ZARET. From Weber to Parsons and Schultz： The Eclipse of History in Modern Social Theory ［J］. American Journal of Sociology， March1980， 85 （5）： 1180-1201.